Andreas & Regina Zeppelzauer

MORD

V. F. SAMMLER

Andreas & Regina Zeppelzauer

MORD

Die spektakulärsten Mordfälle Österreichs

Psychogramme, Bilder und Berichte

V. F. SAMMLER

Titelgestaltung: Thomas Hofer, Werbeagentur | Digitalstudio Rypka, 8020 Graz

Bildnachweis:
Marcus DEÁK
Echo der Heimat
Otto MANG
Polizeiarchiv
Fritz SCHUSTER
Andreas ZEPPELZAUER

Literatur
Informationen aus verschiedenen Zeitungsberichten, unter anderem aus:
AZ, *Echo der Heimat*, *Kurier*, *News*, *OÖN* und *Täglich Alles*.
Olscher, W.: *Lebenslänglich*, Wien 1972

Bibliografische Information Der Deutschen Bibliothek
Die Deutsche Bibliothek verzeichnet diese Publikation in der Deutschen Nationalbibliografie; detaillierte bibliografische Daten sind im Internet unter http://dnb.ddb.de abrufbar.

Hinweis:
Dieses Buch wurde auf chlorfrei gebleichtem, unter den Richtlinien von ISO 9001 hergestelltem Papier gedruckt. Die zum Schutz vor Verschmutzung verwendete Einschweißfolie ist aus Polyethylen chlor- und schwefelfrei hergestellt. Diese umweltfreundliche Folie verhält sich grundwasserneutral, ist voll recyclingfähig und verbrennt in Müllverbrennungsanlagen völlig ungiftig.

ISBN 3-85365-215-8

Printed in Slovenia
Gestaltung, Layout und Repro: Werbeagentur | Digitalstudio Rypka, 8020 Graz
Gesamtherstellung: Gorenjski tisk, Kranj

Inhalt

Für alle,
die wir verloren haben.

Danksagung

Speziellen Dank an den „Tausendsassa“, Kameramann und Fotoreporter **Otto Mang**, der uns aus seinem reichhaltigen Archiv unglaubliche, zum Teil exklusive Bilder von Tätern und Opfern zur Verfügung gestellt hat. Seine lebhaften Schilderungen einiger Fälle haben viel zum Gelingen dieses Buches beigetragen.

Unser besonderer Dank gilt auch „Journal-Aktuell“-Herausgeber und Autor **Peter Janisch**, der aus seinem Fundus an alten Zeitungen, im speziellen dem „Echo der Heimat“, wertvolle Beiträge zum „Mord-Buch“ geliefert hat.

Vielen Dank an **Marcus Deák**, der im brisanten „Höhenstraßen-Fall“ die Nerven bewahrt und hervorragendes Bildmaterial geliefert hat.
Danke auch an das **BKA**, besonders an **Herrn Hesterer** und an Polizei-Inspektor **Franz Leisenz**, die uns „mordsmäßig“ unterstützt haben.

Natürlich ein herzliches Dankeschön an unsere Freunde und Familie, allen voran an meine Mutter **Edith** und meine Tante **Eva**, die uns bei unserer, zeitgleich zum Schreiben des Buches, stattgefundenen Übersiedelung tatkräftig unterstützt und damit das „Chaos“ halbwegs in Grenzen gehalten haben.

Totenvogel

Wenn die Toten sich an einem rächen wollen, der sich entfernt und von Ort zu Ort zieht, folgen sie ihm häufig als Vogel, der vor dem Flüchtenden herflattert, bald hoch droben, bald ganz nahe, und mit der Mitleidlosigkeit der Verstorbenen das unbekannte Verhängnis – überraschend und nicht einmal zu ahnen – herabschickt. Und wehe, wenn die, denen es gilt, solche sind, die mit dem Toten, während er noch atmete und warm war und Hoffnung hatte, kein Erbarmen kannten! Und dreimal wehe, wenn sie selbst ihn grausam zum Ende brachten! Die Vergeltung kommt, sie kommt jedes Mal anders, als man sie voraus bedenkt, aber sie kommt und ist ärger als sogar die Vernichtung.

Aus „*Auf dem Floß*“
[Der Verfasser konnte nicht ermittelt werden]

§ 75 Mord StGB

Wer einen anderen tötet, ist mit Freiheitsstrafe von zehn bis zu zwanzig Jahren oder mit lebenslanger Freiheitsstrafe zu bestrafen.

Mord, die vorsätzliche Tötung von Menschen, hat es immer schon gegeben, seit Anbeginn der Geschichte der Menschheit. Kain, der seinen Bruder Abel ermordet hat, Julius Cäsar, der einem heimtückischen Mordkomplott zum Opfer fiel, der Gletschermann „Ötzi“, Kaiserin Elisabeth, John F. Kennedy, Martin Luther King, John Lennon, Gianni Versace – sie alle wurden Opfer heimtückischer Mörder. Aber auch viele „Normalsterbliche“ wurden im Laufe der Jahrhunderte ermordet.

Durch alle Gesellschaftsschichten, Religionen und Staatsformen wird die Tötung eines Menschen verurteilt. Nur das Strafmaß ist unterschiedlich. Einige europäische Länder haben mittlerweile die lebenslange Freiheitsstrafe abgeschafft, wie zum Beispiel Portugal oder Kroatien. Wobei auch „Lebenslang“ nicht überall gleich gehandhabt wird. So dauert die lebenslange Freiheitsstrafe in England im Durchschnitt neun Jahre, während in Österreich und Deutschland im Mittel 20 Jahre vollstreckt werden.

2004 gab es in Österreich insgesamt 170 angezeigte Morde und Mordversuche, 162 Delikte davon wurden geklärt.

Auf den folgenden Seiten finden Sie einen „blutigen Streifzug“ durch die österreichische Kriminalgeschichte der letzten Jahrzehnte. Es ist dies der Versuch, Täter und Opfer sowie psychologische, juristische und menschliche Hintergründe scheinbar unbegreiflicher Taten näher zu beschreiben.

Die Mörderin mit dem Engelsgesicht

Der Fall Adrienne Eckhardt gilt bis heute als einer der bekanntesten und auch rätselhaftesten Morde in der österreichischen Kriminalgeschichte.

1953 wurde Adrienne Eckhardt für schuldig befunden, den als „Cadbury-Schokoladen-König" bekannten Wiener Lebensmittelhändler Johann Arthold ermordet zu haben. Wegen ihres unschuldigen Äußeren und ihres schüchternen Auftretens vor Gericht nannte man sie auch die „Mörderin mit dem Engelsgesicht".

Adrienne Eckhardt zierte die Titelseiten vieler Zeitungen – so zum Beispiel die des „Echos der Heimat“.

Wer war Adrienne Eckhardt?

Am 26. Juli 1929 wird Adrienne Eckhardt als Tochter von Paula und Oskar Eckhardt geboren. Als sie knapp sechs Jahre alt ist, zieht die Familie zur Mutter von Oskar Eckhardt. Doch das Zusammenleben mit der Großmutter ist alles andere als angenehm. Die später wegen Paranoia entmündigte Frau lässt Adrienne immer wieder spüren, dass sie viel lieber einen Enkelsohn gehabt hätte. Die wirtschaftlich schlimme Zeit macht auch vor dieser Familie nicht Halt. Vater Oskar wird Opfer der damals grassierenden Massenarbeitslosigkeit und verliert seinen Posten als Bankbeamter bei der damals noch privaten Creditanstalt. Die kleine Adrienne verbringt ihre ersten Volksschuljahre im Internat des Klosters „Vom armen Kinde Jesu“ in Stadlau. 1938 marschieren die Deutschen in Österreich ein, und die Klosterschule wird geschlossen. Die Familie übersiedelt von Wien nach Wiener Neustadt. Oskar Eckhardt findet eine Anstellung als Gruppenleiter bei den dortigen Flugzeugwerken, und auch seine Frau Paula wird dort kriegsdienstlich verpflichtet. Mittlerweile besucht Adrienne in Reichenau an der Rax die Hauptschule. Gegen Kriegsende – das Büro der Flugzeugwerke wird nach Wien verlegt – übersiedelt die Familie erneut nach Wien. Adrienne kommt wieder zur Großmutter, und die Streitigkeiten mit der alten Frau gehen von vorne los.

Nach dem Krieg besucht Adrienne Eckhardt die Säuglingsschwesternschule in Wien-Glanzing. Im Oktober 1949 erhält sie ihr Diplom und tritt kurz darauf ihre erste Stelle im Leopoldstädter Kinderspital an. Sie ist eine fleißige und fürsorgliche Säuglingsschwester. Ihr Interesse gilt aber nicht nur den Neugeborenen, auch auf die Ärzte des Spitals hat sie ein Auge geworfen. Sie beginnt ein Verhältnis mit einem jungen Assistenzarzt und lässt sich von ihm finanziell aushalten. Er bleibt nicht der Einzige. Von einem Griechen, der bei ihr wohnt, wird sie schwanger. Durch Gelbsucht verliert sie aber das Ungeborene. Der Mann löst kurze Zeit später das Verhältnis, und damit beginnt der Weg Adriennes in eine kriminelle „Karriere“. Sie versucht, den Griechen zu erpressen, wird angezeigt und zu drei Monaten bedingter Haftstrafe verurteilt. Ihren Beruf als Säuglingsschwester hängt sie an den Nagel und sucht sich in einer Fleischhauerei eine neue Stelle. Als man sie aber mit Gelddiebstählen im Betrieb in Verbindung bringt, ist sie ihre

Anstellung schnell wieder los. Daraufhin versucht sie sich erneut als Kinderschwester, wird jedoch fristlos entlassen, weil sie eine Kollegin bestiehlt. Der Abstieg von Adrienne Eckhardt findet hier seinen Anfang. Sie beginnt in verschiedenen Lokalen als Bar- bzw. Gesellschaftsdame ihr Geld zu verdienen. Zu diesem Zeitpunkt, es ist Mitte November 1952, läuft ihr Johann Arthold, ein alter Bekannter, über den Weg.

Das Leben des berühmt-berüchtigten „Cadbury-Königs“

Die erste Begegnung mit seiner späteren Mörderin hatte Johann Arthold bereits 1944. Als die Eckhardts damals aus Wiener Neustadt nach Wien zurückkehrten, besaß Arthold in unmittelbarer Nähe von Adriennes Großmutter ein Lebensmittelgeschäft. Das 15-jährige Mädchen wurde des Öfteren zum Einkaufen in Artholds Geschäft geschickt. Die angegebenen Mengen auf den Lebensmittelkarten hat Johann Arthold dann immer wieder einmal aufgefettet, sprich: durch Extra-Portionen „erhöht“.

Das nächste Mal begegnet sie Arthold im Jahr 1950 beim Pferderennen in der Freudenau. Johann Arthold hat es in der Zwischenzeit vom einfachen Lebensmittelhändler zur Wiener Lokalgröße gebracht. Man nennt ihn nun nach einer englischen Schokoladenmarke, der er sein Vermögen verdankt, den „Cadbury-König“.

Große Importe von Süßwaren, nicht immer auf ganz legalem Weg, ermöglichen es ihm, seine Waren größtenteils um einiges billiger als seine Konkurrenz zu verkaufen. Gerade nach dem Krieg gehört Schokolade zu den am meisten gefragten Dingen. Während für die Eckhardts, wie für viele Familien dieser Zeit, nach zwei Kriegen und Inflation das Leben nicht gerade einfach ist, lebt Arthold, auch dank des Schleichhandels, in Saus und Braus. Luxuriöse Autos, ein Diener, ein eigener Rennstall und zahlreiche Freundinnen versüßen das Leben des Geschäftsmannes. Der verheiratete Familienvater lebt auf großem Fuß und ist auch in einschlägigen Bars für sein kostspieliges Nachtleben bekannt. Mit einem Wort: Johann Arthold ist kein Kind von Traurigkeit. Auch auf die mittlerweile erwachsene Adrienne Eckhardt hat er ein Auge geworfen. Er lädt sie immer wieder zu Kinobesuchen, ins Kaffeehaus oder in Nachtlokale ein. Beim

ersten gemeinsamen Heurigenbesuch trinken sie Brüderschaft, aber mehr ist für Adrienne nicht drin. Der wesentlich ältere Arthold sagt ihr als Mann überhaupt nicht zu. Sie stört sich an seiner unintelligenten und manierlosen Art.
Der „Cadbury-König“ erkennt, dass er bei diesem Mädchen keine Chance hat und dass Adrienne nicht zu einer intimen Beziehung bereit ist. Der Kontakt wird dadurch zusehends weniger.

Durch einen sonderbaren Vorfall beginnt Adrienne Eckhardt erstmals Hass und Ekel gegen Arthold zu entwickeln. Als sie eines Tages gegen Mittag zu Artholds Geschäft kommt, um den Mann für einen Heurigenbesuch zu gewinnen, steht sie vor verschlossenen Türen. Erst nach längerem Klopfen reagiert Arthold und öffnet das Geschäft. Adrienne tritt ein und sieht im hinteren Raum des Lokals eine junge Frau, die auf sie wie eine Prostituierte wirkt. Arthold beginnt vor den Augen Adriennes das andere Mädchen auszuziehen und seine perversen sexuellen Spielchen zu spielen. Er versucht, die vollkommen verschreckte Eckhardt dazu zu bringen, mitzutun. Als Arthold auch noch beginnt, Adrienne abzugrapschen und brutal an den Händen festzuhalten, verpasst sie ihm ein paar Ohrfeigen. Erst als sie ihm droht, ihn bei der Polizei anzuzeigen, lässt der Mann von ihr ab, und sie kann das Geschäft verlassen. Von diesem Zeitpunkt an empfindet sie enorme Abneigung gegen den älteren Mann und beschließt, sich eines Tages an ihm zu rächen.

Mordwaffe Fleischwolf

Das Schicksal führt die beiden im November 1952 wieder zusammen. Die mittlerweile finanziell in sehr bescheidenen finanziellen Verhältnissen lebende Adrienne Eckhardt arbeitet im Café „Filmhof“ als – wie sie sich selbst bezeichnet – „Gesellschaftsdame“. Weder besonders schön noch außergewöhnlich charmant, ist sie als Animiermädchen nicht gerade erfolgreich. Aber auch Johann Arthold hat längst seinen geschäftlichen Zenit überschritten. Schokolade war keine Mangelware mehr, mittlerweile konnte man sie fast überall erstehen; so schmolz sein ehemaliges „Königreich“ im wahrsten Sinne des Wortes zusammen. Rennstall, Diener, Luxusschlitten – davon ist schon lange keine Rede mehr. Er ist zwar noch immer Kaufmann, wenn auch in wesentlich bescheidenerer Form. Von all seinem Reichtum blieb ihm lediglich ein kleiner Gemischtwarenladen in der Alser

Straße. Adrienne Eckhart war davor monatelang arbeitslos und verschuldet. Auch ihrem ebenfalls arbeitslosen Vater schuldet sie Geld; immer öfter erkennt sie, dass ihre Situation ausweglos zu werden droht. Sie braucht dringend Geld, egal wie. Als Arthold am nächsten Tag wieder ins Café kommt, wendet sie sich verzweifelt an ihn. Sie bittet ihn um eine Stelle als Verkäuferin in seinem Geschäft; er lehnt aber ab. Dafür macht er ihr ein anderes Angebot. Adrienne Eckhardt soll ihn zum Heurigen begleiten, und sie nimmt an. Später vom Untersuchungsrichter befragt, gibt sie an, in diesem Moment nicht an den Vorfall in Artholds Geschäft, wo der Geschäftsmann perverse Handlungen von ihr verlangt hatte, gedacht zu haben.

Außerdem erhofft sie sich Unterstützung von ihm. Eckhardt sieht anscheinend noch immer den legendären „Cadbury-König" in Arthold. Am 21. November 1952 kommt sie mittags in Artholds Geschäft. Es ist der Tag des vereinbarten Heurigenbesuches. Johann Arthold wird wieder zudringlich und versucht, die 23-Jährige zu bewegen, mit ihm eine intime Beziehung einzugehen. Angewidert weist Eckhardt den Mann zurück, geht aber trotzdem mit ihm am Abend zum Heurigen. Sie fahren nach Grinzing und nehmen zwischen 20 und 23 Uhr einige Viertel Wein zu sich. Sie sind gut gelaunt, unterhalten sich auch mit anderen Gästen, und Adrienne Eckhart merkt, dass der Alkohol Wirkung zeigt. Beschwipst küsst sie Johann Arthold auf die Wange. Die beiden verlassen den Heurigen und gehen auf dem Rückweg noch in ein

Johann Arthold liegt blutüberströmt mit zertrümmertem Schädel im Hinterraum seines Lebensmittelgeschäftes in Wien.

kleines Kaffeehaus. Als sie schließlich mit der Straßenbahn zu Artholds Geschäft in die Alser Straße zurückfahren, ist es etwa Mitternacht.
Gegen 1 Uhr 20 kommt ein Polizeibeamter auf Patrouille am Gemischtwarenladen Artholds vorbei. Dem Beamten kommt der nur halb geschlossene Rollbalken ziemlich verdächtig vor. Er betritt den Laden durch die unverschlossene Eingangstür. Als niemand auf sein Rufen reagiert, schaut er sich genauer um und prallt entsetzt zurück, als er die schrecklich zugerichtete Leiche des ehemaligen „Cadbury-Königs" findet. Vor ihm liegt ein Mann mit eingeschlagenem Schädel und durchtrennter Kehle in einer riesigen Blutlache.

Die Suche nach der vermeintlichen Zeugin

Auf Grund der Schwere der tödlichen Verletzungen kommt für die Polizei zunächst nur ein männlicher Täter in Frage. Die Beamten haben Glück bei den Ermittlungen. In der Manteltasche des Toten finden sie zwei Straßenbahnfahrscheine der Linie 38. Die darauf vorhandenen Markierungen zeigen, dass das Opfer seine letzte Fahrt von Grinzing aus nach Hause angetreten hat, und zwar um etwa 23 Uhr. Die Schaffnerin des Zuges kann ausfindig gemacht werden. Sie gibt zu Protokoll, dass sich Arthold in Begleitung einer „blonden Dame im Pelz" befunden habe. Fieberhaft wird nach der vermeintlichen Zeugin gesucht. Auch hier spielt Kommissar Zufall eine große Rolle. Als Beamte zur Einvernahme zweier Prostituierter in einer Diebstahlssache ausrücken, beschweren sich die beiden Damen des Gewerbes, dass das wieder „typisch" sei. Um Kleinigkeiten kümmere sich die Polizei, dabei gebe es doch wesentlich Wichtigeres, den Mord am „Arthold-Hansl" etwa. Das machte die Beamten stutzig, und sie beginnen nachzufragen. Die beiden kennen natürlich Arthold und auch seine ominöse Begleiterin. Der Polizei erklären sie, dass die „Dame im Pelz" im Café „Filmhof" arbeite und „Adi" gerufen werde. Was folgt, ist Routinearbeit. Adrienne Eckhardt wird ausgeforscht und am Nachmittag des 23. November zur Vernehmung – wohlgemerkt als Zeugin – ins Sicherheitsbüro gebracht. Dem Kriminalbeamten, der Eckhardt abholt, fallen aber sofort die verdächtigen Flecken auf dem Mantel auf. Und tatsächlich, die gerichtsmedizinische Untersuchung ergibt, dass es sich dabei um Blutspuren handelt, und zwar um Blut der gleichen Blutgruppe, wie sie Arthold hatte.

Die Geständnisse

Auffallend ruhig lässt die Eckhardt die Vernehmungen über sich ergehen. Sie gibt zu, mit Arthold beim Heurigen gewesen zu sein, auch bei seinem Geschäft wären sie noch gewesen. Aber sie bestreitet vehement, das Geschäftslokal betreten zu haben. Sie habe vor dem Geschäft gewartet, Arthold habe ihr ein Paket übergeben, und dann wäre sie nach Hause gegangen. Nach Vorliegen des Befundes der Gerichtsmedizin lässt sich die erste Version Eckhardts aber nicht mehr aufrechterhalten. Und sofort hat Adrienne Eckhardt eine neue Geschichte auf Lager. Diesmal will sie doch mit Arthold im Geschäft gewesen sein. Die beiden hätten noch etwas getrunken, als es plötzlich an der Eingangstür klopfte. Ein ihr unbekannter, etwa dreißigjähriger Mann, mittelgroß, schlank und mit einem Dufflecoat bekleidet, soll vor der Tür gestanden haben. Er habe Arthold begrüßt, und die beiden sollen sich in den hinteren Raum des Geschäftes begeben haben. In der Zwischenzeit will Adrienne die Vordertür wieder verriegelt haben. Der große Unbekannte habe angeblich sein Geld von Arthold verlangt, und als dieser ihm keines geben konnte, habe der Fremde einen Gegenstand aus der Manteltasche gezogen. Er soll ohne Vorwarnung auf Johann Arthold eingeschlagen haben. Arthold sei daraufhin regungslos zu Boden gesackt. Der unbekannte Mann soll die Eckhardt dann aufgefordert haben, Arthold umzudrehen. Sie habe vollkommen geschockt getan, wie ihr befohlen wurde. Er hätte dann die Taschen seines Opfers durchsucht und der jungen Frau befohlen, ein Messer zu holen. Wie in Trance habe Adrienne Eckhardt dieses Messer beschafft, mit dem der Unbekannte dann versucht haben soll, Arthold die Kehle durchzuschneiden. Als das nicht funktionierte, habe sie abermals ein – schärferes – Messer holen müssen, und diesmal soll der Mann dem röchelnden Arthold erfolgreich die Kehle durchgetrennt haben. Er habe das Mädchen dann aufgefordert, die Messer zu reinigen und die Mordwerkzeuge in ihrer Tasche mitzunehmen. Sie sollte das Geschäft verlassen, ohne zu schreien. Sie will dann noch beobachtet haben, wie der Fremde den Gegenstand, mit dem er auf Arthold eingeschlagen habe, ebenfalls bei der Wasserleitung reinigte.

Das Interesse der Bevölkerung für den Mordfall am „Cadbury-König" ist enorm, und nach dieser Schilderung Eckhardts begibt sich plötzlich ganz Wien auf die Suche nach dem „Unbekannten im Dufflecoat". Eine wahre Hysterie bricht aus, aber die

1

MIT DIESEM FLEISCHWOLF ERMORDET ADRIENNE ECKHARDT DEN „CADBURY-KÖNIG“ ARTHOLD.

Kriminalisten glauben Adrienne Eckhart auch diese Version des Tatherganges nicht. Eine scheinbar harmlose Frage bei den erneuten Vernehmungen lässt Adrienne Eckhardt in die Falle tappen. Die Frage, ob sie das Licht abgedreht habe, bevor sie das Geschäft verließ, bejaht sie. Der Leiter der Mordkommission will jetzt wissen, warum denn der Unbekannte im finsteren Geschäft zurückgeblieben sei. Da bemerkt die Frau, dass sie sich in Irrtümer verstrickt und ihre Geschichte nicht aufrechterhalten kann. Sie gesteht den Raubmord an Johann Arthold und schildert in allen Details, wie sie den grausamen Mord durchgeführt hat. Als Tatmotiv gibt sie an, das Opfer seit jenem verhängnisvollen Tag im Sommer 1950 (Arthold wollte sie damals zu widernatürlichen sexuellen Handlungen zwingen) derart gehasst zu haben, dass sie ihn am liebsten hat umbringen wollen. Dieser Hass ist aber nicht das alleinige Tatmotiv. Der zweite Grund sind ihre Schulden und ihre vollkommene Mittellosigkeit. Arthold hingegen besaß alles, was sie gut gebrauchen konnte. Er hatte Geld, er hatte Lebensmittel und wertvollen Schmuck. All das will sie aber nur mitgenommen haben, um den Eindruck eines Einbruches zu hinterlassen. Neben dem umfassenden Geständnis der Eckhardt werden auch ausreichende Beweismittel in der Wohnung der Täterin sichergestellt. Die Blutspuren an den Kleidungsstücken und vor allem die Tatwaffe, ein Fleischwolf, mit dem das Opfer erschlagen wurde, sind absolut ausreichend für eine Mordanklage. Dazu kommt, dass Adrienne Eckhardt nach der Tat viel Geld ausgegeben hat, obwohl sie bis zum 21. November völlig mittellos gewesen war. Die Akte Eckhardt wird geschlossen und an das Gericht geschickt. Damit ist der Fall aber noch nicht zu Ende.

Eine neue Variante der Bluttat

Anfang Februar 1953 stellt der Arzt des Untersuchungsgefängnisses fest, dass Adrienne Eckhardt im dritten Monat schwanger ist. Daraufhin widerruft sie am 4. Februar 1953 ihre bisherigen Aussagen. Sie gibt an, den wahren Mörder kennen zu wollen. Nicht der große Unbekannte im Dufflecoat (wie in ihrer zweiten Aussage) habe Arthold erschlagen, sondern ein Mann namens „Konstantin Bertini“. Den habe sie im Nachtclub „Moulin Rouge“ kennen gelernt und ihm erzählt, dass sie eine Stelle als „Gesellschaftsdame“ suche. Er soll versprochen haben, ihr zu helfen und hat ihr angeblich auch, allerdings in einer ganz anderen Branche, eine Beschäftigung vermittelt. Bertini soll nämlich mit Drogen handeln, genauer: mit Morphium. Adrienne Eckhardt, die angibt, auch ein Verhältnis mit dem ominösen Bertini gehabt zu haben, habe ihm bei der Vermittlung seiner Geschäfte behilflich sein sollen. Als ersten Kunden will sie ihm ausgerechnet Johann Arthold vermittelt haben. Der soll binnen kurzer Zeit ziemliche Schulden bei Bertini gemacht haben. In der Tatnacht sei Bertini in das Geschäft in der Alser Straße gekommen und habe Arthold, nachdem er seine Schulden nicht hat bezahlen wollen, brutal ermordet.

Der Staatsanwalt glaubt auch diese Version nicht. Zu viele ungelöste Fragen lassen Zweifel am neuerlichen „Geständnis“ der Eckhardt aufkommen. Warum kennt sie weder die Adresse noch die Telefonnummer von Bertini? Warum war Bertini ausgerechnet mit einem Fleischwolf bewaffnet, wenn er doch in Mordabsicht in das Geschäft Artholds kam? Warum hat sie nicht schon viel früher den Namen Bertinis genannt?

Sämtliche Erhebungen in Richtung Konstantin Bertini bringen nichts. Der Mann ist einfach nicht aufzufinden. So beginnt die Hauptverhandlung am 23. März 1953, ohne dass es auch nur die geringste Spur von dem geheimnisvollen Rauschgiftdealer

WÄHREND DER GERICHTSVERHANDLUNG BEKAM ADRIENNE ECKHARDT DEN BEINAMEN DIE „MÖRDERIN MIT DEM ENGELSGESICHT“.

Bertini gibt. Erst am letzten Verhandlungstag, am 25. März 1953, scheint sich eine kleine Sensation anzubahnen. Ein Häftling des Gefangenenhauses meldet sich und gibt vor, den gesuchten Bertini zu kennen. Der wegen Betrugs Inhaftierte gibt an, dass er für Bertini falsche Pässe herstellen sollte. Dazu kam es aber nicht mehr, da er vorher verhaftet worden sei. Er gibt aber an, die Adresse eines Mittelsmannes zu besitzen, der über den Verbleib Bertinis Auskunft geben könnte. Doch das alles interessiert den Vorsitzenden des Gerichtes nicht. Er sieht keinen Sinn darin, einem Phantom nachzujagen; darüber hinaus ist zur Feststellung der Schuld der Angeklagten am Mord an Johann Arthold die Feststellung eines zweiten Täters nicht notwendig. Damit kommt es eigentlich schon zu einer Vorverurteilung Adrienne Eckharts. Denn sehr wohl wäre es für die Bemessung der Strafe von Bedeutung, ob Eckhardt Täterin oder „nur“ Mittäterin bei der Ermordung Artholds gewesen war. Eckhardts Verteidiger, der damalige Staranwalt Dr. Michael Stern, ist mit dem Prozesshergang alles andere als zufrieden. In seinem Schlusswort bemüht er sich, Widersprüche in der Anklage aufzuzeigen. Er versuchte nachzuweisen, dass man (entgegen dem Gutachten des Gerichtsmediziners) durch simples Abwaschen nicht alle Blut- und Gewebespuren restlos entfernen hätte können. Außerdem ist er der Meinung, dass die Angeklagte durch stundenlange Verhöre mürbe gemacht worden sei. Möglicherweise habe sie dann Dinge zugegeben, für die sie nicht verantwortlich gemacht werden könne.

Die Verurteilung

Am späten Abend verkündet der Sprecher der Geschworenen das einstimmige Ergebnis: Adrienne Eckhardt ist des meuchlerischen Raubmordes im Sinne der Anklage schuldig. Die „Mörderin mit dem Engelsgesicht“ wird zu lebenslanger schwerer Haft verurteilt. Erschwerend kommt die besondere Rohheit bei der Ausführung der Tat hinzu. Dr. Stern geht in die Berufung und hat damit zumindest teilweise Erfolg. Am 2. Juli bestätigen die Höchstrichter zwar den Schuldspruch der ersten Instanz, aber die Strafe wird, unter Berücksichtigung der Jugend der Angeklagten und der ungünstigen Einflüsse durch Elternhaus und Bekannte, auf 20 Jahre herabgesetzt. Knapp einen Monat später bringt Eckhardt im Gefängnis ein Mädchen zur Welt.

Für Dr. Stern ist der Fall aber noch immer nicht abgeschlossen, nach wie vor hat er Zweifel an ihrer alleinigen Schuld. Der Anwalt bringt mehrere Wiederaufnahmeanträge ein, bleibt aber damit erfolglos. Schließlich gibt er im Jahre 1958 die Vertretung an einen Kollegen ab.

Noch vor Ablauf der 20-Jahresfrist erhält Adrienne Eckhardt eine zweite Chance. Sie wird 1967 im Rahmen einer Weihnachtsamnestie aus der Haft entlassen. Der Strafrest wird ihr, mit einer Probezeit bis 1973 – dem eigentlichen Zeitpunkt ihrer Entlassung – bedingt erlassen. Adrienne Eckhardt erhält einen neuen Namen und kommt bei Bekannten, angeblich in Oberösterreich, unter.

Nach ihrer vorzeitigen Haftentlassung nimmt Adrienne Eckhardt einen neuen Namen an und kommt bei Bekannten unter.

Die Bestie von Steyr

Dies ist die Geschichte vom Frauenmörder mit dem Maurerfäustel, der immer nach demselben Schema vorging:

Alfred Engleder lauerte seinen Opfern – jungen, hübschen Frauen – mit dem Fahrrad auf, attackierte sie mit einem Hammer, um sie dann zu vergewaltigen. Zeit seines Lebens fühlte sich der kleine Mann (1,58 m) von ihnen hintergangen und betrogen. Er hasste Frauen und kannte nur ein Ziel, nämlich sie zu erniedrigen. Zwei seiner sechs Opfer haben diese Tortur nicht überlebt.

ALFRED ENGLEDER NACH SEINER HAFTENTLASSUNG. ER KOMMT IM JULI 1991 NACH 26 JAHREN IM GEFÄNGNIS FREI.

Der falsche Verdächtige

Sein erster Mord ist einer lokalen Tageszeitung gerade einmal einen kleinen Artikel wert. Am 15. November 1955 berichtet das Blatt über den Fund einer weiblichen Leiche am östlichen Stadtrand von Steyr. Bei der Frau mit dem eingeschlagenen Schädel handelt es sich um die 25-jährige Diplom-Krankenschwester Margarete Fluch, die schon seit ein paar Tagen abgängig ist. Die Polizei geht von einem Sexualdelikt aus.

Bereits zwei Tage später wird in großen Lettern von der Lösung des Falles berichtet. Der 38-jährige Narkosearzt Dr. H. wird als mutmaßlicher Mörder entlarvt. Trotz seines Leugnens sprechen viele Indizien gegen den Mann. Vor allem die Tatsache, dass er – obwohl verheiratet und Vater eines vier Monate alten Babys – mit der jungen Krankenschwester ein Verhältnis hatte.

Für den Abend des 10. November 1955 hatte er sich mit Margarete Fluch an der Voralpenstraße in der Nähe des Krankenhauses verabredet. Wie es der Zufall so will, hat eine Operation länger gedauert, und der Arzt kommt zu spät zur vereinbarten Stelle. Mehrmals fährt er mit seinem Auto auf und ab, doch der einzige Mensch, der seinen Weg kreuzt, ist ein Mann mit einem Fahrrad.
Tage später suchen einige Krankenhausmitarbeiter – auch der Narkosearzt ist dabei – nach der 25-Jährigen. Er ist es auch, der die tote Krankenschwester im Gebüsch findet. Die zum Tatort gerufenen Kriminalbeamten stellen verblüfft fest, dass der Arzt die tote Frau von der Stelle, an der er sie angeblich entdeckt hat, gar nicht sehen konnte. Daraus wird geschlossen, dass Dr. H. wusste, wo sich die Leiche befand.

Mehrere Indizien genügen der Polizei, um den Anästhesisten zu verhaften. Die Tote war seine Geliebte und er hat für die Tatzeit kein Alibi; eine mögliche Schwangerschaft von Margarete Fluch lassen den Verdacht nicht unbegründet erscheinen, dass er sie möglichst schnell loswerden wollte.

Sein einziger Zeuge ist der ominöse Radfahrer. Aber den nimmt ihm die Polizei nicht ab. Unter dem Druck der Vernehmungen gesteht er dann auch, die Frau schon vorher gefunden zu haben, aber aus Angst, sich verdächtig zu machen, geschwiegen zu

Engleder beim Lokalaugenschein: Bei dem brutalen Überfall auf Gertrude B.-L. kam er zu Sturz.

haben. Sein Argument, doch nicht seine eigene Geliebte sexuell missbrauchen zu müssen, fruchtet nichts. Die Beamten gehen davon aus, dass Dr. H. einen Sexualmord vorgetäuscht hat, um von seinem wahren Motiv abzulenken. Weder die Existenz des Radfahrers wird überprüft noch welche Rolle ein am Tatort gefundener Wollstrumpf spielen könnte. Steyr hat seinen Skandal: Die Leute munkeln über Schuld oder Unschuld des Arztes, und die Frau des vermeintlichen Mörders versucht sich das Leben zu nehmen.

Zwei Vorfälle, die sich vor der Ermordung der Krankenschwester in der Umgebung des Tatortes abgespielt haben, werden von den ermittelten Beamten nicht mit dem Fall Fluch in Verbindung gebracht. Ein schwerer Fehler, wie sich im Nachhinein herausstellen sollte.
Im August 1955 wird die 27-jährige Krankenschwester Margarete B. bei Bad Hall von einem unbekannten Radfahrer mit einem Maurerfäustel niedergeschlagen und schwer verletzt. Anfang November werden der 24-jährigen Hilfsarbeiterin Gertrude B.-L. auf der Ennser Bundesstraße, ebenfalls von einem unbekannten Radfahrer, mit einem Hammer schwerste Kopfverletzungen zugefügt.

Ein halbes Jahr verbringt der Arzt in Untersuchungshaft, dann wird das Verfahren wegen Mangels an Beweisen gegen ihn eingestellt. Nichtsdestoweniger bleibt in der Bevölkerung ein leiser Zweifel, ob der Arzt nicht doch der Mörder des Mädchens ist. Die Stelle an seinem alten Krankenhaus bekommt er – erwartungsgemäß – nicht mehr. Dr. H. zieht mit seiner Familie nach Linz und hofft inständig, dass der wahre Mörder bald gefunden wird.

Das Morden geht weiter

Gut eineinhalb Jahre später wird in der Umgebung von Steyr wieder eine junge Frau vermisst; es handelt sich um die 25-jährige Hilfsarbeiterin Herta Feichtinger. Am 11. Juni 1957 findet der eigene Bruder ihre Leiche in einem Weizenfeld bei Sierning. Die Frau wurde furchtbar verstümmelt, mindestens 15 Hammerschläge haben den Schädel von Herta Feichtinger vollkommen zertrümmert, ihre Kleidung war zerrissen und blutbefleckt. Aus dem halb geöffneten Mund der Toten ragte ein als Knebel benutztes, kariertes Taschentuch heraus. Als Todesursache wird festgestellt: „Zertrümmerung des Schädels und dadurch verursachte Quetschung des Gehirns, verbunden mit starkem Blutverlust"; letztlich also Ersticken infolge Knebelung. Die Tat erinnert sehr an den Fall Margarete Fluch. Genau deshalb wird auch Dr. H. zu diesem Mord einvernommen, er kann jedoch ein Alibi für den Tatzeitpunkt vorweisen. Die Gendarmerie konzentriert sich auch auf zwei Bekannte des Opfers. Der 19-jährige Helmut M. und der 22-jährige Walter L. werden als mutmaßliche Täter verhaftet. Dann geschieht etwas Sonderbares, Helmut M. gesteht den Mord an Herta Feichtinger. Aber wirklich mysteriös wird es, als am 15. Juni 1957 ein Brief bei der Gendarmerie einlangt, geschrieben vom Mörder der jungen Frau:

Ich bin der Mörder!
Ich erlebte am Pfingstmontag eine schwere Enttäuschung mit einem Mädchen, das ich sehr gerne hatte. Ich hatte eine große Wut. Ich betrank mich mit der Absicht, bei Einbruch der Dunkelheit in die Gegend hinauszufahren, um die nächstbeste Frau, die mir unterkommt, niederzuschlagen. Ich fuhr nach Grünberg. Bei Anbruch der Dunkelheit wieder zurück bis Pichlern, mit der Absicht Richtung Sierning – Bad Hall. Beim Ortseingang von Sierning stieg ich ab, um meine Notdurft zu verrichten. In der Nähe sah ich zwei Frauen und einen Mann

stehen. Kurz darauf sah ich den Mann und ein Mädchen in den Ort gehen und ein Mädchen allein einen anderen Weg gehen. Ich fuhr an den Zaun heran, dort stand ein kleines Häuschen. Hinter einem lebenden Zaun versteckte ich das Rad. Dann ging ich mit schnellen Schritten dem Mädchen nach. Ich hatte bei mir einen 2 1/2 kg-Hammer, auf einer Seite eine Spitze, auf der anderen Seite stumpf.
Als ich fast auf gleicher Höhe mit ihr war, schlug ich mit dem Hammer auf ihren Hinterkopf. Sie sank sofort lautlos zu Boden. Ich schleppte sie in das Getreidefeld, und da kam sie zu sich. Ich wollte noch einmal zuschlagen, aber sie wehrte sich sehr. Sie war sehr stark. Ich brachte sie zu Boden, stopfte ihr mit Aufbietung meiner ganzen Kraft und Wut einen Fetzen in den Mund, dann habe ich sie vergewaltigt. Als ich fertig war, wollte sie mich nicht mehr auslassen, es kam zu einem schweren Ringkampf, in dessen Verlauf ich ihr mit der Spitzseite des Hammers einen kräftigen Hieb auf den Kopf gab. Dann ließ ihre Kraft nach. Ich gab ihr noch einige Schläge, missbrauchte sie noch einmal, schleppte sie noch ein Stück, stopfte den Knebel noch besser, deckte sie mit Halmen zu und verschwand. Auf dem Weg zu ihr und von ihr begegnete mir kein Mensch.
Nächsten Tag vor Arbeitsbeginn ging ich in die Kirche mit der Absicht, zu beichten. In meiner Eile vergaß ich in einer Bank die rote Handtasche des Mädchens. Darin war Taschentuch, Kamm, Sonnenbrille, Lippenstift, Geldbörse mit Foto und Karte mit dem Namen des Mädchens. Das Tuch zum Knebel stammt aus den Fetzen, die ich in den Steyrer-Werken zum Werkteile-Reinigen ausfasste. Das Motiv der Tat ist grenzenloser Hass und Wut gegenüber den Weibern wegen einer schweren Liebesenttäuschung.

Der Mörder!

Noch am selben Tag, als der Brief bei der Gendarmerie einlangt, wird das nächste Verbrechen begangen. Die 21-jährige Verkäuferin Herta S. geht abends nach einem Kinobesuch nach Hause. Sie ist auf dem Weg zur Wohnung ihrer Eltern in der Ortschaft Hehenberg nahe Bad Hall. Auf der einsamen Straße kommt der jungen Frau ein Mann entgegen, der sein Fahrrad schiebt. Nichts ahnend geht sie weiter und an dem Mann vorbei, als der Fremde plötzlich auf sein Fahrrad steigt und dem Mädchen nachfährt. Nach wenigen Sekunden hat er sie eingeholt, und schon saust ein Hammer auf ihren Kopf nieder. Herta S. ist zwar getroffen, kann sich aber ihrem Angreifer zuwenden und

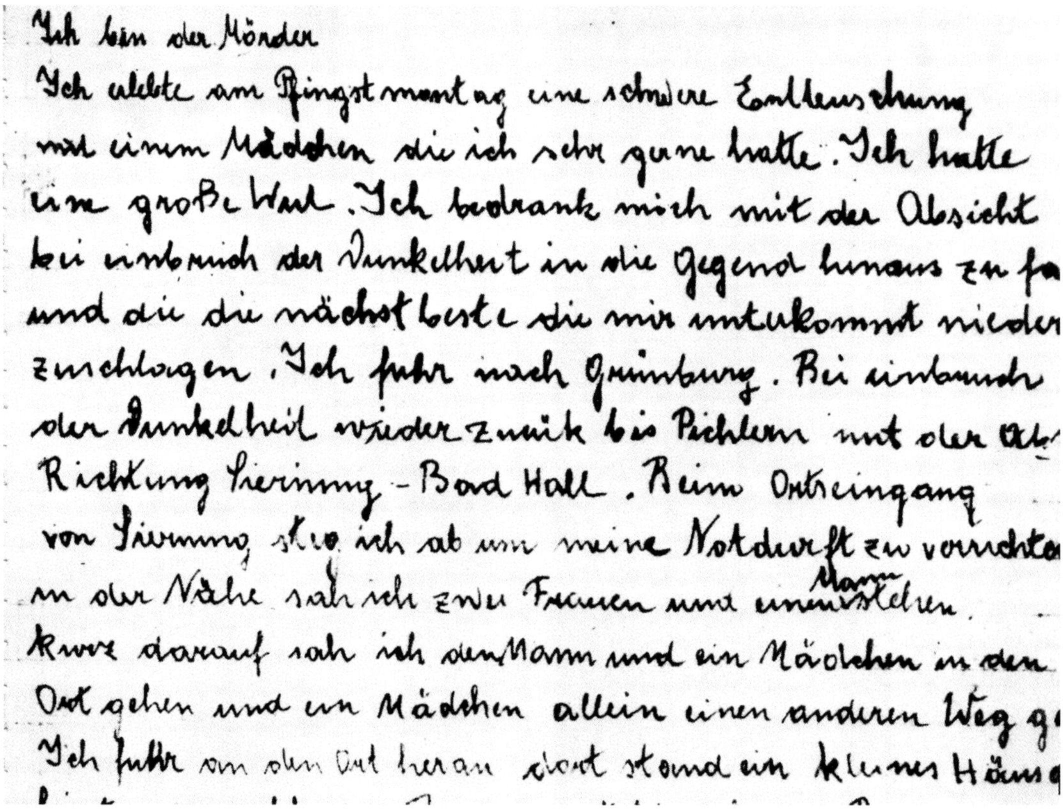
Ich bin der Mörder
Ich erlebte am Pfingstmontag eine schwere Enttäuschung
mit einem Mädchen die ich sehr gerne hatte. Ich hatte
eine große Wut. Ich bedrankt mich mit der Absicht
bei einbruch der Dunkelheit in die Gegend hinaus zu fa
und die die nächst beste die mir entkommt nieder
zuschlagen. Ich fuhr nach Grünburg. Bei einbruch
der Dunkelheit wieder zurück bis Pichlern mit der Ab
Richtung Sierning - Bad Hall. Beim Ortseingang
von Sierning stieg ich ab um meine Notdurft zu verrichten
in der Nähe sah ich zwei Frauen und einen Mann stehen.
Kurz darauf sah ich den Mann und ein Mädchen in den
Ort gehen und ein Mädchen allein einen anderen Weg g
Ich fuhr an den Ort heran dort stand ein kleines Häus

Auszug aus dem Brief Engleders, den er nach seinem letzten Mord schrieb. Darin gesteht er den Überfall auf eines seiner Opfer.

dem nächsten Schlag gerade noch ausweichen. Der brutale Unbekannte fordert sie auf, ihm sexuell zu Diensten zu sein, doch Herta S. kämpft um ihr Leben und schreit gellend um Hilfe. Dass die junge Frau den Angriff überlebt, verdankt sie einem großen Zufall. Ein Motorradfahrer aus Richtung Hehenberg nähert sich und erkennt die Situation. Er kommt Herta S. zu Hilfe, es gelingt ihm aber nicht, den flüchtenden Täter einzuholen.

Die herbeigerufenen Beamten finden die Armbanduhr des Täters und auch sein Fahrrad kann sichergestellt werden. Und noch viel wichtiger: Die Tatwaffe, ein Maurerfäustel, wird gefunden. Damit ist klar, dass der Sex-Attentäter wieder zugeschlagen hat. Eine Großfahndung nach dem Täter läuft an, und die Bevölkerung wird um tatkräftige Unterstützung gebeten. Und tatsächlich erkennt ein Kaufmann aus Sierning bei Steyr die Armbanduhr, die am Tatort gefunden wurde. Er kann sich auch ganz genau an den Käufer erinnern und liefert der Gendarmerie den Namen des mutmaßlichen Täters. Dieser lautet: Alfred Engleder!
Die Kriminalbeamten fahren sofort zu Engleders Wohnung, tref-

fen dort aber nur seine Frau an. Sie kann den Beamten aber zwei wertvolle Hinweise geben. Bei der Uhr handelt es sich eindeutig um die Uhr ihres Mannes, und für die Tatzeit des Überfalls auf Herta S. kann Frau Engleder ihrem Mann kein Alibi geben: Alfred Engleder sei am 15. Juni erst gegen Mitternacht nach Hause gekommen und kurze Zeit später wieder gegangen. Von da an habe sie ihn nicht mehr gesehen. Für die Kriminalisten steht damit fest: Engleder ist ihr gesuchter Mann.

Die Festnahme

Alfred Engleder bleibt vorerst aber verschwunden. Erst am 18. Juni 1957 führt der Zufall einmal mehr Regie. Im niederösterreichischen Niederfladnitz nahe der tschechischen Grenze, also weit weg von Steyr, bemerken einige junge Frauen, dass sie beobachtet werden. Ein im Gras liegender Mann hat sein Fernglas auf die arbeitenden Mädchen gerichtet. Sie melden den Vorfall dem Förster des Ortes, der den Unbekannten stellen kann. Engleder weigert sich zwar, sich auszuweisen, aber er lässt sich widerstandslos auf die nächste Wache bringen. Am Weg dorthin gesteht er dem Förster, der gesuchte Alfred Engleder zu sein. Auf dem kleinen Posten Pleißing legt er ein umfassendes Geständnis ab, das er auf dem Wiener Sicherheitsbüro und schließlich auch im Kreisgericht von Steyr wiederholt. Er gesteht den Mord an Margarete Fluch, den Mord an Herta Feichtinger und den Überfall auf Gertrude B.-L. Und er erzählt, wie sich sein unbändiger Hass auf Frauen entwickelt hat.

Das Leben des Alfred Engleder

Der am 18. Jänner 1920 geborene Engleder hat eine schwere Kindheit und Jugend. Als er vier Jahre alt ist, lassen sich seine Eltern scheiden. Er kommt in ein Waisenhaus in Gosau und entwickelt schon sehr früh boshafte Züge. Die Erziehung in einem Heim in Gleink ist sehr streng, und bereits damals fällt er durch seine enorme Rachsucht auf. Überall fühlt er sich ungerecht behandelt, so auch bei seiner Lehrstelle in Linz, die er als 14-Jähriger antritt. Mehrere Anstellungen folgen, 1939 wird er zur Wehrmacht eingezogen. Das Kriegsende erlebt er in russischer Gefangenschaft, aus der er im September 1945 zurückkehrt. 1948 lernt er seine erste Frau kennen, die Ehe ist aber nur von kurzer Dauer. Noch während dieser Ehe lernt er Berta H. kennen und beginnt eine Beziehung mit ihr. 1951 lässt er sich von seiner ersten Frau scheiden, im selben Jahr bringt seine Geliebte ein Kind zur Welt, und Engleder heiratet sie. Die Ehe ist halbwegs gut und noch ein weiteres Kind wird geboren. In Sierning gilt der Mann als fleißiger Arbeiter und fürsorglicher Familienvater. Niemand ahnt etwas von Engleders gestörtem Verhältnis zum weiblichen Geschlecht. Sein Hass gegen Frauen begleitet ihn durch seine ganze Kindheit. Auch zu seiner Mutter hat er eine schlechte Beziehung. Die Schwester im Kinderheim macht er für seine geringe Körpergröße verantwortlich; angeblich bekam er viel zu wenig zu essen von ihr. Auch an seiner Entlassung aus einer Firma im Jahr 1951 gibt er einer Frau die Schuld. Eine Kollegin verrät bei der Firmenleitung, dass seine ewigen Krankenstände nur Vorwand für seine Arbeitsunwilligkeit seien. Engleder verfolgt diese Frau mit großem Hass und beschließt, sie bei nächstbester Gelegenheit niederzuschlagen.

Sein erstes Verbrechen

Den Hammer schon in der Tasche, wartet er vergeblich auf die Ex-Arbeitskollegin. Da kommt ihm ein makabrer Gedanke: Warum sollte er nicht einfach irgendeine Frau niederschlagen, für ihn waren sie ja doch alle gleich. Und so kommt es, dass er am 31. Juli 1951 die Hilfsarbeiterin Elfriede K. aus Grünberg bei Steyr in der Nähe ihres Wohnhauses mit einem Maurerfäustel schwer verletzt. Zehnmal schlägt er mit dem Hammer auf die wehrlose Frau ein. Nur ein zufällig vorbeikommender Motorradfahrer kann den gewalttätigen Engleder in die Flucht schlagen und dem Mädchen so das Leben retten. Alfred Engleder geht nach der Tat nach Hause, zuvor wäscht er sich noch seine blutigen Hände.

Erst vier Jahre später begeht er sein nächstes Verbrechen. Am 23. August 1955 fährt er abends der 27-jährigen Krankenschwester Margarete B. mit seinem Rad nach und geht nach demselben Schema vor wie bei Elfriede K. Er schlägt wieder mit seinem Maurerfäustel zu, aber auch hier kommt Engleder nicht dazu, sein grausames Werk zu vollenden. Der Mann flüchtet, als sich ein Fahrzeug nähert. Zeitungsberichten entnimmt er, dass die Gendarmerie vollkommen im Dunkeln tappt. Das verleiht ihm eine trügerische Sicherheit, und er beschließt, sich bis zum nächsten Überfall nicht so lang Zeit zu lassen. Am 6. November 1955

Alfred Engleder, die radelnde „Bestie von Steyr“, demonstriert beim Lokalaugenschein den Überfall auf Elfriede K.
Die Überfälle wurden, da Engleder seine Untaten alle in einem begrenzten Umkreis begangen hat, an einem Tag mit immer demselben Polizisten nachgestellt.

überfällt er Gertrude B.-L., die ebenfalls mit einem Fahrrad unterwegs ist. Auch hier gelingt es ihm nicht, sein Opfer sexuell zu missbrauchen. Die Frau wehrt sich heftig, und ihre gellenden Hilferufe schlagen ihn schließlich in die Flucht.

Nur vier Tage später begeht er seinen ersten Mord. Engleder irrt ruhelos umher, auf der Suche nach einem neuen Opfer. Als er am Abend des 10. November 1955 in Steyr unterwegs ist, läuft im die Krankenschwester Margarete Fluch über den Weg. Er lässt sie passieren, überholt sie dann mit seinem Rad, um ihr in einiger Entfernung im Schutz eines Gebüschs aufzulauern. Er nähert sich Margarete Fluch von hinten und schlägt ihr mit dem Maurerhammer auf den Kopf. Daraufhin fällt die Krankenschwester zu Boden. Engleder versteckt schnell sein Fahrrad und kehrt zu der Frau zurück. Fatalerweise glaubt Margarete Fluch, dass der Mann ihr zur Hilfe kommen will. Erst als sie merkt, dass er sie auf die andere Straßenseite schleifen will, bemerkt sie den tödlichen Irrtum. Sie beginnt zu schreien, Engleder hält ihr den Mund zu und schlägt abermals mit dem Hammer auf die wehrlose Frau ein. Erst als sie sich nicht mehr rührt, lässt er von ihr ab. Er holt sein Fahrrad, dann zieht er Margarete Fluch noch weiter von der Straße weg. Dabei bemerkt er den Abgrund hinter sich nicht und stürzt zusammen mit der bewusstlosen Krankenschwester etwa drei Meter tief ab. Engleder rappelt sich auf und schleift sein Opfer über einen Fußweg, da kommt die junge Frau abermals zu sich. Wieder schreit sie um Hilfe. In Panik steckt ihr der Mann einen Strumpf als Knebel in den Mund. Und er greift wieder zu seinem Fäustel, um der gepeinigten Frau noch weitere Schläge zu verpassen. Von einer Unruhe getrieben, geht er zur Straße zurück, um eventuelle Spuren zu verwischen. Er findet den Schirm seines Opfers und wirft ihn weg. Als er zurückkommt, erwacht Margarete Fluch aus ihrer Ohnmacht. Sie fleht um ihr Leben, aber der Verbrecher schlägt ohne Erbarmen immer und immer wieder auf die Frau ein. Erst als sie sich gar nicht mehr rührt, zieht er sie aus und vergeht sich an ihr. Dann verlässt er den Tatort und fährt seelenruhig in seine Bastel-Werkstatt, um sich und das Tatwerkzeug zu reinigen. Am nächsten Tag fährt er noch einmal an die Stelle, wo er Margarete Fluch überfallen hat. Er kann sie aber merkwürdigerweise nicht finden. Wahrscheinlich war die Krankenschwester selbst nach dieser furchtbaren Tortur noch nicht tot. Sie konnte sich noch selbst den Knebel aus dem Mund ziehen und dürfte sich noch einige Meter weit geschleppt haben, bevor sie starb.

Die Verhandlung

Die Verhaftung Engleders nach seinem Mordversuch an Herta S. dürfte vielen Frauen in der Umgebung von Steyr das Leben gerettet haben. Zwischen dem 4. und 9. März 1958 findet die Hauptverhandlung gegen die „Bestie von Steyr“ statt. Vor dem Richter steht ein kleiner, schmächtiger Mann, der zwar sein Geständnis aufrechterhält, aber jede Absicht, seine Opfer zu töten, energisch abstreitet. Psychiater attestieren Engleder sadistische Züge und ausgeprägte Geltungssucht. Die Angriffe auf Frauen dienten einerseits dazu, Vergeltung für die Ablehnung zu üben, die ihm vom weiblichen Geschlecht entgegengebracht wurde. Andererseits wollte er damit auch seine Umwelt in Angst und Schrecken versetzen. Was bei ihm aber nicht vorlag, war eine Geisteskrankheit. Was immer er tat, er wog es ganz genau ab. Er handelte stets planmäßig, bei Gefahr ergriff er die Flucht. Obwohl er als Sexualtäter bezeichnet wird, war sexuelle Triebbefriedigung nicht das Hauptanliegen seiner Taten. Vielmehr ging es ihm um die Stillung seines Aggressionstriebes bzw. darum, seine Opfer zu quälen und zu vernichten. Die Geschworenen sprechen Alfred Engleder schließlich des Mordes an Herta Feichtinger, der Notzucht mit tödlichem Ausgang an Margarete Fluch und der Vergewaltigung seiner vier anderen Opfer schuldig. Der Urteilsspruch lautet auf lebenslangen schweren Kerker für den „radelnden Unhold von Steyr".

Messerattentat auf den Maurerfäustel-Mörder

Obwohl zu lebenslanger Haft verurteilt, kommt Alfred Engleder nach 26 Jahren frei. Am 31. Juli 1991 öffnen sich die Gefängnistore für den mittlerweile 71-Jährigen. Er wird von den Padres des Wiener Schottenstiftes aufgenommen und will dort seinen Lebensabend verbringen. Engleder darf im Kloster als Haustischler arbeiten, für Kost, Quartier und etwa 750 Euro Lohn. Bald nach seiner Haftentlassung lernt er die 26-jährige Gelegenheits-Prostituierte Sonja P. kennen. Die Frau zieht zu Engleder ins Stift. Das geht aber nicht lange gut, immer wieder kommt es zu Auseinandersetzungen. Obwohl Sonja P. nicht nur bei, sondern auch mit dem ehemaligen Häftling schläft, erfüllt sie ein ziemlicher Ekel und Hass gegen Engleder.

Als sie am 8. April 1993, einem Gründonnerstagabend, noch ausgehen will, kommt es zwischen den beiden zum Streit. Unter einem Vorwand bittet sie Engleder, ihr ein Küchenmesser zu reichen. Er gibt ihr ein Messer mit einer 20 cm langen Klinge, dreht sich um und legt sich ins Bett. Die junge Frau sieht ihre Chance, den alten, verhassten Mann endlich loszuwerden, und zwar endgültig. Sie rammt ihm das Messer in den Rücken und läuft davon. Wenig später kehrt sie in die Wohnung zurück, um nachzuschauen, ob ihr Opfer noch lebt. Sie sucht nach Geld und verlässt dann die Wohnung wieder, ohne sich um den 73-Jährigen zu kümmern. Womit sie nicht gerechnet hat: Es gelingt dem schwer verletzten Engleder, aus der Wohnung zu robben. Er

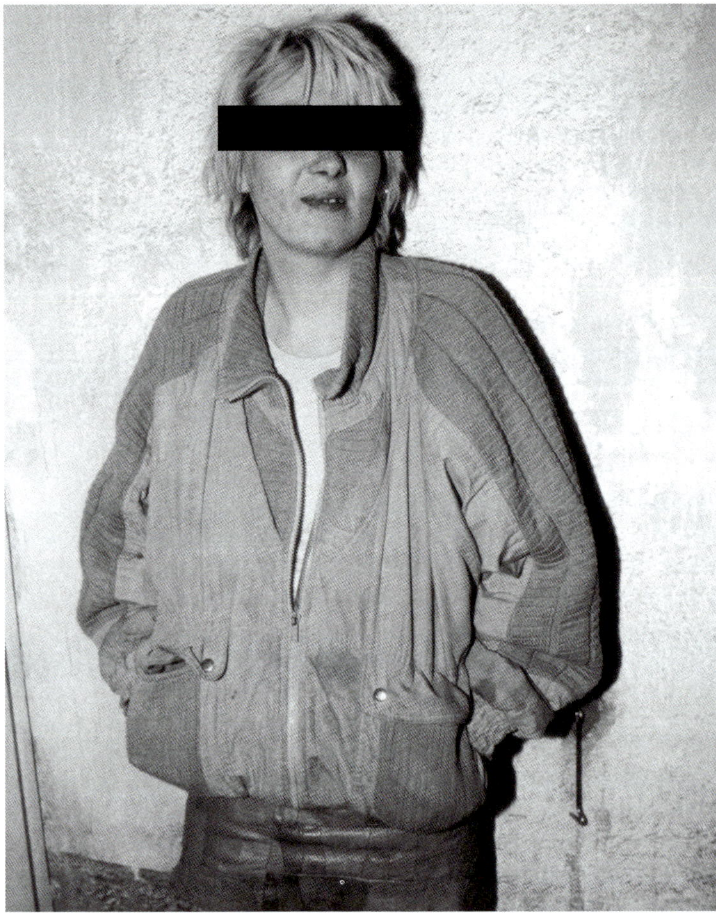

Die Prostituierte Sonja P. setzte dem Leben des Frauenmörders Engleder im April 1993 ein Ende.

wird gefunden, ins AKH gebracht und notoperiert. Alfred Engleder kann Sonja P. als Täterin nennen. Die treibt sich in der Zwischenzeit im Floridsdorfer Bahnhof herum, wo sie einen jungen Mann kennen lernt. Sie beschließen, in Engleders Wohnung zu übernachten. Als sie mit ihm zum Tatort zurückkehrt, sind schon Beamte da, um die Spuren zu sichern. Sie erkennen die junge Frau als Täterin und verhaften sie. Knapp einen Monat nach der Tat stirbt Alfred Engleder im AKH an seinen schweren Verletzungen. Es ist wohl eine Fügung des Schicksals, dass der einstige Frauenmörder ausgerechnet durch die Hand einer Frau zu Tode kommt.

Sonja P. wird der Prozess gemacht. Dort versucht sie, die Tat folgendermaßen zu rechtfertigen: Der weit ältere Mann erinnerte sie an ihre verpfuschte Kindheit. Sie behauptet, als Kind von ihrem Vater missbraucht worden zu sein; für Engleder habe sie nur Ekel und Hass empfunden. Zur Tat macht sie verworrene Angaben. Einmal sei sie nur ausgerutscht und habe Engleder versehentlich erstochen. Dann wieder habe sie ihn mutmaßlich in vollkommener Trunkenheit erstochen. Sie hörte Stimmen, stand unter Schock oder konnte sich zur Abwechslung an nichts erinnern. All dies nützt ihr wenig, die Gerichtspsychiater können nur eine „labile Persönlichkeit" feststellen, sonst nichts. Im Oktober desselben Jahres wird Sonja P. des Mordes an Alfred Engleder schuldig gesprochen und zu 15 Jahren Haft verurteilt.

Der Blaubart von St. Pölten

Zehn Jahre lang machte sich der Waschmaschinenvertreter Max Gufler durch Heiratsinserate an wohlhabende Frauen heran.

Zumindest vier von ihnen hat er ermordet. Er konnte erst gefasst werden, nachdem die Nachbarin seines letzten Opfers zufällig das Nummernschild seines Autos notiert hatte. Keiner vermutete hinter der biederen und kleinbürgerlichen Fassade Guflers einen heimtückischen Giftmörder.

Der „Blaubart von Sankt Pölten“ vor Gericht. Hinter der Fassade des biederen Kleinbürgers verbarg sich ein hinterhältiger Mörder.

Der Lebensweg des Maximilian Gufler

Max Gufler wird am 10. Oktober 1910 in Rum bei Innsbruck als unehelicher Sohn von Maria Gufler und Georg Hackenbuchner geboren. Aus dieser Beziehung stammt auch sein um fünf Jahre älterer Bruder Georg Gufler. 1912 stirbt der Lebensgefährte der Frau, und Maria Gufler muss ihre Kinder – es gibt auch noch eine Pflegetochter namens Margarete Klopfer – alleine durchbringen. Den Lebensunterhalt verdient sie durch Wäschewaschen und den Handel mit Altwaren.

Max Gufler verbringt seine Kindheit und Jugend in Meran. Anfang 1933 wandert er mit 22 Jahren nach Österreich aus; angeblich, um dem italienischen Militärdienst zu entgehen. Es kann aber davon ausgegangen werden, dass Max Gufler einfach keine Lust hatte, seine zahlreichen Strafen wegen Diebstahlsdelikten abzusitzen.

In Österreich versucht sich Gufler in den verschiedensten Berufen. Er arbeitet als Gärtner in Graz, als Friseur, als Fabrikarbeiter, als Flughafen-Wachposten und – bezeichnenderweise – als Vertreter für einen Sterbekassenverein. Als Bettler erregt der mittlerweile 23-Jährige das Mitleid einer Beamtenwitwe. Die schenkt ihm nicht nur Geld und Essen, sondern 1935 auch noch einen Sohn. 1945 kehrt Gufler nach Meran zurück und arbeitet als Friseur in einem Wehrmachtslazarett. Kaum in Italien, muss er für zwei Monate ins Gefängnis. Die Behörden hatten seine Diebstahlsdelikte nicht vergessen.

1946 schließlich kommt er nach Österreich zurück und verdingt sich abermals – ohne Gewerbeberechtigung – als Friseur. Der kleine (1,64 m), mollige Tiroler mit den treuen Augen ist zwar kein Adonis, dennoch aber der richtige Mann für Frauen mittleren Alters, die von anderen Männern enttäuscht wurden. Durch Heiratsannoncen, oft mit der Chiffre „Glücksfahrt", macht sich Gufler an wohlhabende Frauen heran. Mit Erfolg, denn auf viele seiner Opfer wirkt Max Gufler wie der lang ersehnte „Mr. Right".

Anfang der 1950er Jahre lernt er Auguste Lindebner kennen. Sie ist sechs Jahre älter als er und Inhaberin eines Zeitschriftenkiosks am Bahnhof Schwaz in Tirol. Was Gufler entgegenkommt: Sie ist seit zwei Jahren geschieden. Am 4. März 1951 gibt er die Wohnadresse der Frau als seine polizeiliche Meldeanschrift an. Die Frau blüht merklich auf, seit sie Gufler kennt. Nach außen wirken die beiden wie ein harmonisches Paar. Dabei hat Gufler, wie er in späteren Verhören zugibt, keine sexuelle Beziehung mit ihr. Er findet sie hässlich und abstoßend.

Am 16. April 1952 ist Auguste Lindebner tot. Die Frau des Fahrdienstleiters von Schwaz findet sie am Boden liegend in ihrem Kiosk. Der herbeigerufene Arzt konnte nur mehr den – scheinbar natürlichen – Tod feststellen. Niemand kommt damals auf den Gedanken, dass Lindebner möglicherweise ermordet worden sein könnte. Als ihre Leiche 1959 exhumiert wird, stellen die Gerichtsmediziner eine Vergiftung durch Schlafmittel fest. War es Guflers erster Mord? Zu einer Anklage kommt es aber nicht: Die Beweise reichten nicht aus.

Drei Tage vor ihrem Tod antwortet Gufler auf das Heiratsinserat einer 37-jährigen Witwe, ebenfalls Trafikantin, wohnhaft in St. Pölten. Sein sympathisches Antwortschreiben gefällt der Frau, und sie beschließen, sich zu treffen. Herta J. ist von dem seriös wirkenden, intelligenten Mann begeistert. Es geht ihr so wie vielen Frauen, die mit Gufler zusammentreffen. Er tritt so auf, wie er sich selbst in seinen Heiratsannoncen beschreibt: ledig, weder Raucher noch Trinker. Ein Vertrauen einflößender Mitvierziger, der gut mit Worten umgehen kann.

Die Lebensgemeinschaft mit Herta J. dauert bis zu seiner Verhaftung. Im Jahr 1955 mietet sich Gufler aber bei einem Ehepaar in der Kupferbrunnstraße ein, nachdem es mit den Eltern Herta J.s zu dauernden Streitigkeiten gekommen ist. Er lebt jetzt in einem Mansardenzimmer und seine Vermieter nehmen die Eigenheiten ihres Untermieters in Kauf. Er hat den einzigen Schlüssel zu seinem Zimmer, das niemand außer ihm betreten darf. Auch als er die verglaste Eingangstür des Zimmers mit einer Decke verhängt, wird das Ehepaar nicht misstrauisch. Erst nach seiner Verhaftung wird klar, welches Geheimnis Gufler hier zu verbergen hatte.

Das Zimmer war bis zur Decke angeräumt mit Koffern, Radios und Kleidung. Auch eine größere Menge alkoholischer Getränke wird sichergestellt. Was machte der angebliche Antialkoholiker mit derart vielen Spirituosen?

Mittel zum Zweck

Wein, Whisky, Cognac und Magenbitter; den Alkohol versetzt Gufler mit beträchtlichen Mengen Somnifen. Es ist jenes Mittel, mit denen der Mann seine Opfer betäubte bzw. tötete. (Das starke Schlafmittel wurde in den 1920er Jahren in der Schlaftherapie verwendet und führte zu Dauernarkosen von einer Woche. Während der NS-Zeit findet es zu Euthanasiezwecken Verwendung.) Somnifen hat unverdünnt einen bitteren Geschmack.

Es wird entweder in Tropfenform oder in Ampullen abgegeben und enthält zwei Barbitursäure-Derivate. Bei Überdosierung kann es – je nach Menge – zu starken Bewusstseinsstörungen bzw. zu Todesfällen kommen. Bereits ein großer Schluck führt zum Tod. Die Aufnahme des Schlafmittels in Magen und Darm wird durch gleichzeitige Verabreichung von Alkohol noch beschleunigt. Die Bewusstlosigkeit tritt bereits kurz nach dem Genuss des Mittels ein.

Die Likörflaschen-Sammlung von Max Gufler: Die Getränke waren mit dem starken Schlafmittel Somnifen versetzt.

Gufler verfügte über große Mengen des Mittels, und es konnte nicht restlos geklärt werden, wie er dazu kam. Er behauptete bei seinen Einvernahmen, das Schlafmittel auf Grund von starken Schlafstörungen als Folge einer Kopfverletzung im Krieg erhalten zu haben. Ein Sanitäter des Lazaretts in Meran habe ihn damit versorgt. Als die Vorräte Anfang 1958 aufgebraucht waren, schreibt er sich selbst einen Dauerbezugsschein. Ob er damit tatsächlich an das Mittel gekommen ist, lässt sich später nicht nachweisen.

Sicher ist allerdings, dass Maximilian Gufler mit Hilfe des Schlafmittels Somnifen vier Morde begangen hat. Er betäubte alle seine Opfer mit einem Cocktail aus Alkohol und Somnifen. Eine Frau hat er danach erwürgt, die anderen drei ertränkt.

Mord Nummer Eins

Emilie Meystrzik ist im Rotlichtmilieu unter dem Spitznamen „Nasenpeter" bekannt. Warum, weiß niemand so genau. Die 43-Jährige führt vor ihren Nachbarn in Wien-Leopoldstadt ein Doppelleben. Die halten sie nämlich für eine Dolmetscherin. In Wirklichkeit arbeitet sie am Naschmarkt als Prostituierte. Alle, die sie näher kennen, wissen, dass sie eine sehr misstrauische, zurückhaltende und gewissenhafte Person ist. So wundern sich die Beamten des Gesundheitsamtes auch, dass Emilie Meystrzik am 11. März 1952 nicht zur vorgeschriebenen Kontrolluntersuchung kommt. Da sie auch die nächsten Tage nicht auftaucht, wird das Polizeikommissariat Leopoldstadt verständigt und um eine Vorführung der Prostituierten gebeten.

Am 21. März läuten die Beamten vergeblich an der Tür von Meystrzik. Als sie am 27. März die Tür gewaltsam öffnen, finden sie die Leiche der Frau. Sie liegt vollständig bekleidet im Schlafzimmer, unter ihr die Tatwaffe. Emilie Meystrzik wurde mit einem Wollschal erdrosselt. Aus der Wohnung wurden unter anderem Schmuckstücke, Kleidung, ein Radio, Pelze und ein großer Schrankkoffer entwendet.

Trotz intensiver Ermittlungen kann der Täter nicht gefunden werden. Der Neffe der Ermordeten gibt der Polizei Hinweise, die aber nicht zielführend sind. Er berichtet den Beamten, dass seine Tante ihm am 9. März von einem deutschen Fabrikanten erzählte, der sie heiraten wollte. Das wird aber nicht weiter verfolgt, und der Mordfall Emilie Meystrzik gerät in Vergessenheit.

Der Heiratsschwindler mordet weiter

Auch während seiner Lebensgemeinschaft mit Herta J. hat Max Gufler mehrere Affären mit anderen Frauen. Er lernt die Frauen immer auf die gleiche Art und Weise kennen. Entweder antworten sie auf seine Heiratsannoncen – insbesondere in der „Neuen Illustrierten Wochenschau“ – oder er meldet sich auf Inserate, vorzugsweise von sehr wohlhabenden Damen. Der beachtliche Erfolg Guflers erklärt sich auch aus der Tatsache, dass Männer in seinem Alter nach dem Zweiten Weltkrieg Mangelware sind. Er findet also genügend heiratswillige Opfer. Wie ein Hai im Sardinenschwarm kann er sich nach Herzenslust seine Beute aussuchen. Und der nächste Fisch, Josefine Kamleiter, hängt schon an der Angel.

Die 45-jährige Blondine heißt eigentlich Josefine Weilguny. Noch während des Krieges, am 19. Dezember 1942, wurde sie mit dem um zwei Jahre älteren Franz Weilguny getraut. Der war aber zu diesem Zeitpunkt gar nicht mehr am Leben. Er fiel im April 1942 in Rußland. Die Heirat war eine – unter Hitler eingeführte – so genannte Stahlhelmehe. Die Bräute gefallener Soldaten sollten sich als „echte“ Witwen fühlen dürfen.

Aus Krankheitsgründen kann sie ihren Beruf als Köchin nicht ausüben. Sie ist ein kränklicher Mensch, der sich nach menschlicher Wärme und Fürsorge sehnt. Bei Max Gufler meint sie, all dies bekommen zu können. Er verspricht ihr eine gemeinsame Zukunft; sie planen, ein Geschäft zu eröffnen. Am 1. Juni 1958 kündigt sie ihre Stelle und hebt von ihren Ersparnissen 10.000 Schilling ab. Sie fährt mit Gufler zu ihren Schwestern und präsentiert ihn überglücklich als ihren zukünftigen Ehemann. Auch von den Plänen, in Bad Vöslau ein Geschäft zu eröffnen, erzählt sie ihren Verwandten. Die Hochzeit soll in Maria Taferl stattfinden. Der Giftmörder besucht mit seiner Braut am 3. Juni 1958 die Basilika von Mariazell, danach geht die Fahrt vom Wallfahrtsort weiter nach Mautern an der Donau. Josefine Kamleitner ahnt nicht, dass es ein Ausflug in den Tod sein würde. Max Gufler hofiert seine Zukünftige, er bietet ihr Weichsellikör an, kostet sogar selbst aus der Flasche. Doch er hält noch eine andere Flasche bereit, eine „Spezialität", extra für sie. Das zugesetzte Schlafmittel zeigt schnell Wirkung, binnen weniger Minuten ist Josefine Kamleitner alias Weilguny bewusstlos. Gufler kennt die Gegend gut, schließlich gehört sie zu seinem Einsatzgebiet als Versicherungsvertreter. In der Nähe von Rossatz beseitigt Gufler die Frau, indem er sie in die Donau wirft.

Elf Tage später sucht Gufler die Schwestern seines Opfers auf. Er kommt, um ihre Sachen abzuholen. Ahnungslos händigen sie ihm alle Habseligkeiten Josefines aus. Nach seiner Verhaftung werden über 100 Gegenstände aus dem Besitz Josefine Kamleitners bei ihm sichergestellt.

Glück gehabt

Sein nächstes Opfer heißt Margarete H. Der Zusatz „nicht unbemittelt" erregt wieder einmal sein Interesse. Dass die Frau gehbehindert ist, stört Gufler, der sich in diesem Fall als Versicherungsinspektor ausgibt, nicht. Er unternimmt mit ihr eine Spazierfahrt ins Waldviertel, wo er seinem potentiellen Opfer wenig Erfreuliches für die Zukunft voraussagt. „Du wirst nicht alt, du wirst nicht mehr lange leben", soll Gufler der verschreckten Frau gesagt haben. Daraufhin bekommt Margarete H. es mit der Angst zu tun, und sie beichtet Gufler in einem Brief, überhaupt kein Vermögen zu besitzen. Gufler bricht den Kontakt zu ihr sofort ab, sie war für ihn jetzt ja wertlos. Und die Frau ahnt nicht, wie knapp sie dem Tod entgangen ist.

Die mysteriösen Briefe

Am 25. Oktober erhält der Werkmeister Josef Robas einen eigenartigen Brief. Ein gewisser Eberharter aus München schreibt ihm, dass Maria Robas – seine Exfrau – in Köln bei einem Autounfall ums Leben gekommen sei. Für nähere Informationen soll er sich an den Notar Dr. Moshelmer in Innsbruck wenden. Robas ist mehr als erstaunt. Dass seine geschiedene Frau in Köln gewesen und operiert worden sein soll, hört er zum ersten Mal. Er ruft den Notar an, doch er kann ihm auch nicht weiterhelfen. Dr. Moshelmer ist selbst ratlos über einen Brief, den er von eben

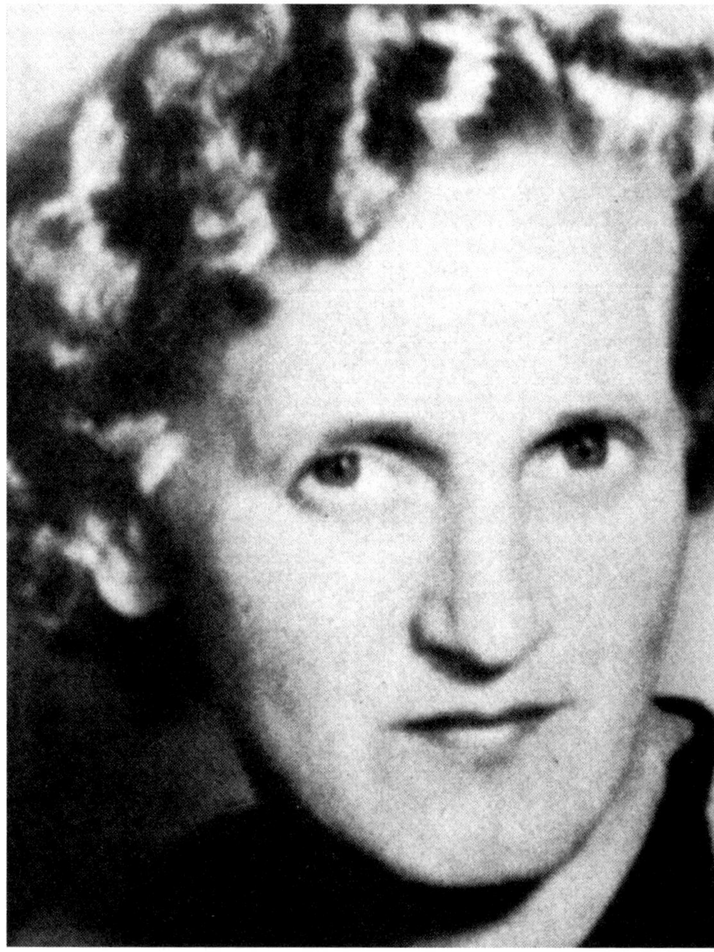

Maria Robas, eines der Opfer des mörderischen Heiratsschwindlers

diesem Eberharter erhalten hat. Josef Robas kommt das alles sehr komisch vor, er schaltet deshalb die Gendarmerie und das deutsche Konsulat in Klagenfurt ein. In Köln ist niemanden etwas von einem tödlichen Unfall von Maria Robas bekannt. Die Beamten gehen der Abgängigkeitsanzeige von Josef Robas nach. Bevor Max Gufler diese eigenartigen Briefe verschickt, begeht er den nächsten Mord.

Auch diese Frau lernt er durch ein Inserat kenne. Juliane Nahs, 48 Jahre alt und Zeitungsausträgerin in Fohnsdorf. Gufler gerät an eine höchst merkwürdige Persönlichkeit. Juliane Nahs fühlt sich verfolgt. Sie befürchtet, von ihren Verwandten in eine Irrenanstalt eingewiesen zu werden. Sogar einen Selbstmord-versuch hat sie schon hinter sich. Durch die Bekanntschaft mit Gufler schöpft die paranoide Frau neuen Lebensmut. Sie erzählt ihrer Schwägerin, dass sie über eine Annonce einen Mann kennen gelernt habe, der sie aus Fohnsdorf herausholen wolle. Und tatsächlich, Max Gufler kommt wirklich. Am 16. Oktober 1958 fährt er in Fohnsdorf vor und stellt sich den Schwestern Juliane Nahs unter dem Namen „Wotnik" vor. Er verlädt Hab und Gut seiner Braut ins Auto und fährt mit ihr in Richtung Wien. Doch dort kommen sie nie an. Wieder wählt er als Tatort die Wachau, und wieder betäubt er sein Opfer mit einem Gemisch aus Alkohol und Somnifen. Die bewusstlose Nahs lässt er, gegen Mitternacht, vom Landungssteg der Rollfähre in die Donau fallen. Ihre Leiche wird nie gefunden.

Am 29. Oktober geht beim Gendarmerieposten Fohnsdorf ein sehr merkwürdiges Schreiben ein. Darin teilt eine Maria Naß mit, dass sie sich verfolgt fühlt und deshalb Fohnsdorf verlassen hat. Angeblich hat sie sich nach Deutschland abgesetzt. Sie meldet sich in diesem Brief polizeilich ab und sendet sogar ihre Wohnungsschlüssel mit. Der Verfasser des Briefes ist Max Gufler. Dass er weder den Vor- noch den Familiennamen seines Opfers richtig geschrieben hat, kümmert den Mörder nicht. Bevor er diesen Brief an den Gendarmerieposten schickt, besitzt er noch die Unverfrorenheit, die restlichen Habseligkeiten der ermordeten Juliane Nahs aus ihrer Fohnsdorfer Wohnung zu holen. Er belügt Julianes Schwägerin über den Verbleib der Toten, die hilft ihm sogar noch, allerlei Hausrat im Auto zu verstauen. Auf die Frage, ob Juliane noch einmal zurückkommen wird, antwortete er wahrheitsgemäß: „Nein, sie kommt nicht wieder!"

Anschließend fährt der Mörder nach München und gibt dort die Briefe an Josef Robas und den Innsbrucker Notar auf. Den Grund dafür konnte man nie herausfinden.

Eine Woche nach der Abgängigkeitsanzeige von Josef Robas können die ersten Ermittlungserfolge vermeldet werden: Am 15. September 1958 erscheint Maria Robas bei einem Fleischermeister in Nötsch (Kärnten) und verlangt von diesem ihr Darlehen in Höhe von 24.000,– Schilling (umgerechnet etwa 1.750,– Euro) zurück. Am nächsten Tag löst sie ihr Konto auf und behebt ihre Spareinlagen im Wert von insgesamt 30.000,– Schilling (zirka 2.200,– Euro). Genau an diesem 16. September begibt sie sich mit Gufler in ihre Wohnung in Reifnitz und nimmt Kleidung, Schmuck und Hausrat mit. Sie reist mit Max Gufler in dessen PKW der Marke DKW zu einem angeblichen Erholungsaufenthalt ab.

Maria Robas ist danach wie vom Erdboden verschluckt. Nicht so Gufler. Der taucht noch einige Male in Robas Wohnung auf, um auch noch ihre restlichen Habseligkeiten mitzunehmen. Er kommt auch noch einmal zu dem Fleischermeister, um das geborgte Geld abzuholen. Unter Vorlage einer Inkassovollmacht und der Ausrede, dass Maria Robas bettlägerig sei, unterschreibt er für den übernommenen Betrag. Doch dann begeht er einen Fehler, der schließlich zu seiner Verhaftung führt. Das Darlehen war im Grundbuch des Fleischermeisters sichergestellt. Zur Löschung im Grundbuch brauchte man aber die beglaubigte Unterschrift der Darlehensgeberin, und die konnte Gufler nicht vorweisen. Der Fleischer besteht auf einem Dokument zur Sicherstellung und bekommt daraufhin die Zulassungspapiere von Guflers Wagen – für einen grünen DKW mit dem amtlichen Kennzeichen N 153.098.

Am 22. September 1958 wird im Kaltenbachgraben (Steiermark) eine weibliche Leiche aufgefunden. Ihre Beschreibung stimmt mit der von Maria Robas überein. Am 31. Oktober wird Max Gufler unter dem Verdacht des Mordes an Maria Robas in seinem Untermiet-Zimmer in St. Pölten verhaftet.

Der Prozess gegen Max Gufler beginnt am 10. April 1961. Der Giftmörder präsentiert sich den neugierigen Gerichts-Kiebitzen als wohlgenährter, gut gekleideter Mann. Sein Aussehen erinnert mehr an einen spießigen Durchschnittsbürger, als an einen raffinierten Frauenmörder. Im Gegensatz zum brutalen Vorgehen eines Alfred Engleders führt Gufler seine Morde so durch, dass das Opfer quasi „von selbst" stirbt. Er betäubt die Frauen und legt sie ins Wasser. Wirklich aktiv zu töten, liegt ihm nicht, er fürchtet den Widerstand seiner Opfer. Vor Gericht gibt sich Gufler dann auch unschuldig, er bestreitet jeden Vorwurf, gemordet zu haben. Er gibt zwar seinen Heiratsschwindel zu, aber ein Mörder sei er keiner. Er nennt Namen anderer Männer, die angeblich die wahren Schuldigen seien. Seine Geständnisse beruhen nur darauf, dass er seine Lebenspartnerin Herta J. schützen wollte.

Aussagen von Belastungszeugen, die große Summe an Gegenständen aus dem Besitz seiner Opfer, all das kann Gufler nicht zu einem Geständnis bringen. Immer wieder bestreitet er die Morde. Für die Gerichtspsychiater ist Max Gufler ein besonderer Fall: Er ist kein Triebverbrecher, der etwa aus einem abnormen Sexualtrieb heraus einen Mord begeht. Gufler betrachtet Mord als Einnahmequelle, er betreibt seine Verbrechen zu Erwerbszwecken.

Gufler selbst sagt bis zum Schluss der Verhandlung: „Ich bekenne mich der Raube und Morde nicht schuldig." Trotzdem wird er, vier Wochen nach Verhandlungsbeginn, einstimmig schuldig gesprochen. Er wird zu lebenslangem schwerem Kerker verurteilt. Der „Teufel von St. Pölten" bricht in Tränen aus, nimmt das Urteil dann aber an. Fünf Jahre danach, am 9. August 1966, stirbt der Frauenmörder Max Gufler in der Strafanstalt Stein an Magenkrebs.

Vorher hatte er erfolglos versucht, die Wiederaufnahme des Verfahrens zu erreichen.

Mord beim Russendenkmal

Der Schwarzenbergplatz in Wien ist ein Platz mit großer Geschichte. Der Platz fand aber auch Eingang in die Kriminalgeschichte. Im April 1958 geschah dort der Sexual- und Raubmord an der 21-jährigen Ilona Faber.

Anlässlich der Fertigstellung der 1. Wiener Hochquellwasserleitung wurde hier am 24. Oktober 1873 der Hochstrahlbrunnen in Betrieb genommen. In der Nachkriegszeit lag der Platz zum Teil in der russischen Besatzungszone. Die Rote Armee errichtete dort ein Soldaten-Denkmal, das noch heute hinter dem Brunnen steht.

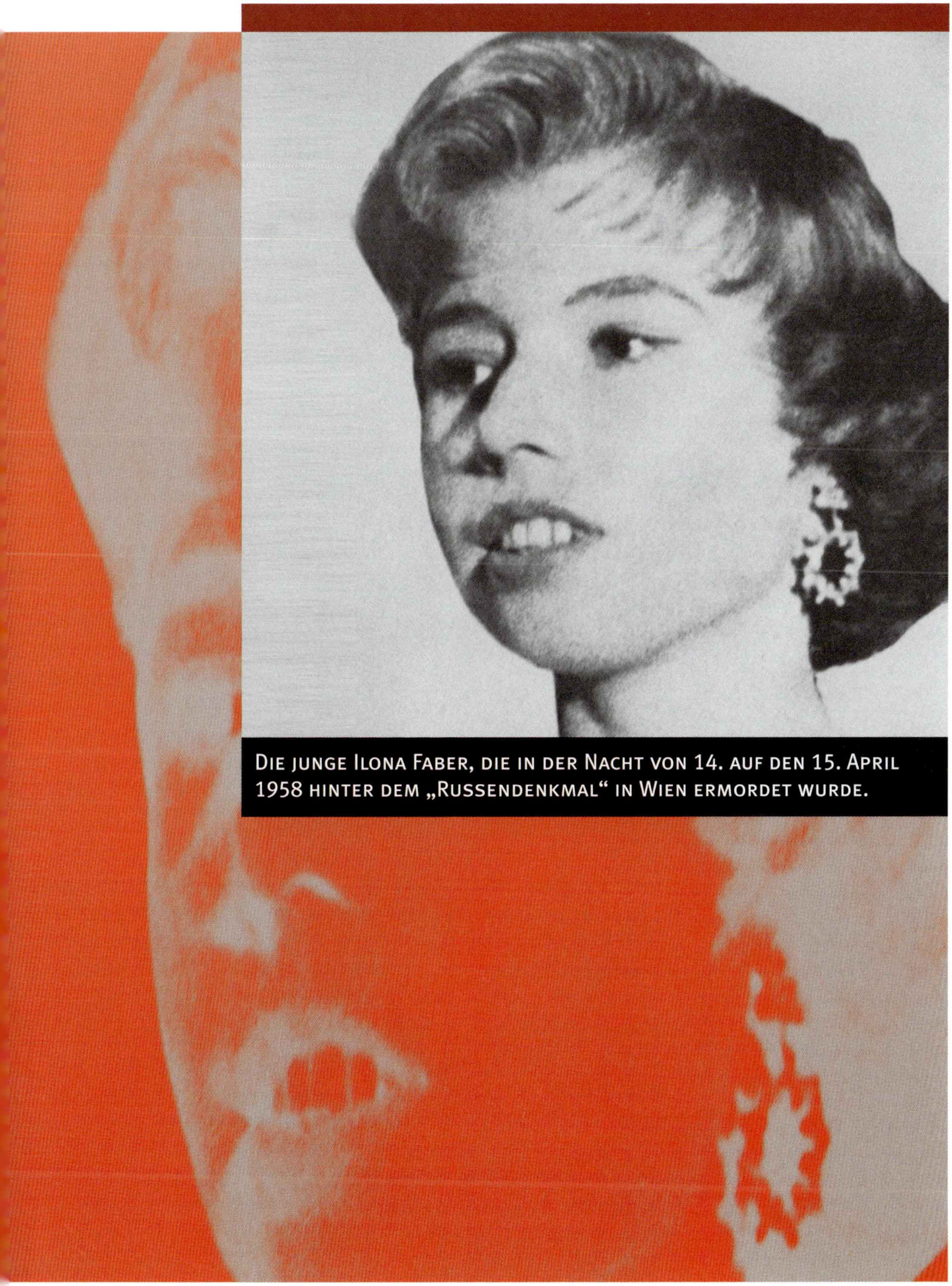

Die junge Ilona Faber, die in der Nacht von 14. auf den 15. April 1958 hinter dem „Russendenkmal“ in Wien ermordet wurde.

Der Verdächtige

Nach Abschluss des Staatsvertrages im Jahre 1955 wurde das Russendenkmal hinter dem Schwarzenbergplatz von Polizisten bewacht. So auch am Abend des 14. April 1958. Bis 22 Uhr hält dort Inspektor Franz Nachtnebl Wache, dann übergibt er an seinen Kollegen und meldet keine besonderen Vorkommnisse. Auch der Polizist Putschnögl versieht seinen Dienst in aller Ruhe, bis zur Wachablöse durch seinen Kollegen Rudolf Bertl. Der entdeckt kurz nach 9 Uhr vormittags die Leiche einer jungen Frau, halb vergraben in feuchter Frühlingserde. Kurz vor dieser grausigen Entdeckung sieht er einen verwahrlosten Mann, der sich verdächtig hinter den Arkaden des Russendenkmals herumtreibt. Der Polizist läuft zum nächsten Wachzimmer und löst Mordalarm aus. Nach kurzer Zeit sind die Mordkommission, Gerichtsmediziner und Staatsanwalt zur Stelle.

Vorsichtig wird der Körper des bis zum Kopf vergrabenen Mädchens freigelegt. Die junge Frau ist nackt, der Täter hat ihr sämtliche Kleidung vom Leib gerissen. Unweit der Leiche und auch vergraben finden die Beamten Kleidungsstücke und den Schirm der Toten. Die Leiche der Frau wird nach einigen Untersuchungen vor Ort in die Gerichtsmedizin gebracht.
Inspektor Bertl kehrt an den Fundort zurück und sieht dort wieder den verdächtigen Mann, den er schon vorher herumstreunen gesehen hat. Er informiert seine Kollegen, die den Sandler auch ohne Probleme festnehmen können. Kurze Zeit später ist die Identität der Toten geklärt. Es handelt sich bei dem Mädchen um Helene Faber, Tochter eines Ministerialrates im Handelsministerium. Die junge Frau, die auch „Ilona" genannt wurde, arbeitete als Stenotypistin und besuchte nebenher eine Mannequinschule. Der verdächtige Mann heißt Johann G. Geboren am 5. Dezember 1928, stammt er aus einer kinderreichen Familie. Schon als Kind fällt er als schwer erziehbar auf. In verschiedenen Heimen gilt er als unfolgsam, arbeitsscheu und brutal. Nach dem Krieg betätigt er sich als Schleichhändler, Dieb und „Stricher"; er ist also kein unbeschriebenes Blatt.

Beim routinemäßigen Verhör wird Johann G. befragt, was er denn hinter dem Denkmal zu suchen hatte. Er konstruiert zuerst eine abenteuerliche Geschichte. Erzählt von seiner Aktentasche, die er in einem Gebüsch, in der Nähe des Fundortes von Ilona Faber,

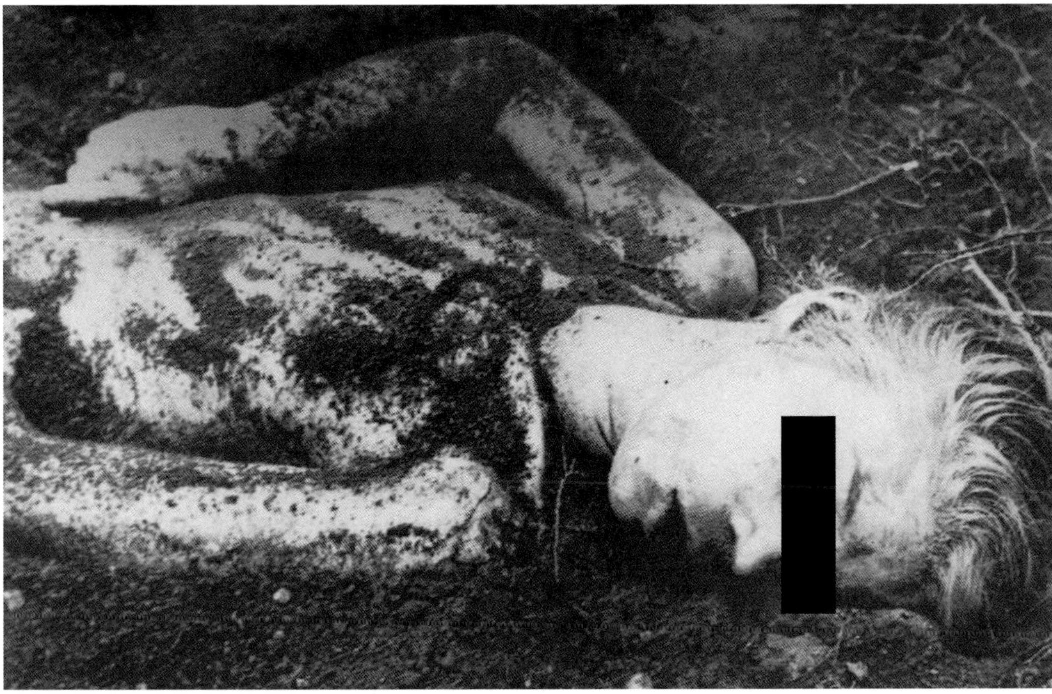

Die Leiche Ilona Fabers wurde nackt und teilweise mit Erde bedeckt gefunden.

versteckt haben will. Diese Tasche habe er beobachtet, weil sich darin Arbeitszeug (vermeintliches Einbruchswerkzeug?) befindet. Deponiert hat er die Tasche dort deshalb, weil ein Treffen mit einem Restaurator vereinbart war, von dem er sich Arbeit erwartete. Weil ihm kalt war, ging er auf und ab. Dann fiel ihm der Einsatz der Polizei auf. Er beobachtete den Abtransport der Leiche und wurde dann von Kriminalbeamten angehalten und befragt.

Unweit der Leiche wird ein Fußabdruck Johann G.s sichergestellt, an seiner Unterhose finden sich Spermaspuren. Aber auch dafür hat der Verdächtige Erklärungen parat. Er gibt zu, in der Nacht zuvor in einer öffentlichen Toilettenanlage onaniert zu haben. Den Fußabdruck habe er hinterlassen, als er seine Tasche in den Baum gehängt hat. Doch die Beamten glauben ihm nicht. Sie können es sich nicht erklären, dass Johann G. – wo doch die Tasche nur drei Meter von der Leiche entfernt im Baum hing – den aus der Erde ragenden Kopf Ilona Fabers nicht gesehen hat. Das Mädchen war nämlich in den späten Abendstunden ermordet worden; das heißt, als Johann G. seine Tasche in den frühen Morgenstunden in den Baum gehängt hat, ist die Leiche Fabers schon dort gelegen. Er hätte sie also sehen müssen.

Zwar sprechen einige Umstände dafür, dass Johann G. der Mörder sein könnte, doch schließen ein paar Ungereimtheiten eine sichere Täterschaft des Mannes aus. An Johann G.s Händen und an seiner Kleidung lassen sich weder Blut- noch Erdspuren feststellen. Einen Tag nach seiner Festnahme wird Johann G. enthaftet. Am 16. April 1958 ist der Mann wieder in Freiheit.

Das Gutachten

Das gerichtsmedizinische Gutachten ergibt Folgendes: Die Leiche der jungen Frau weist zahlreiche Bissverletzungen an Hals, Ohr, beiden Brüsten und der rechten Schulter auf. Weiters deuten Druckspuren am Hals und der Bruch des Zungenbeins auf brutales Würgen hin. Die Verlegung der Luftwege mit Erde ist ein Indiz für das Einatmen erdiger Massen, die zum Erstickungstod geführt haben. Arge Verletzungen im Scheidenbereich geben Hinweis auf ein Sexualattentat. Ihre Bekleidung ist Ilona Faber gewaltsam vom Körper gerissen worden. Die Tatzeit wird zwischen 22 und 24 Uhr des 14. April 1958 angesetzt. Fieberhaft beginnt die Polizei, die letzten Stunden im Leben Ilona Fabers zu rekonstruieren.

Laut ihren Eltern hat sie um 18.15 Uhr die Wohnung verlassen, um einen Vortrag an der Mannequinschule zu besuchen. Doch ihr wahres Ziel ist nicht die Schule, sondern das Kino am Schwarzenbergplatz. Ihren Schwestern erzählte sie noch, dass sie sich einen Elvis-Film um 20 Uhr ansehen wolle. Die Eltern können den Beamten genau sagen, was das Mädchen anhatte und bei sich trug, als sie das Haus verließ. Besonders auffällig sind der rosa Schirm und die schwarzen Lederhandschuhe. Auch der Inhalt der Handtasche ist genau bekannt. Ein Schlüsselbund aus Metall, ein Lippenstift, ein Drehbleistift, ein Taschentuch mit Märchenbildern und eine blaue Geldbörse mit einem Zehnschillingsstück. Außerdem hat sie noch 9,60 Schilling in Münzen mitgehabt. Am auffälligsten sind die langen, goldenen Ohrringe, die Ilona Faber beim Verlassen der elterlichen Wohnung trug. All diese Dinge – bis auf den Schirm und die leere Handtasche in der Nähe des Fundortes – fehlen bei der Leiche.
Die Gerichtsmediziner sind mittlerweile zu weiteren Ergebnissen gekommen. Ilona Faber wurde auf perverse Weise missbraucht, aber der Täter hat das Mädchen nicht vergewaltigt. Es lassen sich keine Samenspuren nachweisen.

Beamte bei der Spurensicherung am Tatort des Verbrechens an Ilona Faber

Die Tageszeitungen sind voll mit Berichten über den Mord beim Russendenkmal, die Bevölkerung Wiens lebt in Angst. Einfach unvorstellbar: da passiert ein grausames Verbrechen mitten im Zentrum einer Großstadt.

Dem Täter auf der Spur?

Am 15. April, wenige Stunden, nach dem man Johann G. entlassen hatte, meldet sich der Juwelierlehrling Julius Liebewein bei der Polizei. Er hat von dem Fall in der Zeitung gelesen und bringt nun einen Ohrring, den er am 16. April nachmittags am Naschmarkt – ganz in der Nähe einer öffentlichen Toilettenanlage – gefunden hat, zum Sicherheitsbüro. Da werden die Beamten stutzig, denn genau dort hat sich Johann G. in der Tatnacht aufgehalten und onaniert. Und genau dort befindet sich auch ein bekannter Treffpunkt für Homosexuelle. Anscheinend wurde Johann G. zu früh entlassen, er muss also wieder festgenommen werden. Die Kriminalisten machen sich auf die Suche und finden Johann G. am 18. April um 7 Uhr früh in einem Lokal, ganz in der Nähe des Fundortes des Ohrringes. Auch diesmal lässt er sich widerstandslos festnehmen. Bei den stundenlangen Verhören kommen die Beamten nicht weiter. Immer wieder behauptet der Mann, mit dem Mord an Ilona Faber nichts zu tun zu haben. Mittlerweile sind einige Stücke aus Fabers Besitz aufgetaucht. So werden ein Handschuh und ein Teil ihres Strumpfhalters im Vierten Bezirk gefunden. Johann G.s Alibi für die Tatnacht wird genau überprüft, dabei stoßen die Beamten auf einige merkwürdige Dinge. Nachdem er die Wohnung seiner Lebensgefährtin Gertrude F. verlassen hat, treibt er sich die ganze Nacht in der Gegend Karlsplatz, Naschmarkt, Opernpassage und Kärntnerstrasse herum. In der Früh kehrt er in seinem Stammlokal „Heumühle“ ein, das er um 7.15 Uhr verlässt. Doch statt zu seiner Schwester zu gehen, hält er sich in der Nähe des Schwarzenbergplatzes auf. Zu seiner ursprünglichen Geschichte, nämlich dort auf einen potenziellen Arbeitgeber gewartet zu haben, fügt er bei den intensiven Verhören eine neue Version hinzu. Er hat auf der Auffahrtsrampe des Palais Schwarzenberg ein herrenloses Fahrrad entdeckt, das er stehlen wollte. Der Mann liefert auch eine neue Erklärung, warum er seine Tasche im Baum versteckte: die wäre ihm beim Diebstahl nämlich hinderlich gewesen. Die Beamten nehmen auch das Gebiss des Verdächtigen genau unter die Lupe. Die Zähne Johann G.s weisen große Unregelmäßigkeiten auf. Es werden Abdrücke genommen und mit den Bissspuren in der Leiche Fabers verglichen. Dabei wird festgestellt, dass die Verletzungen von Johann G. stammen können, aber nicht zwangsläufig müssen. Auch das Johann G. seine Zeche in der Mordnacht mit einer Zehnschillingsmünze beglichen hat, belastet den Mann schwer. Bei einer Hausdurchsuchung bei Johann G.s Lebensgefährtin findet die Polizei ein sehr eigenartiges Beweisstück. Es handelt sich um eine Zigarettenschachtel, auf deren Rückseite folgende Worte zu lesen sind: „Täter gesehen, Naschmarkt, 2. Klosett, Montag zw. 3/4 1 – 1/2 2“. Was hat das zu bedeuten? Ist Johann G. doch nicht der gesuchte Täter, sondern nur Zeuge? Kennt er den wahren Täter?

Die Verhandlung

Fast ein Jahr dauern die Voruntersuchungen gegen Johann G. Am 20. März 1959 wird die Anklageschrift beim Untersuchungsrichter eingebracht. 95 Zeugen werden persönlich vorgeladen, 24 weitere Zeugenaussagen werden während der Verhandlung vorgelesen. Am 15. Juni 1959 beginnt die Verhandlung gegen den

30-jährigen Tatverdächtigen. Unter großem Interesse der Gerichtskiebitze bekennt sich Johann G. für „nicht schuldig". Johann G. ist kein ehrenwerter Mann, er gilt als unstet, aber ist er deshalb ein Mörder?

War seine Anwesenheit in unmittelbarer Nähe des Tatorts nach Auffinden der Leiche Ilona Fabers ein Beweis für seine Schuld? Oder sprach gerade diese Tatsache dagegen? Interessant erweist sich ein Lokalaugenschein am Schwarzenbergplatz: Mit Hilfe einer Puppe, die genauso wie die Leiche des Mädchens vergraben wird, soll geklärt werden, ob Johann G. tatsächlich – wie er behauptet – die Leiche übersehen haben konnte. Und tatsächlich, auch die Geschworenen sehen den aus der Erde ragenden Kopf nicht gleich oder gar nicht.
Verwirrend sind auch die Zeugenaussagen von drei Polizeibeamten. Der eine ist Anton Modry, ein 55-jähriger, leicht kurzsichtiger Inspektor. Er kam am Morgen nach dem Mord am Russendenkmal vorbei und hat dort angeblich Johann G. bei einer Säule des Denkmals stehen gesehen. Ein Umstand, den Johann G. bis jetzt immer leugnete. Nach seiner Aussage stand er in der weiter entfernten Rasenanlage, aber nicht beim Denkmal. Modry erzählt von einer Gegenüberstellung, wenige Tage nach der Verhaftung Johann G.s, bei der er den Verdächtigen eindeutig wiedererkannt hat. Dann die Überraschung, als ein Kollege Modrys, nämlich Revierinspektor Franz Bradatsch, in den Zeugenstand gerufen wird. Damals, so Bradatsch, hätte Modry erklärt, den Mann (Johann G.) nicht wiederzuerkennen. Modry ist empört; natürlich hat er Johann G. erkannt und das auch bei der Gegenüberstellung bekannt gegeben. Nun steht Aussage gegen Aussage. Dann kommt auch noch ein dritter Beamter, Inspektor Josef Kronawetter, ins Spiel. Der bestätigt die Angaben des Zeugen Bradatsch. Und obwohl alle drei Zeugen beeidet werden, bleiben sie bei ihren Aussagen.
Während des Prozesses gegen Johann G. werden zwei verdächtige Männer festgenommen und im Mordfall Faber vernommen. Wie sich herausstellt, haben beide mit dem Mord nichts zu tun.

Nach dem die Vernehmung aller Zeugen abgeschlossen ist, kommen noch die Sachverständigen zu Wort. Hier werden vor allem die Ergebnisse des Gebissabdruckes im Zusammenhang mit den Bisswunden beim Opfer mit Spannung erwartet. Wie sich herausstellt, sind Unregelmäßigkeiten in der Stellung der oberen seitlichen Schneidezähne keineswegs selten. Der Sachverständige kann daher die entscheidende Frage des Vorsitzenden – „Können Sie den zwingenden Schluss ziehen, dass die bei Ilona Faber festgestellten Bisswunden nur vom Angeklagten Johann G. zugefügt worden sein können?" – nur verneinen.

Am 26. Juni 1959 ergeht das Urteil gegen Johann G. Die Geschworenen entscheiden mit vier zu vier Stimmen bezüglich des Mordes an Ilona Faber. Das bedeutet (bei Stimmengleichheit gilt die für den Angeklagten günstigere Meinung) Freispruch für Johann G. Wegen Diebstahls und Veruntreuung erhält er aber drei Jahre Gefängnis mit anschließendem Arbeitshaus. Johann G. beruft gegen das Urteil. Die Berufung wird jedoch später vom Oberlandesgericht abgelehnt. Der Mann muss ins Gefängnis. Aus dem Arbeitshaus wird er im Juni 1962 vorzeitig zuerst bedingt entlassen, dann ergeht die endgültige Entlassung.

Johann G. wurde aus Mangel an Beweisen freigesprochen; damit bleibt die Ungewissheit. Einigen Leuten lässt der Fall keine Ruhe. Drei Männer – Hans Luksch, Walter Jaromin und Ernst Ebm – suchen jahrelang nach neuen Indizien und prüfen die Geschichte immer wieder. Mysteriös wird der Fall Faber, als die drei im Nachlass eines 1962 verstorbenen Ingenieurs aus Wien einen weißen Damenlederhandschuh finden. Dieser wird von Fabers Schwester eindeutig als Handschuh der Toten identifiziert. Ein weiteres Puzzlestück, das den Tod Ilona Fabers aber nicht lösen hilft. War dieser Mann der Täter? Schwer zu sagen, denn er hat sein Geheimnis mit ins Grab genommen.

44 Jahre nach dem Mord

Im April 2002 kommt es zu einer sensationellen Wende im Mordfall Faber. Die 63-jährige Wienerin Erika W. bricht nach 44 Jahren ihr Schweigen und behauptet, dass ihr damaliger Mann Eduard S., Jahrgang 1936, der Täter gewesen war. Er habe ihr, seiner zweiten Ehefrau, die Tat noch in der Mordnacht gestanden. Leider kann Eduard S. dazu nicht mehr Stellung nehmen, der Mann starb 1996.

Was bewegt diese Frau, nach so langer Zeit ihren Ex-Mann als Mörder preiszugeben, und warum hat sie davor über 40 Jahre geschwiegen?

Erika W. erzählt ihre Geschichte:

Eduard S. habe sie massiv bedroht, zudem habe er sie zweimal vor dem Mord an Ilona Faber bis zur Bewusstlosigkeit gewürgt.

Sie hatte Angst vor dem Mann, war nervlich völlig fertig. Ein Arzt, dem sie sich angeblich anvertraut hat, habe ihr abgeraten, zur Polizei zu gehen, da er sich große Sorgen um ihre angegriffene Gesundheit machte. Und ihr brutaler Mann nahm ihr das Versprechen ab, sich erst von ihm zu trennen, wenn der Mord beim Russendenkmal aus den Schlagzeilen verschwände. Es dauert zweieinhalb Jahre, bis sie sich Ende 1960 von ihrem Mann scheiden lässt. Aber auch danach schweigt sie eisern zu der ganzen Sache – bis zum Jahr 2002.

Wer war nun dieser Eduard S., den Erika W., 44 Jahre nach dem spektakulären Frauenmord, derartig belastet? Laut seiner ersten Frau, Johanna B., hatte S. eine Persönlichkeitsstörung. Unter strengen Eltern aufgewachsen und ständig unterdrückt, litt er sehr unter der Alkoholsucht seiner Mutter. Weil die Frau viel lieber eine Tochter gehabt hätte, zwang sie ihn als Kind, Mädchenkleider zu tragen. Als Erwachsener hatte er ein übersteigertes Sexualverhalten. Seine erste Frau meinte, unter Alkoholeinfluss hätte er sich nicht aggressiv verhalten, eher lethargisch. Dafür blieb er immer wieder für seine Kinder Alimente schuldig, weshalb er einige Haftstrafen antreten musste. Außerdem soll er Wertgegenstände aus der gemeinsamen Wohnung versetzt haben. Johanna B. ließ sich 1956 von S. scheiden, trotzdem stellte ihr der Mann auch später nach und passte sie immer wieder vor der Straßenbahnlinie 71 bei der Station Schwarzenbergplatz ab. Johanna B. hegte nach dem Mord den Verdacht, dass ihr Ex-Mann etwas damit zu tun haben könnte. Als sie ihn darauf anspricht, wird er aggressiv und bedroht sie. Eduard S. war Gärtner und heiratete 1957 erneut, nämlich Erika F., eine Gärtnertochter.

Das Geständnis

Noch in der Mordnacht gesteht Eduard S. seiner Frau die Tat. Am 14. April 1958 sei er aus der Gärtnerei beim Bahnhof Penzing zu seinen Eltern in die Stadt gefahren. Zurück kam er mit dem letzten Zug um 0.20 Uhr. Doch statt in die Wohnung zu seiner Frau, geht er in das Heizhaus der Gärtnerei. Erika wundert sich und geht nachsehen. Sie erkennt ihn kaum, so schlimm schaut er aus. In seinen Händen hält er sein schmutziges Sakko. Sein Hemd ist blutig, Hände und Schuhe sind nass und voll Erde. Er versucht gerade seine Sachen zu verbrennen. Auf die Fragen seiner Frau erwidert er nur: „Ich habe sie umgebracht. Helene – Ilona, weißt du." Sie fragt ihn, wer das denn sei. Daraufhin zieht er einen goldenen Ohrring aus der Hosentasche und gibt ihn seiner Frau. Aber er spricht auch eine Warnung aus, und sagt ihr, wenn er das nächste Mal ausrasten würde, wäre sie das Opfer. Vollkommen fertig erleidet Erika W. einen Nervenzusammenbruch, als sie am nächsten Morgen von dem Mord im Radio hört. Daraufhin erzählt ihr Eduard S. genau, wie sich alles zugetragen hat:

Er habe mit Ilona Faber eine Verabredung gehabt. Weil sie für die Kinovorstellung im Schwarzenbergkino nur noch eine Karte bekommen habe, wartet er in einem Lokal, bis Ilona wieder aus dem Kino kommt. Sie will gleich heim, doch S. überredet sie noch auf einen Besuch in einem Lokal in einer Seitengasse der Prinz-Eugen-Strasse. Er erzählt Ilona, nach der Scheidung von seiner ersten Frau wieder geheiratet zu haben. Ilona wird daraufhin ziemlich wütend und gibt ihm eine Ohrfeige. Sie verlässt das Lokal und läuft davon. S. rennt ihr hinterher und kann sie beim Russendenkmal einholen. Als „Wiedergutmachung" für die Ohrfeige fordert S. Sex von dem jungen Mädchen. Ilona Faber weigert sich, da wird Eduard S. extrem wütend. Brutal packt er sie an den Händen, würgt sie und vergewaltigt die am Boden liegende Frau. Als er merkt, dass er die Frau umgebracht hat, verscharrt er ihre Leiche mit bloßen Händen. Dabei glaubt er, von einem Mann beobachtet worden zu sein. (Tatsächlich fand man bei der Hausdurchsuchung bei Johann G.s Lebensgefährtin, wie oben bereits erwähnt, eine Zigarettenpackung mit eigenartigen Notizen, aus denen man schließen konnte, dass Johann G. den Mörder gesehen hatte.) Einige Sachen habe er der Toten abgenommen, so zum Beispiel Ohrringe, Strümpfe, Geldbörse etc. Dann sei er zum Westbahnhof gegangen und mit dem Zug nach Hause gefahren.

Soweit die Geschichte, die Erika W. den Kriminalisten erzählt. Aber die haben so ihre Zweifel, denn vieles, was Frau W. erzählt, kann einfach nicht stimmen. Zum einen ist das einzige Beweisstück, nämlich der Ohrring, verschwunden. Erika W. erklärt das so, dass sie den Ohrring zuletzt in einer Kommodenlade in der Penzinger Wohnung gesehen habe. Als sie umgezogen ist, war das Schmuckstück aber nicht mehr auffindbar. Zwar konnte die Frau den Ohrring sehr genau beschreiben, sogar aufzeichnen, aber das Schmuckstück war nach dem Mord auch oft genug in den Zeitungen abgebildet. Im Geständnis soll ihr Mann erwähnt haben, Ilona Faber die Ohrringe ausgerissen zu haben. An der Leiche gab es aber keine derartigen Verletzungen. Außerdem erzählte S. seiner Frau, er habe das sterbende Mädchen vergewaltigt, es gab aber keine Spermaspuren beim Opfer. Auch die nochmalige genaue Durchforstung des Notizbuches von Ilona Faber ergibt keine neuen Erkenntnisse. Nirgends ein Hinweis darauf, dass die junge Frau Eduard S. gekannt hat. Und zu guter Letzt waren alle entscheidenden Zeugen tot.

Auf der anderen Seite forschten die Kriminalisten auch noch einmal nach, was für eine Täterschaft des Mannes sprechen könnte. S. hatte offenbar wirklich eine schwere Persönlichkeitsspaltung. Er trank oft zu viel und wurde dann aggressiv. Außerdem hatte er einen ähnlichen Zahnstellungsfehler wie Johann G. Verdächtig ist, dass S. – so seine damalige Frau – nach dem Mord nicht mehr zum Zahnarzt gegangen sei, aus Angst, man könne ihn mit dem Mordfall in Verbindung bringen. S. trieb sich auch immer wieder am Schwarzenbergplatz herum.

Insgesamt war Eduard S. fünfmal verheiratet. 1983 erlitt er einen Schlaganfall, von da an war er bis zu seinem Tod 1996 pflegebedürftig. Zuletzt lebte er in Wien-Ottakring.

Trotz aller Bemühungen konnten die Kriminalisten 44 Jahre nach dem Mord an Ilona Faber keinen objektiven Beweis für die Schuld von Eduard S. finden. Alle, die Bescheid gewusst haben könnten, sind tot. Der Hausarzt etwa, Erikas Eltern, aber auch Johann G., sie alle lebten zum Zeitpunkt der späten Erkenntnisse der Erika W. nicht mehr. Die Ermittler sind nach wie vor von der Schuld Johann G.s überzeugt – alles andere sind für sie nur Spekulationen.

Der Wiener Opernmord

Kaum ein Verbrechen bewegte die Österreicher in den 1960er Jahren mehr, als der Mord an der zehnjährigen Ballettschülerin Dagmar Fuhrich. Am 12. März 1963 wurde das Mädchen in einem Duschraum der Wiener Staatsoper aufgefunden – bestialisch getötet durch 34 Messerstiche.

Eine gigantische Fahndung nach dem „Mörder von der Oper" setzte ein. 14.000 Verdächtige wurden überprüft, der gesuchte Täter war aber nicht darunter. Drei Monate nach dem Mord versetzte ein unbekannter Messer-Attentäter die österreichische Hauptstadt in Angst und Schrecken, dann konnte er endlich gefasst werden. Sein Name: Josef Weinwurm. Wie sich während der Vernehmungen herausstellte, war er gleichzeitig der gesuchte „Opern-Mörder".

Versetzte Wien in der 1960er Jahren monatelang in Angst und Schrecken: der so genannte „Opern-Mörder“ Josef Weinwurm.

Schon als Jugendlicher mit dem Gesetz im Konflikt

Josef Weinwurm wird am 16. September 1930 in Haugsdorf geboren. Über seine Kindheit ist wenig bekannt. Aber bereits mit 17 Jahren offenbart sich die labile Psyche des späteren Mörders. 1947 übersiedeln seine Eltern aus dem Ort im nördlichen Niederösterreich nach Wien. Er arbeitet im Geschäft seiner Eltern als Lehrling. Schon zu dieser Zeit beginnt er kriminelle Tendenzen zu zeigen. Er stiehlt Lebensmittelmarken und betreibt Schleich- bzw. Schwarzhandel. Außerdem ist er im Besitz einer Pistole, die er auch bald – bei seinem ersten Attentat auf ein junges Mädchen – einsetzen wird.
Im Auftrag seiner Eltern sucht er eine Mädchenschule auf, um dort Lebensmittelmarken zu verrechnen. Er schleicht im Schulgebäude herum und sieht zufällig ein Mädchen, das gerade auf die Toilette gehen will. Weinwurm verfolgt die Schülerin, bedroht sie mit der Pistole und zwingt sie, sich auszuziehen. Als das Mädchen um Hilfe schreit, flüchtet Weinwurm. Er kann aber im Schulgebäude gestellt werden.

Weinwurm wird zur Polizei gebracht und erklärt bei der Einvernahme, dass er sowieso nur „schauen“ wollte. Er wird zwar beim Jugendgerichtshof angezeigt, aber nirgends erkennungsdienstlich vermerkt. Auffällig ist auch die Reaktion Josef Weinwurms auf die Vorladung zur Gerichtsverhandlung wegen dieses Delikts. Er unternimmt einen Selbstmordversuch – wieder mit einer Pistole –; der Schuss löst sich aber vorzeitig und trifft den Jugendlichen nur in den Unterarm. Josef Weinwurm wird daraufhin von einem Psychiater untersucht. Laut Gutachter handelt es sich bei dem jungen Mann um eine „psychopatische Persönlichkeit an der Grenze zur Psychose“. Er gewinnt bei Weinwurm den Eindruck einer gespaltenen Persönlichkeit: Auf der einen Seite ein gewalttätig und gesetzlos handelnder Mensch, auf der anderen Seite ein mit psychologischem Scharfsinn beobachtender Einzelgänger. Das Ergebnis des Gutachtens führt zwar zu einem Schuldspruch wegen Erpressung, trotzdem wird keine Strafe verhängt. Der Schuldspruch wird fatalerweise dem Strafregisteramt nicht gemeldet, das heißt Weinwurm ist wegen dieser Tat nicht polizeilich gemeldet; es gibt auch keinen Aktenvermerk darüber, dass Josef Weinwurm eigentlich als Sexualtäter gelten sollte.
Am 22. Jänner 1949 erfolgt sein nächster Überfall. Er bedroht

eine Frau mit einer Schere und will sie berauben. Aber auch dieses Opfer schreit um Hilfe, und er lässt von ihr ab. Josef Weinwurm kann verhaftet werden. Auch in diesem Fall wird ohne erkennungsdienstliche Behandlung gearbeitet. Der jugendliche Straftäter wird ins Landesgericht eingeliefert. Neuerlich wird ein Gerichtspsychiater zu Rate gezogen. Und der kommt zum genau umgekehrten Urteil über Weinwurms Zustand wie sein Kollege im ersten Verfahren. Er attestiert Weinwurm eine „Psychopathie mit schizoiden Zügen". Der Psychiater nimmt einen geistigen Defekt des 19-Jährigen an und ist der Meinung, dass ein psychiatrischer Strafausschließungsgrund gegeben ist. Mit einem Wort: Er hält Josef Weinwurm für unzurechnungsfähig bzw. für einen Geisteskranken, der in eine geschlossene Anstalt gehört!
Eigenartigerweise macht sich niemand die Mühe, die beiden gegensätzlichen Expertisen (aus den beiden Vorfällen der Jahre 1947 und 1949) in Frage zu stellen.
Das Verfahren gegen Weinwurm wird wegen Unzurechnungsfähigkeit eingestellt, und der Kriminelle wird am 5. April 1949 in die Anstalt „Am Steinhof" eingewiesen. Etwas mehr als ein Jahr danach, nämlich am 27. April 1950, entlässt man ihn wieder. Laut Gerichtsbeschluss ist er nicht mehr länger als „anstaltsbedürftig" anzusehen. Das sollte sich in der Folge als tödlicher Irrtum erweisen. Unbegreiflich, aber wahr: Weder seine Einweisung noch seine Entlassung aus der Psychiatrie werden der Polizei zur Kenntnis gebracht.
Drei Jahre benimmt sich Weinwurm relativ unauffällig. Dann, am 22. Jänner 1953, wird er erneut festgenommen. Diesmal wegen Diebstahls; beachtliche 82 Einschleichdiebstähle können ihm nachgewiesen werden. Die Tatorte – Leseräume, Theatergarderoben und Schulen – liegen alle im 1. Bezirk in Wien.

Wieder wird ein Gerichtspsychiater herangezogen, der im Gegensatz zum Vorgutachten nichts finden kann, was für eine geistige Störung sprechen würde. Der Gutachter sieht in Weinwurm vielmehr eine Persönlichkeit, die charakterlich als unstet bezeichnet werden könnte; ein Mann, der seine Talente zum Beruf gemacht habe; in seinem Fall wäre dieser Beruf halt der eines „Verbrechers". Es handle sich bei ihm nicht um einen „Psychopathen", sondern schlicht um einen „Kriminellen". Mit anderen Worten: Dieser Psychiater hält Weinwurm durchaus für zurechnungsfähig.
Wieder folgt das Gericht dem psychiatrischen Gutachten und spricht Weinwurm schuldig. Weinwurm wird zu vier Jahren

schwerem Kerker verurteilt und in die Männerstrafanstalt Stein gebracht. Bereits am 5. Oktober 1955 wird er – bedingt – entlassen.

Eine wandelnde Bombe

In den Jahren 1947 bis 1953 wird ein und derselbe Mensch also als „zurechnungsfähig", dann wieder „absolut unzurechnungsfähig" und zuletzt wieder als „sehr wohl zurechnungsfähig eingestuft". An der Gefährlichkeit Weinwurms konnte auf Grund seiner Straftaten eigentlich kein Zweifel mehr bestehen. Trotzdem ließ man ihn wieder aus der Anstalt, und niemandem fiel auf, dass es sich hier um einen Menschen handelte, der von Mal zu Mal gefährlicher wurde. Gerade am Fall Weinwurm wird deutlich, wie wichtig es gewesen wäre, sämtliche seiner Strafen – und zwar lückenlos – in seine Personenstrafakte aufzunehmen.

Der Mord

Im Jahr 1963 explodiert die „Bombe Weinwurm". Fünf Tage vor dem Mord an Dagmar Fuhrich, am 5. März 1963, wird Weinwurm aus dem Arbeitshaus Göllersdorf entlassen. Am 8. März ist er in der Oper, um Gelegenheiten für spätere Diebstähle auszukundschaften. Dabei kommt er auch bei der Damentoilette vorbei, dem Ort, an dem er Tage später die Ballettelevin ermorden wird. Weinwurm beobachtet eine junge Frau beim Duschen. Ein seltsames Gefühl der Erregung macht sich bei ihm breit, aber er verschont die Frau.

Vier Tage später ist Weinwurm wieder in der Oper. Zuvor hat er Alkohol getrunken. Genug Alkohol, um das Gefühl von abgrundtiefem Hass gegen Frauen wieder aufleben zu lassen. Einen Hass, den Weinwurm schon in seiner Pubertät entwickelt hat. Schon damals beschlich ihn das Gefühl, Frauen gegenüber nicht so empfinden zu können, wie es normal gewesen wäre.

Es ist der 12. März 1963. Weinwurm hält sich wieder in der Oper auf. Er fällt keinem besonders auf, da zu dieser Zeit zirka 2.000 Zuschauer im Gebäude sind. Schließlich würde gegen 17 Uhr die Vorstellung von Wagners „Walküre" beginnen. Etwa um die gleiche Zeit begegnet ein junges Mädchen seinem Mörder.

Dagmar Fuhrich ist ein wohlerzogenes Kind. Sie grüßt den Mann höflich, der ihr auf einer Stiege des Operngebäudes entgegenkommt. Weinwurm, der schon zuvor einem anderen Mädchen nachgeschlichen war, aber von einem Bühnenarbeiter verscheucht wurde, erkennt sein potentielles Opfer. Er verwickelt das Kind in ein Gespräch, erzählt, dass die Ballettstunde heute in einem anderen Raum stattfinden würde. Hilfsbereit bietet er dem schüchternen Mädchen an, ihm den Weg zu zeigen. Er führt sie in den Duschraum. Dort behauptet er, ein Arzt zu sein und sie jetzt untersuchen zu müssen. Als sie sich komplett ausziehen soll, wird sie misstrauisch. Fragend schaut sie den Mann an, der plötzlich ganz verändert aussieht. Das freundliche Gesicht des vermeintlichen „Onkel Doktors" ist der Fratze eines Perversen gewichen. Dagmar Fuhrich beginnt gellend um Hilfe zu schreien. Als Weinwurm erkennt, dass das Mädchen aus dem Duschraum entkommen will, schlägt er ihr mit der Faust ins Gesicht. Sie stürzt und schreit noch lauter. Da wirft sich der Irrsinnige auf das kleine Mädchen, kniet auf dem kleinen

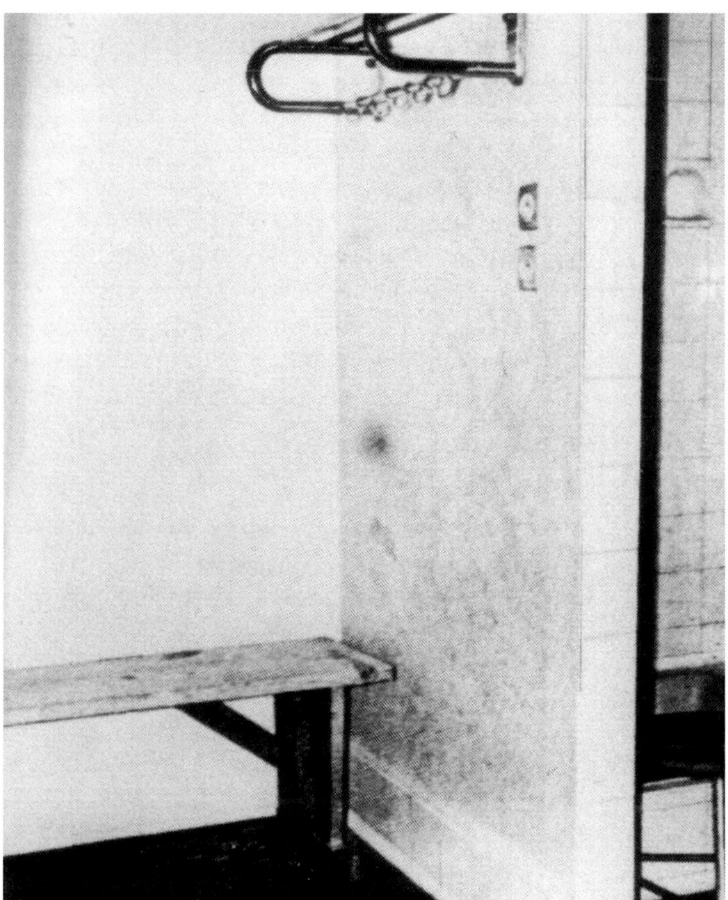

In diesem Duschraum der Wiener Staatsoper wurde im März 1963 die zehnjährige Ballettelevin Dagmar Fuhrich ermordet.

Körper und würgt es brutal. Das Kind wehrt sich und kämpft um sein Leben. Da fällt Weinwurm das Messer ein, das er in der Manteltasche bei sich trägt. Er zieht es raus und sticht zu. Noch ein Messerstich und noch einer. Wie von Sinnen sticht er auf das Kind ein, selbst als es sich schon längst nicht mehr rührt; insgesamt sticht Weinwurm 34 Mal zu.

Endlich lässt er von Dagmar Fuhrich ab. Er nimmt seine Tasche und verlässt eiligen Schrittes die Oper. Ein Billeteur findet das tote Mädchen und verständigt einen Polizeibeamten, der in der Oper seinen Routinedienst als Aufsichtsorgan versieht. Sofort beginnt die Fahndung nach dem flüchtigen Mörder. Die Polizei geht zunächst davon aus, dass sich der Täter im Operngebäude gut ausgekannt haben musste. Der Täterkreis ist zwar groß, wird aber anfangs noch für überschaubar gehalten. Das Personal der Staatsoper – Firmenpersonal, das zur Tatzeit rund um die Oper beschäftigt war, und Personal, das am Wiederaufbau der Oper wirkte – wird überprüft. Auch eine Überprüfung aller, als sexuell abartig registrierter Personen sowie eine Überprüfung der in Psychiatrien neu aufgenommenen, entlassenen oder flüchtigen Personen wird vorgenommen. Und genau hier wird klar, warum eine Erfassung Weinwurms so wichtig gewesen wäre. Er fällt nämlich vorerst durch das Fahndungsraster der Polizei. Zahlreiche Hinweise aus der Bevölkerung müssen untersucht werden, insgesamt überprüft die Polizei 14.000 Verdächtige. Aber es ist wie mit der berühmten Suche nach der Nadel im Heuhaufen: vom „Opern-Mörder" findet sich keine Spur.

Messerattentate in der Innenstadt

Drei Monate nach dem Mord an Dagmar Fuhrich hält ein wahnsinniger Messerattentäter die Bevölkerung Wiens in Atem. Am 17. Juni 1963 fügt ein unbekannter Mann der Studentin Waltraud Brunner mit einem Messer einen Stich in die Nierengegend zu. Die Frau befindet sich gerade im Kino, der Täter kann unerkannt entkommen.

Sechs Wochen später, am 30. Juli, wird in der Augustinerkirche die amerikanische Studentin Virginia Chieffo von einem unbekannten Mann angegriffen. Der Fremde sticht mehrmals mit einem Messer auf sie ein. Und wieder kann er entkommen.

Drei Tage nach diesem Überfall schlägt der unheimliche Messer-Mann wieder zu. Mitten im Stadtpark überfällt er am 2. August die Verkäuferin Maria Brunner. Die auf einer Bank sitzende Frau glaubt zuerst einen Schlag in den Nacken zu spüren. Sie traut sich vor Angst nicht, sich umzudrehen. Der Schlag war in Wirklichkeit ein Stich in den Rücken, der bis zur Lunge vordrang. Gerade als der Täter noch einmal zustechen will, bemerkt eine andere Parkbesucherin den Vorfall und beginnt laut zu schreien. Daraufhin lässt der Mann von seinem Vorhaben ab und geht langsam (!) aus dem Park Richtung Straße. Niemand hat die Courage, ihn aufzuhalten.

Auch am 6. August 1963 ereignet sich ein Überfall. In Wien, auf der Tuchlauben, betritt die Pensionistin Emma Laasch ihr Wohnhaus. Sie wartet auf den Aufzug, als sie plötzlich einen Stich in der rechten Halsseite verspürt. Ein Mann hält ihr den Mund zu und fordert Geld von der 64-Jährigen. Emma Laasch lässt sich aber nicht einschüchtern; es gelingt ihr, laut um Hilfe zu rufen. Erschrocken ergreift der Mann die Flucht. Die Frau verfolgt den vermeintlichen Räuber und kann beobachten, wie er im Nachbarhaus verschwindet. Passanten holen elnen Wachmann, der das Haus näher in Augenschein nimmt. Im Stiegenhaus kann er einen sehr aufgeregten und verschwitzten Mann aufgreifen und festnehmen. Es kommt zur Gegenüberstellung mit dem Attentäter.

Emma Laasch ist sich zuerst nicht sicher, ob er wirklich der Täter ist. Sie hat ihn ja nur kurz gesehen. Aber sie kann sich ganz genau daran erinnern, dass der Mann einen schwarzen Pullover anhatte. Und den würde sie sofort wiedererkennen.
Obwohl der Festgenommene kein solches Kleidungsstück anhat und leugnet, ein solches zu besitzen, lässt der Beamte nicht locker. Er durchsucht das Stiegenhaus noch einmal und findet tatsächlich den schwarzen Pullover. Der Täter muss den Pullover anziehen und wird noch einmal der Pensionistin gegenüber gestellt. Und jetzt erkennt sie ihn, er ist der gesuchte Attentäter. Der Mann wird ins Sicherheitsbüro gebracht, wo seine Personalien festgestellt werden. Es handelt sich um Josef Weinwurm. Auch seine anderen Opfer identifizieren ihn als den Mann mit dem Messer. Und als die Beamten nochmals die Liste der Verdächtigen des Opernmordes überprüfen, stoßen sie auf seinen Namen. Noch messen sie dieser Tatsache nicht allzu viel Bedeutung zu. Erst als sich ein Beamter des Arbeitshauses Göllersdorf erinnert, dass Weinwurm bei seiner Entlassung am 5. März 1963 zwei Messer bei sich hatte, kommt ein Verdacht auf.

Die Pensionistin Emma Laasch trug mit ihrer Zeugenaussage wesentlich zur Ergreifung Weinwurms bei.

Könnte es sich bei Josef Weinwurm um den gesuchten „Opern-Mörder“ handeln?

Weinwurms Vergangenheit wird genauer unter die Lupe genommen, und die zwei Überfälle auf Frauen, die er in seiner Jugend begangen hat, lassen die Beamten stutzig werden. Sie glauben, auf der richtigen Spur zu sein; aber wie bekommt man den Mann dazu, ein Geständnis abzulegen?

Sie lassen ihn einfach erzählen: von den Tagen nach seiner Entlassung aus dem Arbeitshaus. Weinwurm redet stundenlang, tagelang. Und keiner unterbricht ihn. Er soll nur ja keinen Verdacht schöpfen, dass es den Kriminalisten eigentlich nur um einen Tag geht, nämlich den 12. März 1963. Endlich, er kommt auf den Tag des Mordes an Dagmar Fuhrich zu sprechen. Ausgerechnet für diesen Tag präsentiert er unaufgefordert ein Alibi. Weinwurm gibt an, an diesem Tag von Wien nach Salzburg gefahren zu sein und dann über die Grenze nach Deutschland. Erst im April sei er wieder zurückgekehrt. Kann es sein, dass sie sich geirrt hatten? Ist Weinwurm gar nicht ihr Mann? Wenn er tatsächlich mit dem Zug nach Deutschland gefahren ist, kann er unmöglich um 17 Uhr in Wien den Mord an der Ballettelevin begangen haben. Es sei denn, er hätte den Abendzug um 20 Uhr genommen, dann käme er doch als Täter in Frage. Weinwurm erzählt auch, dass er in Salzburg keinen Grenzübertrittschein mehr erhalten habe.

Damit saß er in der Falle. Denn das bedeutete, dass er den Abendzug um 20 Uhr, den „Wiener Walzer“ genommen hat und erst nach Mitternacht die Grenze passiert hat. Um diese Zeit aber gibt es keine offene Pass-Stelle mehr am Salzburger Hauptbahnhof. Die Salzburgreise als Alibi war somit gestorben. Josef Weinwurm merkt, dass ihn die Beamten durchschaut haben und das Leugnen nun zwecklos ist.

Am 27. August 1963 legt er ein umfassendes Geständnis ab. In allen Einzelheiten schildert er den Mord an dem jungen Mädchen. Der Einzige, mit dem er Mitleid kennt, ist er selbst. Die Schilderungen des brutalen Mordes schließt er mit folgendem Satz: „ Wenn man mich aus der Haft entlässt, werde ich es wieder tun. Schuld sind also die, die mich herauslassen.“ Hätte man das schon früher erkannt, könnte Dagmar Fuhrich vielleicht noch leben.

Seine Verhandlung

Vom 6. bis 10. April 1964 findet vor einem Wiener Geschworenengericht die Verhandlung gegen Josef Weinwurm statt. Diesmal werden zwei Psychiater zum Geisteszustand Josef Weinwurms befragt. Sie stellen übereinstimmend fest, dass von einer Unzurechnungsfähigkeit keine Rede sein kann. Gestört sei nicht sein Gehirn, sondern sein Charakter.
Am 10. April 1964 wird Josef Weinwurm zu lebenslangem schwerem verschärftem Kerker verurteilt. Er wird in die Strafanstalt Stein an der Donau gebracht.
Zwei Jahre nach seiner Verurteilung unternimmt er in der Strafanstalt einen Selbstmordversuch, der jedoch scheitert. Weinwurm arbeitet jahrelang in der Buchbinderei des Gefängnisses. Es wird still um den „Opern-Mörder". Eine Entlassung nach 15 Jahren, wie bei „Lebenslänglichen" oft üblich, kam bei ihm nicht in Frage. Entsprechende Gesuche werden nicht befürwortet, und schließlich findet sich Weinwurm damit ab, lebenslang für seine Verbrechen zu büßen. Am Sonntag, dem 22. August 2004, finden Wärter Josef Weinwurm tot in seiner Zelle. Ein Herzinfarkt setzte dem Leben des über die Grenzen Österreichs bekannten Mädchenmörders ein Ende.

Im April 1964 muss sich Josef Weinwurm wegen Mordes vor einem Geschworenengericht verantworten.

Ein Polizist als Mörder

Der Polizist Ernst Karl wird am 16. April 1968 zum Doppelmörder. Er hat Angst vor der Bloßstellung als Homosexueller, deshalb müssen zwei Menschen sterben.

Kaum zu glauben, aber in den 1960er Jahren war Homosexualität strafbar und wurde mit Gefängnisstrafen zwischen einem und fünf Jahren geahndet. Heute undenkbar, wo Schwule sich freiwillig „outen". Künstler, Manager, Politiker – es hat kaum noch jemand ein Problem damit, sich zur gleichgeschlechtlichen Liebe zu bekennen. Selbst der Berliner Bürgermeister Wowereit erklärte öffentlich: „Ich bin schwul, und das ist auch gut so!" Nicht so im Jahrzehnt von Woodstock, der Beatles und Rolling Stones. Sex, Drugs and Rock'n'Roll gingen noch durch, aber die Liebe zwischen zwei Männern oder zwei Frauen war undenkbar. Erst 1971 wurde im Zuge der kleinen Strafrechtsreform die Strafbarkeit gleichgeschlechtlicher Handlungen auf „Unzucht von Männern und Burschen unter 18 Jahren" und die gewerbsmäßige Tätigkeit der „Strichjungen" eingeschränkt.

Der Doppelmörder Ernst Karl vor dem Geschworenengericht in Wien, wo er sich wegen Doppelmordes verantworten muss.

Der Werdegang des Doppelmörders

Am 10. August 1945 wird Ernst Karl in Brettl bei Scheibbs (Niederösterreich) geboren. Seinen leiblichen Vater lernt das Kind nie kennen. Wie sich später herausstellt, lebte der schwer alkoholsüchtige Mann in einer Nervenheilanstalt. Dafür übernimmt ein Stiefvater die Erziehung des Buben. Schon früh bekommt Ernst Karl zu spüren, dass ihn dieser Mann ablehnt. Er wendet sich daraufhin verstärkt seiner Mutter zu. Diese Mutter liebt er abgöttisch, der Vater ist für ihn nicht mehr wichtig. Der aufgeweckte Bub beginnt schon während der Schulzeit eine Art Doppelleben zu führen. Immer wieder besucht er in Mädchenkleidern Kinovorstellungen und freut sich, dass ihn keiner erkennt.

Nach der Hauptschule macht er eine Maurerlehre, die er erfolgreich mit der Gesellenprüfung abschließt. Ab 1. Oktober 1963 dient er freiwillig beim Bundesheer und fasst den Entschluss, zur Polizei zu gehen. Er bewirbt sich um Aufnahme zur Sicherheitswache.

Ernst Karl legt seine Dienstprüfung mit sehr gutem Erfolg ab, seine Dienstbeschreibungen sind durch die Bank positiv. Zwei Jahre macht er Dienst in der Schulabteilung der Wiener Sicherheitswache, dann wird er ab 1. Oktober 1966 als Rayonsposten in Meidling eingesetzt.

Ernst Karl gilt als guter Polizist. Trotzdem fällt er schon damals durch eine etwas gestrenge Auffassung des Gesetzes bzw. durch Überschreiten seiner Kompetenzen auf. So schießt er einmal einem – angeblich – flüchtenden Autofahrer nach. Ein anderes Mal hat er eine handgreifliche Auseinandersetzung mit einer angesehenen Lehrerin. Es kommt zu einer Verhandlung, in der Karl sich rechtfertigt, von der Lenkerin in seiner Beamtenehre beleidigt worden zu sein. Die Lehrerin wiederum behauptet, dass der Polizist sie derart fest am Oberarm genommen hätte, dass sie blutunterlaufene Druckstellen davontrug.

In erster Instanz werden beide verurteilt. Beide berufen, aber nur Ernst Karl hat damit Erfolg. Die Lehrerin „darf" ihre Geldstrafe zahlen, er wird in zweiter Instanz freigesprochen. Im selben Jahr, 1967, ereignet sich noch ein Vorfall mit einem Autofahrer. Ernst Karl verhängt über den Lenker ein Organstrafmandat. Als der Lenker zu wenig Geld hat, will sein Beifahrer aushelfen, wird aber von dem ruppigen Polizisten zuerst mit Schimpfworten, dann mit tätlichem Angriff dazu aufgefordert, sich nicht einzumischen. Der Beifahrer hat laut amtsärztlichem Gutachten einige Verletzungen, Ernst Karl wird wegen „tätlicher Beleidigung in Ausübung des Dienstes“ zu einer Geldstrafe von 500,– Schilling verurteilt. Aber auch hier wird das Urteil – trotz belastender Aussagen des Autofahrers und seines Beifahrers – in zweiter Instanz aufgehoben.

Einen Monat nach diesem Vorfall begeht Ernst Karl in der Rossauerkaserne einen Selbstmordversuch. Er nimmt etwa 25 Schlaftabletten, kann aber gerettet werden. Nach diesem Vorfall kommt er auf die psychiatrisch-neurologische Abteilung der Uni-Klinik und bleibt dort bis zum 10. Jänner 1968. Die Verschwiegenheitspflicht der Ärzte verhindert, dass die Dienststelle des jungen Polizisten den wahren Grund seines Suizidversuches erfährt. Der homosexuelle Mann wird von einem Kriminellen erpresst. Aus Angst vor Bloßstellung wollte er sich das Leben nehmen.

Die Erpressung

Im Oktober 1967 lernt Ernst Karl anlässlich einer Verkehrskontrolle Johann Kihsl kennen. Der Mann ist Beifahrer in einem von Karl angehaltenen PKW. Im Dezember desselben Jahres trifft Karl den Mann in einem Innenstadt-Café wieder. Kihsl setzt sich zu dem Polizisten und konfrontiert ihn mit dem Wissen um seine Homosexualität. Um kein Aufsehen zu erregen, verlässt Karl mit Kihsl das Lokal, die beiden Männer gehen in die Opernpassage. Kihsl macht dem Polizisten klar, dass er mit seinem Wissen nicht hinter dem Berg halten würde und erpresst ihn. Ernst Karl bekommt es mit der Angst zu tun: Die mühsam aufrechterhaltene Fassade seines Lebens könnte wie ein Kartenhaus zusammenbrechen. Er bezahlt Kihsl am nächsten Tag den geforderten Betrag von 1.000,– Schilling (etwa 73,– Euro).
Kihsl gibt sich aber damit nicht zufrieden. Einige Tage später erpresst er Karl neuerlich, verlangt aber diesmal 5.000,– Schilling (ca. 363,– Euro). Ernst Karl ist verzweifelt, über eine derartige Summe verfügt er nicht. Der einzige Ausweg, den er sieht, ist der zuerst erwähnte Selbstmordversuch. Karl führt von nun an ein Doppelleben. Nach außen gibt er den untadligen Polizisten, in Wirklichkeit ist er jetzt erst recht in der Hand eines

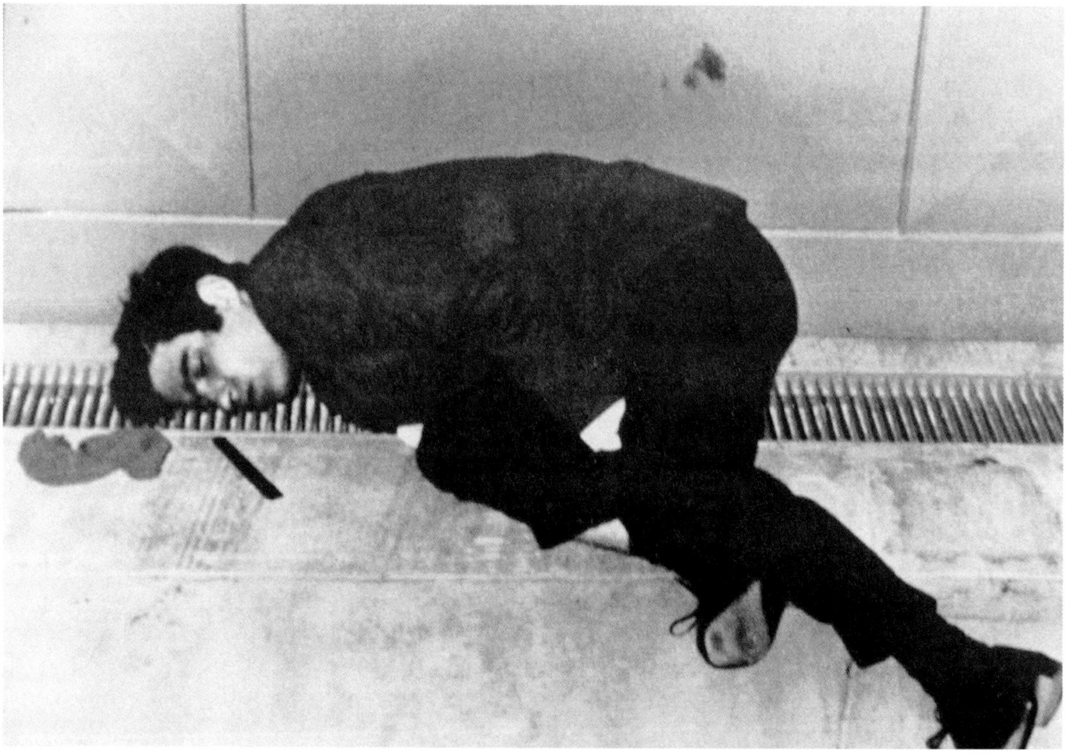

Karls Opfer Walter Pöttler, den er mit drei Schüssen aus seiner Dienstpistole tötete.

skrupellosen Verbrechers. Und Kihsl nützt seine Position der vermeintlichen Stärke voll aus. Er bringt Karl soweit, dass der Polizist selbst zum Erpresser wird. Kihsl, im „Nebenberuf" Stricher, schickt Ernst Karl als Boten zu einem seiner Kunden, einen angesehenen Direktor. Diesem Mann tischt Karl folgende Geschichte auf: „Der Kihsl ist in Haft und braucht Geld für seinen Verteidiger." Obwohl die Geschichte nicht stimmt, bekommt er 10.000,– Schilling (ca. 726,– Euro) von dem ebenfalls homosexuellen Mann, der damit einer Anklage nach Paragraph 129 I b zu entgehen hofft. Kihsl mietet sich von diesem Geld ein Auto und kleidet sich neu ein. Der fiese Kriminelle erkennt, wie wertvoll der verzweifelte Polizist für ihn ist. Denn für Ernst Karl wäre es das Schlimmste, quasi die Demütigung seines Lebens, wenn er die Uniform an den Nagel hängen müsste.

Der Erpresser wird immer dreister. Eines Tages hat er die Idee, in ein Postamt in Meidling einzubrechen, gemeinsam mit seinem Komplizen Walter Pöttler. Die Rolle von Ernst Karl wäre die des Aufpassers. Für Kihsl ist das der perfekte Plan: Ein Einbruch unter der schützenden Hand eines Polizisten, einfach genial.
Karl lehnt aber ab, im Hinterkopf hat er längst einen anderen

Plan gefasst. Tatsächlich sieht er plötzlich die Chance, den unliebsamen Erpresser loszuwerden. Er erzählt Kihsl von der Garage des Kaufhauses Tivoli, die auch zu seinem Einsatzgebiet gehört. Angeblich, so seine Geschichte, wird die Geldkassette des Kaufhauses über Nacht in einem Auto der Marke Lincoln aufbewahrt. Obwohl Kihsl der Kriminelle ist, traut er Ernst Karl nicht ganz über den Weg. Er verlangt zur Absicherung die private Pistole des Polizisten, die ihm Karl auch ohne Widerrede aushändigt. Und auch den Einbruch in der finsteren Garage will Kihsl nicht alleine mit Karl machen. Er überredet seinen Freund Walter Pöttler mitzutun. Der willigt damit in sein eigenes Todesurteil ein.

Der Einbruch

Am Samstag, dem 13. April 1968, verabreden sich die drei Männer im Opernespresso zu einer Besprechung. Dabei vereinbaren sie, dass die Tat am 16. April, dem Ostermontag, stattfinden soll. Ernst Karl soll am ausgemachten Tag einen Zettel mit der genauen Uhrzeit des Einbruchs an der Garageneinfahrt hinterlegen. Da er an diesem Tag Dienst hat, kann er den beiden Kriminellen auf diese Art den Zeitpunkt seines Eintreffens am Tatort mitteilen. Auch Pöttler weiß über die Homosexualität Karls Bescheid und ist damit für ihn eine Bedrohung. Für Ernst Karl ein Grund, auch diesen Mann zu beseitigen.
Dann ist es endlich soweit. Am Ostermontag, um etwa 15.45 Uhr, verlässt Ernst Karl seinen Posten. Wie vereinbart, hinterlässt er einen Zettel von einem Block des Wachzimmers, auf dem als Tatzeit „1.05 Uhr" geschrieben steht. Bei seinem abendlichen Rundgang kommt er an der Garage vorbei und unterhält sich mit dem Aufseher der Tivoli-Garage. In einem unbemerkten Augenblick bringt er den Garagenschlüssel an sich. Er kehrt etwa um 22 Uhr wieder in sein Wachzimmer zurück, um gegen 1 Uhr in der Nacht abermals auf Streife zu gehen.

Als Ernst Karl an der Garage ankommt, sind die beiden anderen Männer schon in der Garage mit der Suche nach dem Geld beschäftigt. Karl tritt in den offenen Türspalt ein, da bemerken ihn Kihsl und Pöttler. Kihsl fragt misstrauisch: „Bist du es?" Die beiden gehen auf den Polizisten zu, da bemerkt dieser, dass Kihsl eine Pistole, der Lauf ist nach unten gerichtet, in der Hand hält. Er ruft: „Pistole weg!" Als Kihsl nicht reagiert und den

Pistolenarm hebt, gibt Ernst Karl einen Schuss auf ihn ab. Kihsl macht einen Schritt nach vorn und sinkt, von dem Schuss getroffen, zusammen. Er bleibt in einer Garagenecke links von Karl liegen. Aus kurzer Distanz gibt der Polizist noch zwei Schüsse auf Kihsl ab. Und drei weitere auf den unbewaffneten Pöttler. Pöttler sinkt zu Boden, und Karl schießt noch einmal auf den Mann. Aber nicht aus seiner Dienstwaffe, sondern aus seiner privaten Schusswaffe. Die war Kihsl aus der Hand gefallen und Ernst Karl kam das sehr gelegen. Seine Kollegen würden sehen, dass aus dieser Waffe ein Schuss auf ihn abgegeben worden wäre. Das würde seine Notwehr-Version untermauern.

Von den Schüssen geweckt, kommt der Garagenwärter August Jammernegg an den Tatort gelaufen. Dort findet er einen atemlosen Polizisten vor. Er fragt, was geschehen sei, und Karl meint nur, er hätte zwei Einbrecher erwischt und erschossen. Der Mann fordert Ernst Karl daraufhin auf, seine Dienststelle zu verständigen. Da hört Jammernegg plötzlich einen der Männer stöhnen. Ernst Karl zeigt sich ungerührt und meint nur lapidar, dass sowieso auch automatisch die Rettung verständigt werden würde.
Als die Beamten der Sicherheitswache bei der Tivoligarage eintreffen, wird der schwerverletzte Johann Kihsl gerade in den Rettungswagen gehoben. Für seinen Freund Pöttler kommt jede Hilfe zu spät. Von den drei Schüssen waren zwei auf jeden Fall tödlich, nämlich ein Schädelhalssteckschuss und ein Brustdurchschuss. Auch Kihsl erliegt auf der Fahrt ins Krankenhaus seinen Verletzungen. In der Zwischenzeit erstattet Ernst Karl seinen Vorgesetzten Bericht: Er habe sich gerade auf Streife befunden, als ihm ein blauer PKW der Marke Borgward Isabella aufgefallen sei, in dem drei (!) Männer saßen. Dieses Auto habe mehrmals den Häuserblock umkreist, obwohl doch genug Parkplatz vorhanden war. Dann hätte er den Wagen noch einmal gesehen, und zwar abgestellt in unmittelbarer Nähe des Kaufhauses. Als er zur Tivoli-Garage kam, fiel ihm das leicht geöffnete Tor auf. Durch den Türspalt konnte er zwei Männer erkennen, die sich an einem Auto zu schaffen machten. Sie waren beide maskiert, und einer der Männer hatte eine Pistole in der Hand. Ernst Karl berichtet weiter, wie er den Mann angerufen habe – „Halt, Polizei!“ – und dieser Mann mit der Pistole in der Höhe offensichtlich gegen ihn losgehen wollte. Er habe daraufhin, in Notwehr, einen Schuss gegen diesen Mann abgegeben. Der Täter sei zusammengebrochen, habe aber noch einmal auf ihn geschossen. Dann hat auch er noch zwei Schüsse abgefeu-

Für Johann Kihsl und Walter Pöttler wurde die Wiener Tivoli-Garage zur tödlichen Falle.

ert. Auch den zweiten Mann musste er erschießen, weil dieser auf ihn zusprang. Insgesamt hat Karl sieben Schüsse auf die beiden Männer abgegeben. Er handelte in Notwehr und habe einfach zwei Einbrecher erschossen, so die Erklärung des scheinbar pflichtbewussten Polizeibeamten. Die Kollegen suchen und finden unterdessen den blauen Borgward. Die Besitzerin des Fahrzeugs ist schnell ermittelt. Es handelt sich um Martha N., eine junge Stenotypistin. Und zufällig kommen zwei Frauen, etwa eine Stunde nach der Tat, an der Tivoli-Garage vorbei. Die Beamten verlangen Ausweise und können es kaum glauben, dass es sich um die Autobesitzerin und ihre Freundin, die Friseuse Gertrude L. handelt.

Martha N. erzählt zunächst den Polizisten, dass ihr das Auto vor einer Stunde gestohlen worden sei, verstrickt sich aber dann in ihre Lügen. Schließlich rückt sie mit der Wahrheit heraus: Sie hat den beiden Männern Walter und Johann (sie kennt nur die Vornamen, da sie die beiden erst am Ostersonntag kennen gelernt hat) ihr Auto geborgt. Ihre Freundin kennt „Hansi" Kihsl schon einige Monate. Die Friseurin hat ihrer Freundin viel von Kihsl erzählt. Sogar, dass er ihr schon einen Verlobungsring gekauft hätte.

Gertrude L. erzählt auch, den Polizisten Ernst Karl zu kennen. Ihr „Verlobter“ hat ihn ihr einmal in einem Lokal vorgestellt. Sie erfährt zwar nicht seinen Namen, aber seinen Beruf. Schon damals erschien es ihr eigenartig, dass ein Polizist so ein Doppelleben führt. Ein Mann des Gesetzes, der gleichzeitig Verbrechen begeht? Sie wird von Kihsl über den geplanten Garageneinbruch informiert und warnt ihn noch davor, sich darauf einzulassen. Wer soll denn soviel Geld in einem Auto deponieren? Doch Kihsl hört nicht auf ihre Warnungen. Beide Männer borgen sich schließlich den Wagen aus – der Rest der Geschichte ist bekannt ...

Vernehmung und Verhandlung

Am 17. April 1968 wird Ernst Karl ins Landesgericht für Strafsachen in Wien gebracht. Bei den Vernehmungen behauptet er immer wieder, nur in Notwehr gehandelt zu haben. Diesmal glaubt man dem Ex-Polizisten nicht mehr. Die Staatsanwaltschaft erhebt am 12. September 1969 Anklage wegen Doppelmordes, Erpressung und Verleumdung. Am 15. Dezember 1969 beginnt die Hauptverhandlung gegen Ernst Karl, der in seinem tiefsten Inneren den Wandel vom obrigkeitstreuen Wachebeamten zum Häftling noch immer nicht vollzogen hat. Die Vorstellung, die Karl vor Gericht abgibt, ist zeitweise ziemlich grotesk. Plötzlich spricht er von einem dritten Mann, der damals bei dem Garagentor gewesen sei. Dann besteht er – nach einem Disput mit seinem Verteidiger – darauf, sich selbst zu verteidigen. Er stellt sogar einen Antrag, seinen Verteidiger psychiatrieren zu lassen. Als schließlich das Urteil gesprochen wird, gibt es wieder eine Überraschung. Statt der erwarteten Verurteilung zu lebenslanger Haft wird Ernst Karl „nur“ zu 20 Jahren Gefängnis verurteilt. Als Milderungsgrund wurde die Erpressung durch Kihsl genannt, die Karl erst dazu gebracht habe, diesen zu ermorden. Karl nimmt das Urteil an, um es am nächsten Tag jedoch zu widerrufen. Und dies, obwohl er sich bewusst ist, dass das angenommene Urteil bereits rechtskräftig ist.

Alles in allem ist Ernst Karl eine tragische Figur. Ein Mensch, der durch Erpressung wegen seiner Homosexualität an den Rand der Verzweiflung getrieben wird. Ein Mensch, der sich nicht anders zu helfen weiß, als sich des Erpressers und seines Mitwissers auf brutale Weise zu entledigen. Ein Opfer eines menschenverach-

Ernst Karl vor Gericht im Gespräch mit einem „Ex-Kollegen“

tenden Paragraphen, der in fast allen Ländern Europas schon abgeschafft war, bis Österreich am 17. August 1971 den berühmt-berüchtigten § 129 I b endlich soweit abgemildert hat, dass gleichgeschlechtliche Liebe unter Erwachsenen nicht mehr strafbar ist.

Sein Ende

Ernst Karl sitzt in der Strafanstalt Stein ein und sorgt dort neuerlich für Schlagzeilen, als er drei Justizbeamte als Geiseln nimmt und einen Kindesmörder ermordet. Er leidet unter aggressiven Schüben und demoliert öfters seine Zelleneinrichtung. Daraufhin ist er ständig in Behandlung und wird mit Medikamenten „ruhig gestellt“. Als er wieder einmal besonders aggressiv ist, wird der Dreifachmörder in einem Bett mit Gurten fixiert. So angegurtet, stirbt Ernst Karl am 15. Juni 2001 qualvoll an einem Darmverschluss.

Der Gasmann ist da!

Mit diesen Worten verschaffte sich der siebenfache Frauenmörder Harald S. Zugang zu den Wohnungen seiner Opfer.

Anfang der 1970er Jahre versetzte der Mann ganz Wien in Angst und Schrecken, bevor er anhand einer perfekten Phantomzeichnung gefasst werden konnte. Zurzeit ist Harald S. der am längsten einsitzende Häftling (33 Jahre) Österreichs.

Der verhaftete Harald S. auf dem Weg ins Sicherheitsbüro

Der Altersheimwürger

Im Jahr 1971 wird Wien von einer unheimlichen Mordserie heimgesucht. Bevorzugte Opfer: alte, allein lebende Frauen. Sie alle haben, scheinbar arglos, einen Fremden in ihre Wohnung gelassen. Hinter verschlossenen Türen spielt sich dann ein Drama ab. Der Täter streckt seine Opfer mit Handkantenschlägen nieder. Übereinstimmend sagen die Überlebenden aus, dass der gut gekleidete, höfliche und etwas füllige Mann sich als Bediensteter des Gaswerkes ausgegeben hat. Angeblich kommt er, um die Geräte zu überprüfen; zeigt sogar einen Ausweis her. Aufgefallen sei er auch durch sein Fachwissen. Als die Frauen dann die „Kontrolle“ bezahlen müssen, werden sie von dem Mann niedergeschlagen.

Die Hinweise sind dürftig. Außer ein paar Fingerabdrücken auf einem Wasserglas hinterlässt der Täter keine Spuren. Und diese Fingerabdrücke helfen den Beamten nicht weiter, sie sind in keiner Verbrecherkartei zu finden. Konkreter wird die Sache, als nach einem Überfall die Nachbarin eines Opfers – eine Grafikerin – eine ziemlich genaue Beschreibung des Täters geben kann. Der Zeichner des Sicherheitsbüros entwirft eine detailgetreue Phantomzeichnung. Doch auch die reicht vorerst nicht aus, den Mörder zu fassen.

Am 12. Februar 1972 sorgt neuerlich ein brutales Verbrechen für Schlagzeilen. Nach dem Überfall auf zwei Frauen in einem Pensionistenheim in der Chrudnergasse in Wien 13 fragen sich die ermittelnden Beamten, ob hier wohl der unheimliche Frauenmörder wieder zugeschlagen haben könnte.

Folgendes ist passiert: Ein unbekannter Gewalttäter dringt um 1 Uhr nachts in das private Wohnheim für Offizierswitwen in Hietzing ein. Zuerst bricht er die Tür zum Wohnraum der 83-jährigen Aloisia S. auf. Er stürzt sich auf die erschrockene Frau, würgt sie fast bis zur Bewusstlosigkeit und vergewaltigt sie. Mit einem Jochbeinbruch bleibt die Frau liegen, währenddessen sucht der Täter nach Bargeld. Er findet aber nur ein Postsparbuch mit 3.000,– Schilling (218,– Euro) Einlage. Das ist ihm anscheinend zu wenig, denn er bricht auch noch die Tür zum Zimmer der 77-jährigen Beatrix Rosa auf. Auch diese Frau bedroht er und will sie würgen. Die Überfallene gibt ihm 1.000,– Schilling (etwa 73,–

Euro) in einem Kuvert. Da lässt er von ihr ab und flüchtet. Beatrix Rosa ruft die Polizei, aber selbst die Suchhunde der Beamten finden keine Spur des brutalen Verbrechers. Nur das Sparbuch, das er im Treppenhaus verloren hat, bleibt zurück. Und das obligatorische Glas Wasser in der Wohnung. Aloisia S. wird ins Krankenhaus gebracht, während Beatrix Rosa eine sensationelle Aussage macht. Sie gibt an, dass der Mann schon einmal, nämlich vor etwa einem Monat, bei ihr gewesen sei. Damals hatte er behauptet, die Gasgeräte überprüfen zu müssen. Das passte genau zu dem gesuchten Frauenmörder, der die Stadt schon einige Zeit in Atem hält. Der Mörder verschaffte sich bei seinen bisherigen Opfern immer wieder als Gas- oder Installationsfachmann Zutritt zu den Wohnungen. Auch die Personenbeschreibung, die Beatrix Rosa der Polizei gibt, deutet auf den unbekannten Frauenmörder hin: zirka 25 bis 30 Jahre alt, etwas korpulent, mit schwarzem, leicht gewelltem Haar.

Raubüberfälle, räuberischer Totschlag und Mord

Die Ermittler fragen sich, wo und vor allem wie der Täter an den Tatort gelangt ist. Eine Straßenbahn fährt um diese Uhrzeit keine mehr, und auch Autogeräusche haben die Zeugen keine vernommen. Laut Aussage des Vergewaltigungsopfers habe der Verbrecher ziemlich nach Alkohol gerochen. Die Beamten klappern daraufhin die Wirtshäuser, Pensionen und Hotels der Gegend ab. In einem kleinen Hotel erhalten sie den ersten

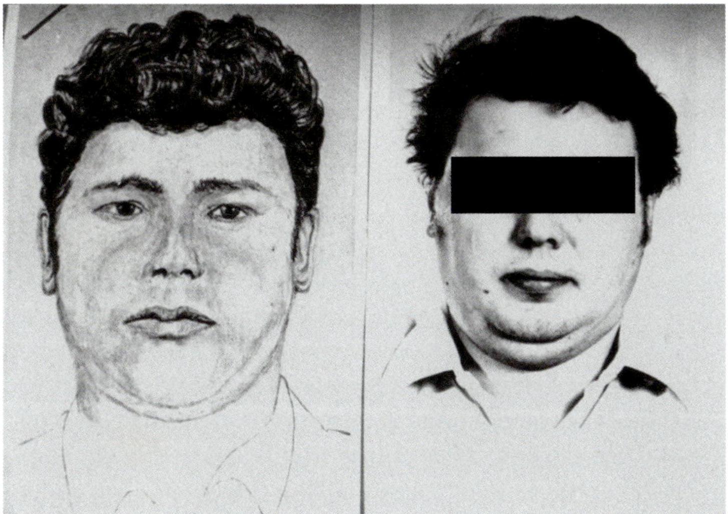

Das exakte Phantombild von Harald S. (links) führte schliesslich zur Verhaftung des Mörders.

Hinweis. Der Besitzer erkennt den Mann auf dem Phantombild wieder. Er nennt den Kriminalbeamten den Namen: Harald S. Im nächsten Hotel, dem „Hotel Reiser", sitzt der Frauenmörder seelenruhig bei einem Glas Wein. Der Kellner zeigt den Kriminalisten den gesuchten Mann, und sie nehmen ihn fest. Sofort wird er, noch im Hotel, Beatrix Rosa gegenübergestellt, die ihn als den falschen Gasmann identifiziert. Der 24-jährige Harald S. weiß, dass Leugnen zwecklos ist. Noch im Auto, auf dem Weg ins Sicherheitsbüro, gesteht er drei Morde.

Harald S. redet und redet. Sogar einen Komplizen, der bei einigen der tödlichen Überfälle dabei war, gibt er preis. Der 29-jährige Johann Sch. wird daraufhin verhaftet, und auch er gesteht alles. Harald S.s Redefluss ist ungebremst, er nennt vier weitere Komplizen. Zwei davon, nämlich Harald Sch. und Gerald P., beide aus Hietzing, werden ebenfalls verhaftet. Bei den Verhören wird den Kriminalisten auch schnell klar, warum Harald S. sich so gut mit Fachbegriffen auskannte. Er hatte dieses Handwerk gelernt; brachte immer gute Noten aus der Berufsschule mit, wie seine verzweifelten Eltern den Beamten später mitteilten. Sie hatten ja keine Ahnung, dass ihr Sohn auf die schiefe Bahn geraten war. Für sie ist klar, dass daran auch die Lebensgefährtin ihres Sohnes, nämlich Gertrude Sch., schuld ist. Nach seiner Installateurlehre hat er das Bundesheer absolviert. Danach wird er Pfleger im Altersheim Lainz, wo er zweimal an Hepatitis erkrankt. Zwischen 1966 und 1969 arbeitet Harald S. dort, er weiß also, wie man mit alten Leuten umgeht. Ein Umstand, der ihn bei seinen späteren Morden „hilfreich" sein wird.

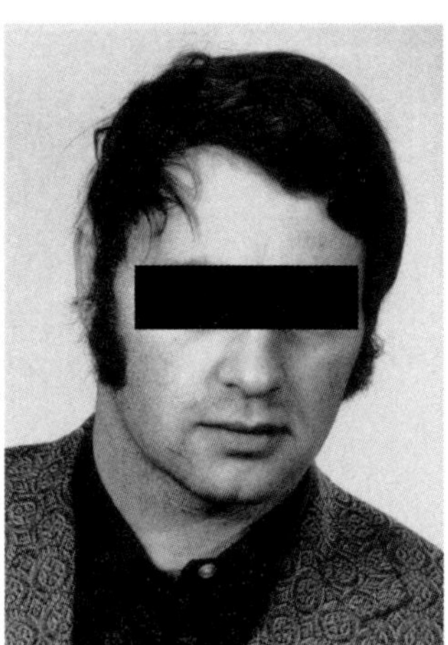

Der 29-jährige Johann Sch. war bei einigen der tödlichen Verbrechen von Harald S. als Komplize dabei.

Bei seiner zweiten Gelbsuchterkrankung bringt er dem Dienstgeber keine ärztliche Bestätigung, da er sowieso im Lainzer Krankenhaus gelegen ist. Er meint, das würde reichen; stattdessen erhält er aber die Kündigung. Nach dieser Kündigung arbeitet Harald S. kurze Zeit bei einem Zuckerbäcker. Doch die vielen Wespen, die durch die süße Ware angelockt werden, machen ihm zu schaffen. Mindestens zehnmal am Tag sei er gestochen worden, sagt Harald S. im Verhör. Nach dieser Beschäftigung ist Harald S. keiner geregelten Arbeit mehr nachgegangen. Bei den Einvernahmen gibt er auch an, wie er auf den „Gaskassier-Schmäh" gekommen sei: „Installateur und Krankenpfleger, das hat irgendwie harmonisiert." Seinen ersten Überfall hat er begangen, nachdem ihn eine ältere Frau auf der Straße angesprochen hatte. Er geht mit ihr, um ihr Gasgerät zu reparieren. Die Frau gibt ihm 100 Schilling Trinkgeld. Da kommt ihm der Gedanke, sich auch das restliche Geld aus der Lade der Frau zu holen.

Die 86 Jahre alte Eleonore Hauer war das erste Opfer des Serienkillers.

Harald S. hat leichtes Spiel mit den älteren Frauen. Sein molliges Aussehen trägt dazu bei – einem rundlichen Mann traut man schließlich nichts Böses zu. Dass er sich als Amtsperson ausgibt, öffnet ihm erst recht alle Türen. Kaum in der Wohnung, haut er hin, wenn er nicht bekommt, was er will – Geld und Schmuck, sonst gibt es brutale Schläge mit der Handkante. Vorerst begeht Harald S. mit Hilfe seines Komplizen Johann Sch. „nur" brutale Raubüberfälle. Die 88-jährige Amalia Maxa aus Wien-Landstraße ist ihr erstes Raubopfer. Dann folgt die 83-jährige Grete Kauer, die von den Tätern gewürgt und geknebelt wird. Ohne Beute ziehen die beiden Männer wieder ab.

Aus den Raubüberfällen wird dann Raub mit tödlichem Ausgang. Das erste Mordopfer ist die 86 Jahre alte Eleonore Hauer. Bei der gebrechlichen Frau verschafft sich Harald S. mit seinem üblichen „Gaskassierer-Schmäh" Zutritt. Aber er kommt der Frau verdächtig vor, sie versucht deshalb zum geöffneten Fenster zu gelangen und um Hilfe zu rufen. Harald S. kommt ihr zuvor und bringt sie mit gezielten Handkantenschlägen zum Verstummen. Dann lässt er sein Opfer aber nicht am Boden liegen, sondern legt es ins Bett.

Auch wenn Harald S. später immer wieder beteuert, dass er nie die Absicht hatte, seine Opfer zu töten, fällt es schwer – insbesondere angesichts des Falles Richard Langer –, daran zu glauben. Der Raubmord an dem 79-jährigen Mann (übrigens das einzige männliche Opfer Harald S.s) ist ganz untypisch für die sonst übliche Vorgehensweise von Harald S. An einen Sessel gefesselt, wird der alte, gebrechliche Mann grausam misshandelt, bevor er ermordet wird. An der Leiche Langers werden später von der Polizei 20 Rippenbrüche, eine Kehlkopfzertrümmerung und mehrere Rissquetschwunden festgestellt.

Harald S. gibt bei den Verhören zum Fall Langer an, zu viel Alkohol getrunken zu haben und sich deshalb an nichts erinnern zu können. Aber die Schläge waren so wuchtig, dass selbst der nicht sonderlich intelligente Harald S. trotz seiner Alkoholisierung hätten wissen müssen, dass sie tödlich sein würden.

Wurde von Harald S. grausam misshandelt, bevor er ihn ermordete: der 79-Jährige Richard Langer

Auch bei den anderen Opfern waren Harald S. und Johann Sch. nicht zimperlich: Rosa Schwarz, 66 Jahre alt; Josefa Fierlinger, 86 Jahre alt; Gabriele Hammer, 84 Jahre alt, sowie Aloisia Maschnark, 69 Jahre alt – sie alle starben durch Würgen und Niederschlagen.

Sein siebentes Opfer, die 88-jährige Maria Aberle aus Wien-Mariahilf, stirbt erst zehn Tage nach dem Überfall, als Harald S. schon hinter Schloss und Riegel sitzt. Die Frau wird in ihrem Bett gefunden, der herbeigerufene Arzt stellt Herz- und Kreislaufstörungen fest. Harald S. hat die Frau, nachdem er sie mit Handkantenschlägen niedergestreckt hatte, behutsam ins Bett gelegt und zugedeckt. Deshalb schöpft auch niemand Verdacht, als die alte Frau so vorgefunden wird. Auch als der Nachbar auf eine leere Geldkassette aufmerksam macht, in der sich normalerweise mehrere tausend Schilling befunden haben, und die alte Frau von einem Überfall stammelt, nimmt das keiner ernst. Erst als Harald S. die Tat, nach der ihn niemand gefragt hat, gesteht, ist klar, dass Maria Aberle keines natürlichen Todes gestorben ist.

Die Verhandlung gegen den Frauenwürger von Wien

Am 22. Jänner 1974 beginnt der Prozess gegen Harald S. Das Verlesen der Anklageschrift dauert mehr als eine Stunde. Harald S. werden sechs Raubmorde, elf Raubüberfälle und Vergewaltigung zur Last gelegt und seinem Komplizen Johann Sch. ein Raubmord und mehrere Raubüberfälle. Beide bekennen sich im Sinne der Anklage schuldig, leugnen jedoch die Tötungsabsicht. Harald S. schildert, wie er Johann Sch. kennen gelernt hat. Die beiden trafen in einer Likörstube aufeinander und hatten schon einiges getrunken. Da erzählt Harald S. dem Mann, dass er keiner geregelten Arbeit mehr nachgehen würde. Er offenbart ihm des Weiteren seine Betrügereien und seinen „Gas-Trick", mit dem er sich Zutritt zu den Wohnungen seiner Opfer verschaffte. Was er nie ausspricht, ist das Wort „Mord" – für ihn war alles eine harte „Hacken" (wienerischer Ausdruck für Verbrechen). Er sagt aus, wie es mit seinen Betrügereien begonnen hat, wie er zur Ablenkung ein Glas Wasser verlangte oder auf andere Weise versuchte, seine Opfer zu verwirren. Sieben Morde hat Harald S. gestanden, wie viele Menschen seinen tödlichen Händen entgangen sind, kann im Nachhinein niemand mehr

Maria Aberle, das letzte Opfer des falschen Gaskassierers Harald S.

Harald S. und sein Komplize Johann Sch. vor Gericht

sagen. Selbst in Niederösterreich hat er sich Opfer gesucht. So sind die 77-jährige Rentnerin Anna W. aus Mödling und der Pensionist Andreas R. nur knapp dem Tod entgangen.
Laut Gutachtern (Ärzten aus Lainz) leidet der Angeklagte an „Morbus Cushing, einer Drüsenerkrankung, die vor allem sexuelle Perversionen zur Folge haben kann".

Das Urteil gegen Harald S. lautet schließlich „lebenslänglich" für einmal Mord und fünfmal räuberischen Totschlag. Harald S. erhebt keinen Einspruch. Er sitzt noch heute in der Strafanstalt Stein ein.

Der Fall Dostal

In den 1970er Jahren stellte eine mysteriöse Bombenexplosion mit einem Todesopfer die Polizei vor ein Rätsel.

Auf der Suche nach der Identität des Toten stießen die Beamten auf Ernst Dostal, einen guten Freund des Bombentoten. Dostal, der eigentlich nur als Zeuge vernommen werden sollte, wurde beim Verhör zum Amokschützen. Die Vorgänge um Ernst Dostal und seinen Vater Robert hielten die österreichische Bevölkerung bis zum unrühmlichen Ende der beiden Männer wochenlang in Atem.

Ernst Dostal: Amokschütze, Bombenleger und Serienmörder

Die Explosion

Am 13. Juni 1973 sorgt eine rätselhafte Bombenexplosion auf der Südautobahn für jede Menge Verwirrung. Einer Gendarmeriepatrouille, die im Gebiet Guntramsdorf unterwegs ist, fällt wenige Meter vom Straßenrand ein breiter Krater auf. Die Beamten bleiben stehen und machen eine grausige Entdeckung. Im Umkreis von 30 Metern finden sie Fleisch- und Holzstücke. Der Gendarmerie gelingt es vorerst nicht, die in Stücke zerfetzte Leiche zu identifizieren. Kleidungsstücke sowie Körper, Schädel- und Skelettknochen fehlen, was die Identifikation zusätzlich erschwert. Durch eine Abgängigkeitsanzeige und die Aussage einer Frau kommen die Beamten auf die Spur von Richard Dvorak. Die Mutter des Mannes gibt zu Protokoll, dass es sich bei dem Explosionsopfer nur um ihren Sohn handeln könnte, da wäre sie sich ganz sicher.

Der Mann, ein 30-jähriger ehemaliger Chemie- und Jusstudent sowie Vertragsbediensteter im Wiener Rathaus, ist seit Dienstag, den 12. Juni 1973, abgängig. Um 15 Uhr dieses Tages hat er noch mit seiner Frau telefoniert. Er teilt ihr mit, dass er etwas später nach Hause kommen würde, weil er noch wohin fahren müsse. Mit keinem Wort – ganz gegen seine Gewohnheit – erwähnte er, wohin genau er noch fahren würde. Für seine Frau ist klar, dass Dvorak von jemandem mitgenommen wird. Er besitzt weder einen Führerschein noch ein Fahrzeug. Um 16 Uhr verlässt er das Rathaus, dann verliert sich seine Spur. Niemand in der Familie und im Freundeskreis kann sich das spurlose Verschwinden des Familienvaters erklären. Außerdem hätte der Karatemeister am Freitag (15. Juni 1973) nach Tokio fliegen sollen, um an Karatemeisterschaften teilzunehmen. Die Staatspolizei und die Gendarmerie nehmen die Aussagen der Frau sehr ernst. Die Gerichtsmediziner schließen anhand der Beschreibung von Dvoraks Mutter über Aussehen, Körperbau und einige andere Details, wie etwa die starke Körperbehaarung ihres Sohnes, darauf, dass der unbekannte Tote der 1,83 m große und ca. 83 kg schwere Richard Dvorak ist.

Der 30-jährige Richard Dvorak, der bei der Bombenexplosion getötet wurde

Was jetzt noch fehlt, ist das Motiv. Ist Richard Dvorak Opfer oder Attentäter? Fest steht, dass der Mann beim Bundesheer bei einem Sprengstofftrupp war. Auch privat interessierte er sich brennend für Sprengstoff und sympathisierte seit knapp zwei

Juni 1973: Polizisten bei der Spurensuche nach der mysteriösen Bombenexplosion auf der Südautobahn

Jahren mit Rechtsradikalen. Außerdem finden die Ermittler heraus, dass Dvorak unmöglich allein an den Tatort gelangt sein konnte. All das spricht dafür, dass es sich bei der Bombenexplosion auf der Autobahn doch um ein Sprengstoffattentat gehandelt haben könnte. Zu klären ist die Frage, warum der Mann nackt war. In der Nähe des Tatortes befinden sich Badeteiche: Hat er vor der Explosion noch gebadet? Wollte er – für den Fall, dass er verdächtigt und untersucht werden würde – dafür sorgen, dass keinerlei Sprengspuren an seiner Kleidung nachzuweisen wären? Was wollte er eigentlich sprengen und warum? Möglicherweise planten er und seine Komplizen einen Anschlag auf einen Transport russisch-jüdischer Emigranten. Ein Bus hätte diese Stelle bei der Fahrt ins Flüchtlingszwischenlager Schloss Schönau passiert. Tatsache ist, dass Richard Dvorak nicht alleine war. Jemand musste ihn dorthin gebracht haben und schließlich die Spuren beseitigt haben, die für eine allzu schnelle Identifizierung Dvoraks gesorgt hätten.

Der Amokschütze

Nun wird das Leben Richard Dvoraks genauer unter die Lupe genommen. Für die Kriminalisten ist er kein unbeschriebenes Blatt, fiel er doch schon öfter durch unerlaubten Waffenbesitz auf. Auch der Freundeskreis des Toten wird untersucht, dabei stoßen die Beamten auf Ernst Dostal. Der Mann war ein enger Freund Dvoraks, teilte mit ihm die Begeisterung für Sprengstoffe und für Waffen. Sie hatten einander bei einem Sprengmeisterlehrgang kennen gelernt. Beide Männer dürften auch in rechtsextremen Kreisen verkehrt haben. Zumindest kamen zu den privaten Schießübungen – die Dostal in seinem Wohnzimmer in Tullnerbach und am Bauernhof in Mitterndorf veranstaltete – mehrere junge Männer. Das war den Sicherheitsbehörden sogar bekannt. Auch die gemeinsame Leidenschaft für Karate verband die beiden Männer. Dvorak litt unter der Angst, eines Tages ermordet zu werden. Er besuchte deshalb, gemeinsam mit dem 23-jährigen Dostal, einen Karateclub im sechsten Wiener Bezirk. Geplant war sogar, den Bauernhof der Dostals in Mitterndorf zu einem Karate-Trainingslager umzubauen.

Die Einvernahme Dostals am Freitag (22. Juni 1973) in der niederösterreichischen Sicherheitsdirektion am Wiener Rennweg verläuft zuerst ganz normal. Ernst Dostal soll über sein Verhältnis zu Dvorak und über die letzten Tage vor der Explosion Auskunft geben. Dann kommt die Rede darauf, wo Dostal sich in der Nacht des Bombenattentates aufgehalten hat. Er behauptet, in einem Gasthaus gewesen zu sein, doch die Beamten können ihn der Lüge überführen. Genau dieses Gasthaus war nämlich an diesem Tag geschlossen. Da wird Dostal nervös, die Beamten bemerken, dass er etwas in der Sakkotasche hat. Sie fordern ihn daraufhin auf, seine Hände aus den Taschen zu geben. Da plötzlich fallen Schüsse. Dostal schießt durch die Taschen seines Sakkos und trifft den ersten Mann, Ottokar P., ins Genick. Gleich darauf bricht der 42-jährige Matthias H. mit einem Bauchschuss zusammen. Von den Schüssen alarmiert, stürzt der 43-jährige Beamte Harald S. ins Zimmer und wird durch einen Schuss in die Niere lebensgefährlich verletzt.

Noch ein Beamter kommt den Gang entlang gelaufen und entgeht nur knapp einem Kopfschuss. Ernst Dostal läuft den Flur entlang. Er kann aber nicht gestoppt werden, weil immer wieder Beamte aus ihren Zimmern kommen und so den anderen in der Schusslinie stehen. Der Amokschütze will zuerst in die Kantine flüchten, läuft aber dann zum Tor, das auf den Rennweg führt. Die Tür ist geschlossen und Dostal schießt auf den 57-jährigen Leopold U., der dort in Zivilkleidung steht und gerade telefoniert. Dostal rennt in den ersten Stock zurück und springt aus dem Fenster eines Waschraumes auf die Straße. Er landet unverletzt auf einem Autodach und flüchtet weiter. Dabei „kapert“ er ein Fahrschulauto, zwingt den Fahrlehrer und den Schüler auszusteigen und fährt mit dem Auto davon. Das Auto wird am Abend in

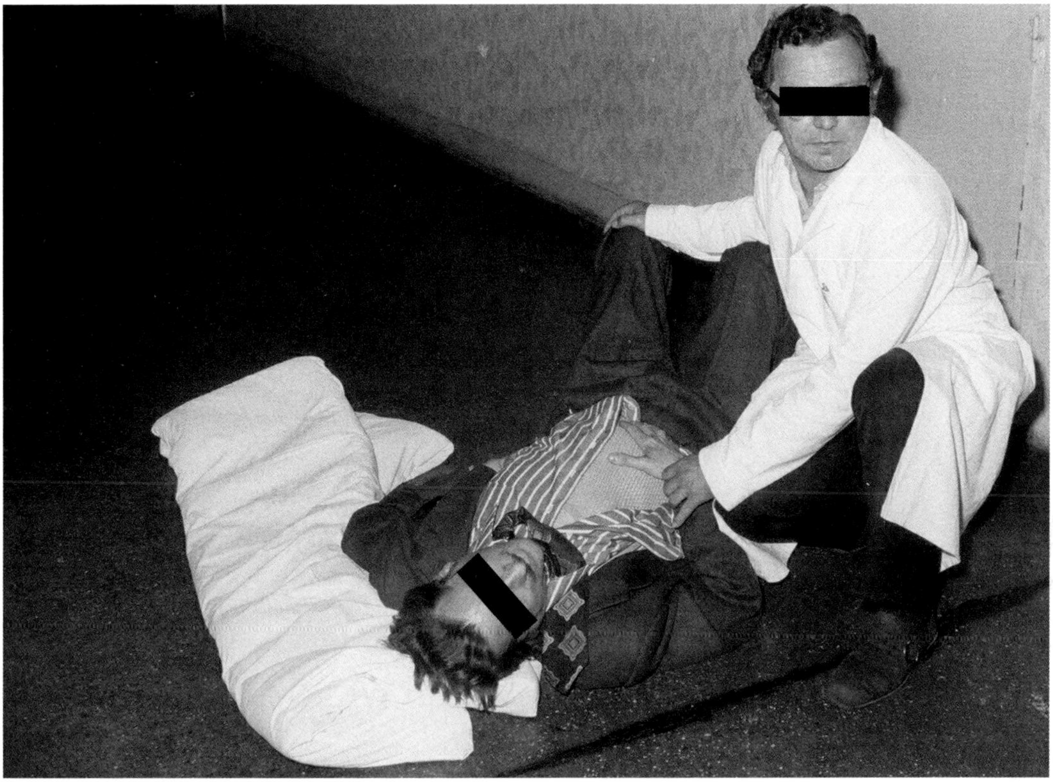

Der 43-jährige Beamte Harald S. wird durch einen Schuss Dostals lebensgefährlich verletzt.

der Nähe des Südtiroler Platzes gefunden. Dort geht Dostal gegen 17.30 Uhr in ein Waffengeschäft, wo er und sein Vater Robert Stammkunden sind. Der Waffenhändler hat deshalb auch keine Bedenken, dem Mann eine Smith & Wesson und 200 Stück Munition zu verkaufen. Als der Mann von der Schießerei in der Rennweg-Kaserne hört, erstattet er sofort Anzeige.

Währenddessen läuft die Suche nach Ernst Dostal und seinem ebenfalls flüchtigen Vater Robert Dostal auf Hochtouren. Die Beamten gehen davon aus, dass der 54-jährige Robert Dostal von dem Vorhaben seines Sohnes gewusst hat, ebenfalls schwer bewaffnet ist und die beiden möglicherweise gemeinsam unterwegs sind. Alle Ausfallstraßen aus Wien sind gesperrt, und die Grenzübergänge werden besonders streng überwacht. Aber nirgends findet sich eine Spur von den beiden Dostals. Von den vier verletzten Beamten schweben zwei, nämlich Ottokar P. und Harald S., in Lebensgefahr.

Bei den Hausdurchsuchungen in der Tullnerbacher Villa der Dostals und dem Bauernhof in der Nähe von Obergrafendorf

Auf dem Bauernhof der Familie finden die Beamten eine schalldichte Folterkammer mit Streckbetten und Halsketten.

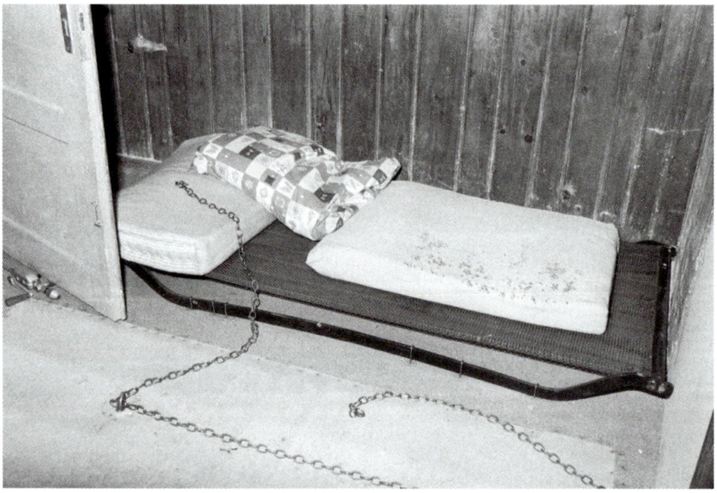

(Bezirk St. Pölten) stoßen die Beamten auf ein ungeheuerliches Waffenarsenal. Außerdem befindet sich auf dem Bauernhof eine vollständig eingerichtete Folterkammer. Die schalldichte Kammer enthält Streckbetten und Halsketten, die von außen zugezogen werden können. Neben Schießübungen dürften die Dostals und ihre Freunde auch noch andere Pläne gehabt haben. Der Bauernhof war quasi zu einer Festung ausgebaut worden. Die Ermittler finden auch eine hölzerne Menschenfigur, auf die hunderte Male geschossen worden war, etliche Schießscheiben und Berge von leeren Patronenhülsen.

Der Doppelmord

Während Robert Dostal Österreich schon längst verlassen hat – wahrscheinlich noch vor der Schießerei in der Kaserne am Rennweg –, ist Ernst Dostal in Niederösterreich auf der Flucht. Irgendwie gelingt es ihm, vom Südtiroler Platz an den Donau-Oder-Kanal zu kommen. Er steigt dort am Sachsengang, in den Abendstunden des Samstags, in das Wochenendhaus des Ehepaares Steiger ein. Als Viktor und Johanna Steiger am Sonntagvormittag in ihr Haus kommen, stehen sie dem vermeintlichen Einbrecher Dostal gegenüber. Der schwer bewaffnete Verbrecher schießt sofort, woraufhin der 45-jährige Viktor Steiger tödlich getroffen im Hausflur zusammensinkt. Seine 43-jährige Ehefrau läuft, schwer verwundet in Brust und Bauch, in den Garten. Dort bricht sie zusammen und stirbt noch im Rettungsauto. Der Nachbar, Baumeister W., hört die Schüsse und läuft mit einem Besen bewaffnet zum Haus der Steigers. Im Wohnzimmer des Ehepaares tritt ihm Dostal mit der Pistole in der Hand entgegen. Der Baumeister lässt den Besen fallen und sucht schnell das Weite. Das rettet ihm sein Leben. Wortlos geht Dostal zum Auto der Steigers und fährt davon.

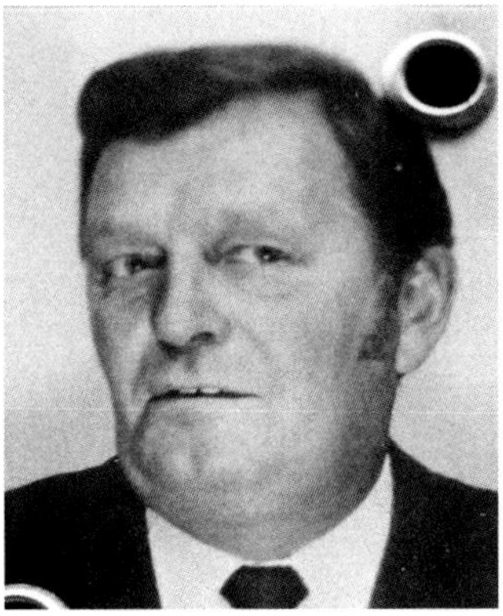
Viktor Steiger wurde in seinem Wochenendhaus am Donau-Oder-Kanal von Ernst Dostal erschossen.

Wenig später lässt er dieses Auto stehen und zwingt den Soldaten Johann B. mit vorgehaltener Pistole zur Herausgabe seines Autos. Mit dem grünen Ford Escort des Mannes schafft er es, aus dem abgeriegelten Gebiet zu entkommen. Das Auto wird am nächsten Tag im Dombachgraben (Gebiet Klosterneuburg) gefunden. Noch am Sonntag stiehlt Dostal zwischen Mauerbach und Weidlingbach beim Forsthaus Steinriegl einen Puch-Haflinger. Neben Jagdkleidung befinden sich in diesem Auto auch eine Schrotflinte, ein Jagdgewehr mit Zielfernrohr und passender Munition sowie ein Kleinkalibergewehr. Beinahe wird Ernst Dostal am Sonntagabend von einer Gendarmeriepatrouille gestellt, die sich über die merkwürdige Fahrweise des vermeintlichen Haflinger-Besitzers wundert. Im letzten Moment gelingt es Dostal, querfeldein über Felder und durch einen Bauernhof zu flüchten. Ohne Geld und Nahrung ist es nur eine Frage der Zeit, bis sich Dostal mit Waffengewalt Essen und Geld besorgen wird.

Rund um Wien, St. Pölten und Lilienfeld werden mit Sicherungsketten Sperr-Riegel errichtet. Die Sicherungsketten zwingen die Autofahrer anzuhalten, sonst werden durch spitze Nägel die Reifen zerstört. Ständig werden Warnungen an die Bevölkerung herausgegeben, dem schwer bewaffneten Amokläufer mit größter Vorsicht zu begegnen.

Rätselhaft ist nach wie vor, wo sich der Vater Dostals aufhält. Die Beamten fragen sich, wie viel Dostals Vater weiß und was er mit der Bombenexplosion zu tun hat. Kaum noch in Frage stellen die Kriminalisten hingegen die Schuld Ernst Dostals am Tod seines Freundes Dvorak. Entweder hat er den 30-Jährigen ermordet und dann beseitigt oder Dvorak kam bei einem Unfall durch die vorzeitige Explosion der Bombe ums Leben, und Dostal hat ihn danach beseitigt. Fragen über Fragen: Warum verließ Dostal senior schwer bewaffnet sein Haus in Tullnerbach, noch bevor es zum Schusswechsel in der Polizei-Kaserne kam? Hat sein Sohn ihn telefonisch gewarnt, dass das Verhör bzw. seine Einvernahme als Zeuge nicht besonders gut lief? Haben Vater und Sohn eine gemeinsame Flucht geplant?

Der Tod des Amokläufers

ROBERT DOSTAL, DER VATER DES AMOKSCHÜTZEN UND MÖRDERS

Die größte Suchaktion, die ein Verbrecher bis dahin in Österreich ausgelöst hat, geht am 26. Juni 1973 zu Ende. Den entscheidenden Hinweis auf den Aufenthalt des irren Amokschützen liefert ein aufmerksamer Kriminalist. Ernst Dostal selbst hat offenbar in einer Wiener Tageszeitung ein Inserat mit folgendem Inhalt geschaltet:

„1919, habe Montag vergeblich beim Turm auf dich gewartet, werde es Mittwoch und Donnerstag gegen 22 Uhr nochmals probieren. Bin momentan unter 02174/xxxx zu erreichen."

Die Polizei geht dem Hinweis nach und findet heraus, dass die angegebene Telefonnummer zu einem Haus in Altlengbach gehört. Der Besitzer, Dr. Ernst U. aus Wien, weiß nichts von dem Inserat, er hat es nicht aufgegeben. Der Inhalt der Annonce lässt darauf schließen, dass Ernst Dostal seinem Vater eine verschlüsselte Nachricht zukommen lassen will. (Robert Dostal ist 1919 geboren.) Dostal hat also in dem Haus am Ortsrand von Altlengbach Zuflucht gesucht, da in der ganzen Gegend Einsatzfahrzeuge der Exekutive auf der Suche nach ihm unterwegs sind. Er dürfte Montag früh mit dem gestohlenen Auto direkt von der Autobahn über eine Böschung in den Garten des Hauses gefahren sein. Dann bricht er durch ein Fenster in den Luxusbungalow ein, öffnet von innen das Garagentor und versteckt den Puch-Haflinger in der Garage des Anwesens. Nachdem er schon seit Sonntag früh nichts mehr gegessen hat, kocht er sich als Erstes etwas zu essen. Danach legt er sich hin und schläft einige Stunden. Als die Kriminalisten Dienstagmittag in das Haus eindringen, sehen sie unmittelbar neben der Tür an die Wand gelehnte Gewehre. Sofort gehen die Beamten in Deckung. Mit Tränengasbomben räuchern sie systematisch die einzelnen Räume aus. Die Beamten finden zwar schmutziges Geschirr, aber von Dostal ist weit und breit nichts zu sehen. Der Amokläufer hat das Haus bereits verlassen. Wie aber konnte er durch die Straßensperren gelangen?

DIESES BILD, DAS DER FOTOGRAF OTTO MANG IN DOSTALS WOHNUNG MACHTE, ZEIGT ERNST DOSTAL EINEN TAG VOR SEINEM AMOKLAUF (MANG HAT IHN QUASI AUS DER HÜFTE „ABGESCHOSSEN"). DIESES FOTO DIENTE DER POLIZEI ALS FAHNDUNGSFOTO; ES WAR DAS EINZIG GREIFBARE BILD DES AMOKSCHÜTZEN.

Einige Stunden später, um 15.43 Uhr, geht eine Meldung durch die Funksprechgeräte der Sicherheitskräfte: „Die Großaktion ist abgeblasen. Ernst Dostal wurde bei einem Feuergefecht tödlich getroffen." Was genau ist passiert? Dostal hat sich in einem

Diese Waffen wurden nach der Tötung Dostals in seinem Versteck in Altlengbach sichergestellt.

anderen Haus versteckt, als schwer bewaffnete Beamte immer näher kommen. Die Einsatzkräfte werfen Tränengasbomben, Dostal läuft aus dem Haus und eröffnet sofort das Feuer auf die Beamten. Die Scharfschützen schießen zurück, Dostal wird getroffen. Er versucht sich in das Haus zurückzuziehen und feuert weiter auf die Uniformierten. Da schießt ein Scharfschütze Dostal die Waffe aus der Hand. Schwer verletzt bricht der Mörder zusammen. Er wird in das Krankenhaus St. Pölten gebracht, wo er kurz darauf seinen Verletzungen (ein Kopfschuss war tödlich) erliegt. Inzwischen ist Dostals Vater in Solothurn in der Schweiz gesichtet worden. Nach wie vor stehen die Kriminalisten vor einem Rätsel. Dostal ist tot, aber die Hintergründe der Affäre liegen nach wie vor im Dunklen. Um die Motive Ernst Dostals zu verstehen, ist vielleicht der Werdegang seines Vaters Robert von Bedeutung. Es könnte sein, dass der Schlüssel zu seiner Persönlichkeit in der Persönlichkeit seines Vaters zu finden ist.

Der Anfang vom Ende

Verwandte beschreiben Robert Dostal als eiskalt. Er kam 1919 als unehelicher Sohn einer Eintänzerin zur Welt. Zuerst lebte er in einem Kinderheim, bevor er zu seinen Großeltern nach Wien kam. Dort wurde er sehr verwöhnt. Seine Mutter heiratete im damaligen Böhmen den Mann, der Robert seinen Namen gab, nämlich Vladimir Dostal. Die Mutter war deutschnational und der Stiefvater tschechischnational; dazwischen befand sich Robert, der Sohn eines Juden.

Kurz vor dem Sturm auf das Versteck Dostals gibt es noch eine letzte Besprechung.

1945 wird der mittlerweile erwachsene Robert Dostal mit seiner Mutter ausgewiesen, und sie kehren nach Wien zurück. Seiner Mutter ist jedes Mittel Recht, um zu Geld zu kommen. Robert verachtet sie dafür, beschimpft sie nur als „Hure". Auch sonst verträgt er sich mit keinem, beschimpft alle Menschen in seiner Umgebung. Er verachtet seinen Stiefvater, seine Mutter, eigentlich alle. Die ganze Welt hält er für seinen Feind, und er ist Feind der ganzen Welt. Einzig seine Frau bildet da eine Ausnahme. Ihr fühlt er sich verbunden. Genau in dieser Atmosphäre wächst der gemeinsame Sohn Ernst Dostal heran. Ein kleiner, schmächtiger Bub, der von seinen Eltern verhätschelt wird. Sein Vater erzieht ihn dazu, die Welt ebenso zu hassen und zu fürchten, wie er selbst es tut ... und mit der Anleitung, sich selbst „gegen die Welt" zu verteidigen –, wenn es sein muss, mit Waffengewalt.

Die Beamten sind nicht mehr ganz sicher, ob Ernst Dostal tatsächlich der Bombenattentäter an der Autobahn war. Nirgends konnte bei ihm (weder in Tullnerbach noch am Bauernhof) Sprengstoff sichergestellt werden. Auch der Vater wird nach wie vor gesucht. Die Kriminalisten befürchten, dass sich der Mann nach Südamerika abgesetzt haben könnte.

Das unrühmliche Ende des Vaters

Robert Dostal ist unterdessen direkt aus der Schweiz – wo er ziemlich viel Geld abgehoben hat – nach Deutschland geflüchtet. In Lüneburg lässt er sich am Dienstag gegen 18 Uhr in einem kleinen Hotel nieder. Dem Portier erscheint er nicht verdächtig, was kein Wunder ist, denn Dostal trägt sich unter dem Namen „Albrecht" ein. Am nächsten Tag wird der Hotelchef stutzig, weil sein Gast schon seit über 24 Stunden das Zimmer nicht verlassen hat. Als er in das Zimmer Dostals kommt, findet er den Mann erschossen auf. Neben ihm liegt eine aufgeschlagene Zeitung, mit der Geschichte über den Tod seines Sohnes. Ganz eindeutig hat Robert Dostal Selbstmord begangen. Mysteriös ist das Gepäck Dostals, er hat einen Koffer voller Geld in seinem Zimmer, insgesamt im Wert von einer Million Schilling in verschiedenen Währungen (Franken, D-Mark und Schilling). Einen Abschiedsbrief hat er nicht hinterlassen. Eine Tatsache, die eine Klärung des komplexen Falles nicht gerade erleichtert. Robert Dostal wäre schließlich für die Behörden der Einzige gewesen, der – vermutlich – die offenen Fragen im Hinblick auf die Motive seines Sohnes hätte klären können. So aber haben sich beide Männer der irdischen Gerechtigkeit entzogen.

Stundenlang lauerten Polizisten dem brutalen Mörder Dostal in dem Bungalow in Altlengbach auf.

Ein fast perfekter Mord

Helmut F. war der nette Bursche von nebenan und einer der besten Filmemacher des ORF. Was keiner ahnen konnte: Hinter der Maske des „Bubis“ steckte ein eiskalter Killer, der den perfekten Mord plante.

Mit Hilfe eines Komplizen setzte Helmut F. seinen Plan in die Tat um. Das Opfer ist der Musik- und Filmproduzent Fritz Köberl, ein ehemaliger ORF-Kollege.

Der Filmemacher Helmut F. wird von Beamten zur Gerichtsverhandlung gebracht.

Ein Talent macht seinen Weg

1977 beginnt Helmut F., damals 18 Jahre alt, beim ORF als freier Mitarbeiter. Ein junges, pickeliges „Bürscherl", das zum Film will. Bereits in den 1970er Jahren hat F. seinen ersten Kontakt mit seinem späteren Mordopfer. Er versucht sich bei dem zwölf Jahre älteren, erfolgreichen Produzenten Köberl beliebt zu machen; schenkt dem Tierliebhaber sogar eines Tages eine Ratte als Haustier. Stets freundlich nach außen, baut sich F. eine Scheinwelt auf. Eine Fassade, hinter der er seine „bösartige" Persönlichkeitsstruktur verstecken kann. Immer darauf aus, sich beliebt zu machen, präsentiert er sich als idealer Kumpel. Es zu „schaffen" und „dazuzugehören", ist ihm das Allerwichtigste. Gute Verbindungen und damit die Macht, andere Menschen beeinflussen zu können, sind für ihn von großer Bedeutung.
Der Jungfilmer heiratet mit 19 Jahren. Mit seiner Frau Brigitte hat er zwei Kinder, eines davon adoptieren sie aus Indien. Er arbeitet sich beim Fernsehen stetig die Karriereleiter herauf, darf unter anderem die Jugendsendung „Okay" moderieren. 1988 erfolgt ein wichtiger Schritt in seiner TV-Karriere: Er berichtet mit einigen Kollegen vom Opernball. Überdies wird er zum erfolgreichen Regisseur der Sendung „Jolly Joker". Es gibt nur eines, wovor sich der Sohn eines Straßenbahners fürchtet – den Fall vom Schickeria-Darling ins bedeutungslose Nichts.

Ein Freund oder sein „böser Geist"?

Viele Jahre vor der bestialischen Bluttat lernt F. den Wirtschaftstreuhänder Dr. Gabor P. kennen. Der gebürtige Ungar und der erfolgshungrige Jungfilmer werden enge Freunde. Beide sind Freimaurer und „Club 45"-Mitglieder. Gabor P. ist ein prahlerischer Angeber, der sich mit seinen guten Beziehungen zu ungarischen und einheimischen Politikern brüstet. So erzählt er jedem, dass er Hannes Androsch gut kenne und diesem bei der Installierung der „Consultatio" (die Steuerfirma des ehemaligen Finanzministers) in Budapest geholfen habe. Androsch nimmt dazu in einem späteren Interview Stellung: „Weder hat Gabor P. mich beraten noch habe ich eine geschäftliche Beziehung mit diesem Mann. Er hat bei der Eröffnung in Budapest ständig darauf gedrängt, mit mir fotografiert zu werden. Der Mann ist seit einem Verkehrsunfall etwas eigenartig, der spinnt!"

Hannes Androsch spricht damit einen Unfall an, den Gabor P. 1988 in Ungarn hatte. Ein Geisterfahrer rammte seinen Wagen frontal, Gabor P. erlitt schwerste Kopfverletzungen. Monatelang lag er im Krankenhaus, bis heute entstellen tiefe Narben sein Gesicht.
Der schwere Autounfall schweißt Helmut F. und Gabor P. erst recht zusammen. Der erfolgsverwöhnte Wirtschaftstreuhänder verliert nach dem Crash viele Freunde, Helmut F. aber hält zu ihm. Neben den äußerlichen Wunden des Autounfalls bleiben auch tiefe Narben in der Seele des Ungarn. Bei jeder Gelegenheit zeigt er Fotos des Wracks; spricht von einem Wunder, dass er das überlebt habe.

Fritz Köberl ging dem Jungregisseur Helmut F. in die Falle. Er ahnte nichts von dem Mordkomplott seines Ex-Kollegen.

Immer wieder gerät Gabor P. in die Schlagzeilen. 1986 etwa steht er gemeinsam mit einem Waffenschieber vor Gericht. Er wird freigesprochen. Auch 1990 rückt er in den Blickpunkt der Öffentlichkeit, als das Kärntner Medienunternehmen Tele UNO AG in Konkurs geht. Gabor P. wird in einer Nacht- und Nebelaktion von den Hauptgläubigern als Vorstand eingesetzt. Dabei kommt es bei der ersten Pressekonferenz zur Tele-UNO-Pleite zu einem skurrilen Vorfall. Gabor P. zieht vor versammelter Presse seine Unfall-Fotos und stöhnt: „Ich komme direkt aus der Hölle – er klopft sich dabei mit der Faust an seinen Kopf –, aber mein Gehirn funktioniert noch.“ Um sich interessant zu machen, behauptet er wieder, ein guter Bekannter von Hannes Androsch zu sein.

Gabor P. wird zum Finanzberater Helmut F.s, und er soll es auch sein, der den talentierten Filmemacher in kriminelles Fahrwasser bringt. Gabor P. nützt seinen Einfluss auf Helmut F., und viele meinten nach dem Mord an Köberl, er wäre nicht nur der Komplize, sondern der „böse Geist“ F.s gewesen.

Die Vorgeschichte des brutalen Verbrechens

1991 kommt Fritz Köberl seinem ehemaligen Bewunderer F. auf die Schliche. Köberl gilt als sehr zuverlässig und übergenau, auch was das Finanzielle betrifft. Deshalb ärgert es ihn sehr, als er mitbekommt, dass Helmut F. ein krummes Ding dreht. F. soll im Auftrag des Sozialministeriums einen Werbefilm über die Situation auf dem Arbeitsmarkt drehen. Dafür engagiert er auch Fritz Köberl. Statt der tatsächlichen Kosten von 100.000,–

Schilling (etwa 7.300,– Euro), verrechnete F.s Filmfirma „Albatros“ dem Ministerium 700.000,– Schilling (ca. 50.100,– Euro). Den Erlös soll er angeblich mit einem Referenten im Ministerium geteilt haben. Köberl bringt die Affäre zur Anzeige und macht den Jungfilmer in der Branche schlecht. Die Filmaufträge gehen zurück, die lukrativsten Arbeiten schnappt ihm sein Konkurrent Köberl vor der Nase weg. Mit dem Erfolg schwindet auch das Ansehen des Sonnyboys schnell. F. steht mit seiner Firma beinahe am Rande der Pleite. Damit hat F. schon einmal ein Rache-Motiv – oder zumindest einen Grund, dem einstigen Vorbild einen Denkzettel zu verpassen. Doch als F. den Ernst der Situation erfasst, erscheint ihm ein Denkzettel allein zu wenig. In seinem Kopf reift der Gedanke, den unliebsamen Konkurrenten zu beseitigen, und zwar für immer. Der Plan nimmt schnell konkrete Formen an. Zusammen mit Gabor P. heckt er im März, also zwei Monate vor der Tat, das teuflische Mordkomplott aus. Nichts soll dem Zufall überlassen werden, sie wollen sich nach allen Richtungen absichern, um ja nicht entdeckt zu werden.

Der Lockvogel

Als Biza N., eine dunkelhaarige Schönheit aus Montenegro, Helmut F. kennen lernt, ahnt sie nicht, dass sie einmal als Komplizin in einem Mordfall gelten wird. Bei Filmarbeiten verliebt sich die rassige Schönheit in den Strahlemann Helmut F. Für sie ist es eine wunderschöne Zeit, bis zu dem Zeitpunkt, als sie von Helmut F. schwanger wird. Ein Alptraum für die Südländerin, die fürchtet, von ihrer Familie verstoßen zu werden. Sie entschließt sich abzutreiben und steht plötzlich allein da. Denn Helmut F. taucht einfach unter und meldet sich nicht mehr bei seiner Geliebten.

Erst Monate später steht er plötzlich wieder vor ihrer Tür und bittet sie um einen Gefallen. Dass der Ex-Liebhaber nicht aus neuerlicher Gefühlsaufwallung zurückkehrt, ist ihr bald klar. Dass er sie für einen Mordplan missbrauchen will, wäre ihr aber im Traum nicht eingefallen. Für Gabor P. und Helmut F. ist Biza N. auf jeden Fall die ideale Frau, um Fritz Köberl in die Falle zu locken. Sie wissen, dass die junge Frau genau der Typ ist, der den Mitvierziger interessiert. Die dunkelhaarige Schöne mit dem Puppengesicht meldet sich unter falschem Namen, nämlich als

„Biliana“, bei Köberl. Sie umgarnt den ahnungslosen Mann, und tatsächlich beißt das Opfer an. Köberl verliebt sich in die Frau und glaubt an die große Liebe. Freunden gegenüber spricht Köberl sogar schon von Heiratsplänen. Doch davor soll Fritz Köberl noch den angeblichen Onkel „Bilianas“ in Budapest kennen lernen. Onkel „Benes“ will den Verlobten seiner Nichte unbedingt in seiner Wohnung im 13. Budapester Bezirk, in der Visegrad Utca 5 b, treffen. In Wirklichkeit hat Gabor P. die Wohnung von einer Filmfirma angemietet. Hier soll der Mord stattfinden. Während Helmut F. und Gabor P. in aller Seelenruhe ihr Mordkomplott planen, zieht sich Köberl immer mehr ins Privatleben zurück. Und obwohl er „Biliana“ heiraten will, möchte er vorher hinter das Mysterium dieser Frau kommen. Die anfängliche Faszination, die Biza auf den Mann ausübt, ist in der Zwischenzeit nämlich reiner Neugier gewichen. Köberl dämmert es bereits, dass etwas nicht stimmt bei der ganzen Sache, aber er will unbedingt ergründen, was dahintersteckt. Er willigt also ein, mit ihr nach Budapest zu fahren. Ein erster Termin am 14. Mai kommt nicht zustande, da Gabor P. verhindert ist. Das Treffen wird auf den 21. Mai verschoben.

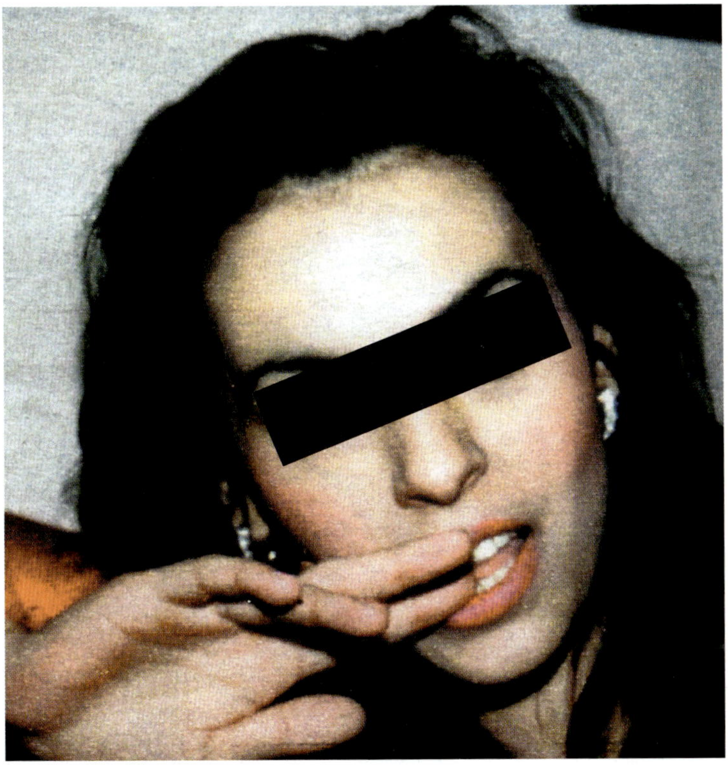

Biza N. („Biliane“) diente Helmut F. und Gabor P. als schöner Lockvogel, um Köberl nach Budapest zu locken.

Die tödliche Falle

Zwei Tage vor dem verhängnisvollen Treffen besorgt Biza im Auftrag F.s eine Pistole und Munition. Ihr einstiger Geliebter sagt ihr den „wahren Grund“ für das Treffen mit Köberl in Budapest. Er erzählt Biza von dem amerikanischen Filmproduzenten Jabor Gurkoff, den Gabor P. und er vor einigen Jahren kennen gelernt haben. Dieser Gurkoff, ein angeblicher Freund Köberls, begeisterte die beiden für ein Filmprojekt, für das er aber dringend Geld brauchte. F. hat dem gebürtigen Bulgaren daraufhin über 600.000,– Schilling (43.600,– Euro), Gabor P. sogar 1,6 Millionen Schilling (116.000,– Euro) geliehen. Doch dieses Geld sahen sie nie wieder. Weder eine Anzeige noch Interventionen bei Köberl halfen. Die beiden wollen es sich zurückholen, indem sie Köberl einschüchtern. Laut Plan wollten sie – so Helmut F. zu Biza N. – nur seine Zunge mit Alkohol „lockern“, um zu erfahren, ob Köberl über den Betrug Bescheid wusste.
Biza gab sich mit der Erklärung zufrieden, schließlich gab es für sie keinen ersichtlichen Grund, dahinter eine mörderische Absicht Helmut F.s zu erkennen. Helmut F. aber hatte ein weiteres Motiv. Nicht nur Rache an dem unliebsamen Konkurrenten, auch viel Geld war nun im Spiel. Aktenkundig ist, dass Helmut F. dem ominösen Bulgaren Geld für eine angebliche Hollywood-Produktion vorgestreckt hatte und dass dieser Mann kurz vor dem Mord untergetaucht ist. (International wurde Jabor [auch Javor] Gurkoff alias Gourkov alias Kourkov alias Bakalov zu diesem Zeitpunkt auch wegen Mordes gesucht. Ob er tatsächlich mit Fritz Köberl bekannt gewesen war, konnte nicht erwiesen werden.)

Den 21. Mai beginnt Helmut F. gut gelaunt wie immer. Er ruft noch einen Freund an, dann begibt er sich an den Tatort. Helmut F. kommt maskiert mit einem blonden Bart und wartet in einem Nebenzimmer der Wohnung auf das Eintreffen von Köberl und Gabor P. Gabor P. als „Onkel Benes“ und Biza treffen inzwischen Fritz Köberl vor einem Hotel in der Budapester Innenstadt. Gabor P. führt ihn dann zu „seiner Wohnung“ und schickt Biza zum Einkaufen weg. Schließlich wollen sich die beiden Männer ja in Ruhe über die bevorstehende Hochzeit unterhalten. Der freundliche Onkel serviert Köberl Mehlspeisen und Barrack, und es dauert gar nicht lange, bis Köberl sehr müde wird. Er ahnt nicht, dass Gabor P. dem Schnaps starke Schlafmittel beigemischt hat.

Halb dösend unterschreibt er noch eine Blankovollmacht. Dann schläft er auf der Couch ein. Gabor P. holt seinen Freund Helmut F. aus dem Nebenzimmer. Vorsorglich hat Gabor P. die Wohnungsnachbarn informiert, dass es in der Wohnung auf Grund von Renovierungsarbeiten laut werden könnte.

Der Mord

Helmut F. geht, mit der Pistole in der Hand, auf den schlafenden Köberl zu. Aus nächster Nähe schießt er ihm insgesamt viermal in den Hals. Gemeinsam ziehen die beiden Männer den toten Köberl aus und schleppen seine Leiche ins Badezimmer. Dort hieven sie ihn in die Wanne. Helmut F. holt einen elektrischen Fuchsschwanz – den er Tage zuvor für Gartenarbeiten gekauft hat – und beginnt sein grausames Werk. Nicht allein, denn anhand der späteren Gerichtsgutachten konnte nachgewiesen werden, dass an Köberls Leiche mit zwei verschiedenen Sägen gearbeitet wurde. Helmut F. und Gabor P. beginnen mit der Zerstückelung des Toten und sägen ihm zuerst die Beine ab. Auch ein Häcksler kommt zum Einsatz. Die Leiche soll in möglichst kleine Stücke zerlegt werden, mehr noch, sie soll bis zur Unkenntlichkeit zermalmt werden. Also werfen sie die rechte Hand des Opfers in den Häcksler. Zwar wird die Hand zu einem unförmigen Klumpen verformt, doch damit ist der Häcksler derartig verklebt, dass er nicht mehr verwendbar ist.

Mindestens zwei bis drei Stunden sägen die Männer an der Leiche des Tonstudiobesitzers herum. Sogar seinen Kopf zerlegen sie in zwei Teile, um eine spätere Identifizierung zu erschweren. Nach der Vollendung ihres grausamen Werkes verpacken sie die Leichenteile in mehrere Müllsäcke und transportieren sie in Köberls Nissan. Sie verteilen die Säcke in den Müllcontainern einer Wohnsiedlung in der Annahme, dass die Leiche von Köberl so für immer verschwinden würde. Danach säubern sie die Wohnung und lassen sich in einer Pension nieder. Der perfekte Mord scheint gelungen.
Doch wie so oft führt „Kommissar Zufall“ Regie. Am nächsten Tag, den 22. Mai, durchwühlt ein Obdachloser auf der Suche nach etwas Brauchbarem die Mülltonnen. Entsetzt prallt er zurück. Dem Sandler bleibt beinahe das Herz stehen, als er in einem Müllsack ein blutiges „Stück Mensch“ findet. Er holt die Polizei.

Der Mörder als Doppelgänger

Die Mistkübel werden gelehrt, nach und nach ergeben die einzelnen Leichenteile einen kompletten Körper. Einzig ein paar Stücke vom Rumpf bleiben verschwunden. Wochen vergehen, bis der unbekannte Tote endlich identifiziert werden kann.

In der Zwischenzeit nimmt Helmut F. die Identität Köberls an. Er ist mit falschem Bart, Perücke sowie den Kreditkarten Köberls unterwegs. Falsche Spuren sollen beweisen, dass Köberl noch am Leben ist. Die Freunde Fritz Köberls sollen glauben, dass der 46-Jährige sein Geschäft aufgeben will und einfach ausgestiegen ist. Helmut F. fliegt nach London, weist sich mit Köberls Pass aus und fälscht dessen Unterschrift auf einer Generalvollmacht zu Gabor P.s Gunsten. Damit wollen die beiden Köberls Tonstudio verkaufen und somit ein Vermögen von etwa 15 Millionen Schilling (etwa 1,1 Millionen Euro) an sich bringen. Auf diese Weise hoffen beide, ihre finanziellen Probleme bereinigen zu können. Der Schickeria-Sonnyboy Helmut F. hat sich 1989 mit einem Hauskauf in Hietzing übernommen, und auch Gabor P. ist pleite. An Günter P., einen Freund Köberls, schreibt er einen Brief, den er mit dem von einem Originalbrief abkopierten Schriftzug „Fritz" unterschreibt. An Köberls 74-jährige Tante Hedwig (seine einzige lebende Verwandte in Wien) verschickt er gefälschte Briefe. Er ist sogar so unverfroren, die ältere Dame anzurufen und sich als „Fritz" auszugeben. So am 23. Mai und noch einmal vier Tage später aus Belgrad. Dieser Tante erzählt er, dass er mit seiner großen Liebe „Biliane" eine Weltreise machen wird. Zwar glaubt Tante Hedwig tatsächlich, mit ihrem Neffen zu telefonieren. Später gibt sie jedoch zu Protokoll: „Ich war schon argwöhnisch. Ich dachte, entweder hat Fritz Drogen genommen oder eine Pistole im Genick."

Helmut F. telefoniert als vermeintlicher Köberl auch mit der Bank; der Höhepunkt seiner schauspielerischen Leistung ist wohl sein Auftritt in „Köberl-Maske" beim österreichischen Konsulat in London. Womit Helmut F. und Gabor P. nicht rechnen, ist die Hartnäckigkeit der Freunde Fritz Köberls. Sie machen eine Abgängigkeitsanzeige, weil keiner so recht an den „Ausstieg" Köberls glauben will. Der Mann ist als extrem pünktlich und zuverlässig bekannt, es passt sogar nicht in sein Bild, dass er, ohne Bescheid zu sagen, zu Dreharbeiten nicht auftaucht. Ein

Detektiv wird engagiert und mit Nachforschungen beauftragt. Wie in einem Puzzle fügt sich ein Teil an das andere. Mit Hilfe von Fingerabdrücken, die man auf Gläsern im Geschirrspüler fand sowie der Abgängigkeitsanzeige aus Wien kann der Tote nach Wochen als Fritz Köberl identifiziert werden. Und dann geht es Schlag auf Schlag. Die Budapester Polizei gibt den entscheidenden Hinweis, mit wem Köberl in der ungarischen Hauptstadt zusammengetroffen ist. Und dann bricht das mühsam aufgebaute Kartenhaus der beiden Verbrecher zusammen. Ermittlungen im Bekanntenkreis des Opfers bringen die Fahnder auf die Spur des Jung-Regisseurs. Dabei macht sich Helmut F. verdächtig, weil er seine ehemalige Geliebte nicht kennen wollte. Am Sonntag, den 14. Juni 1992, verhaftet die Polizei Helmut F. unter dringendem Mordverdacht. Nach einem Teilgeständnis Helmut F.s wird auch sein Komplize Dr. Gabor P. verhaftet. Einige Tage später kann auch Biza N. auf der Insel Mallorca verhaftet werden.

Die Verhandlung

Eineinhalb Jahre sitzen die beiden Männer in Untersuchungshaft, dann beginnt am 6. Dezember 1993 die Verhandlung gegen Helmut F. und Gabor P. Wie nicht anders zu erwarten, schieben sich die beiden gegenseitig die Schuld zu. Helmut F. redet sogar von einem „dritten Mann“, der der eigentliche Täter gewesen sein soll. Ein geheimnisvoller Ex-KGB-Mann namens „Boris Pjetkin“ habe laut Helmut F. die Schüsse auf Köberl abgegeben. Auf die Frage, warum Helmut F. nicht schon früher von Pjetkin gesprochen habe, meint Helmut F.: „Er hat uns große Angst eingeflößt. Ich weiß von Gurkoff, dass mit diesen Leuten nicht zu spaßen ist. Pjetkin hat mich an den Armen gepackt und angeschrieen. Er hat gedroht, meine Familie umzubringen, wenn ich ihn verrate.“

Gabor P. wiederum schildert, wie er von Helmut F. überredet worden ist, sich als Onkel von Biza auszugeben und wie Helmut F. ihn dazu brachte, Köberl, den er bis dahin angeblich gar nicht kannte, nach Budapest einzuladen. Beide behaupten, sie hätten Köberl nur blamieren wollen, als verschmähten Liebhaber oder als ahnungslosen Kokaintransporteur. Aber niemals sei geplant gewesen, ihn zu ermorden. Auch für die ganze groteske Inszenierung nach Köberls Tot hat Helmut F. eine Erklärung parat. „Es ging nicht um Köberls Vermögen. Das diente doch nur dazu,

den Fritz am Leben zu erhalten, ungeschehen zu machen, was passiert ist!" Auf die Frage des Richters, wie man einen Mord „ungeschehen" machen könnte, sagte Helmut F.: „Sie sagen Mord – ich sage, es war kein Mord."
Immer mehr wird klar, dass Helmut F. in eine Traumwelt abdriftet. Er selbst wirkte wie willenlos und ferngesteuert, erzählt von „Strahlen" und „schwarzen Raben". Von einer zersägten Leiche habe er nichts gesehen. Obwohl er nach seiner Verhaftung ein umfassendes Geständnis abgelegt hat, kann er sich plötzlich nicht mehr erinnern, wer Köberls Leiche beseitigt hat. Selbst den Mord will er nur akustisch aus dem Nebenzimmer mitverfolgt haben.

Er will sich offensichtlich nicht mehr an den Tod Köberls erinnern. Im Laufe der Verhandlungen kommen auch Gerichtspsychiater zu Wort. Sie sind der Meinung, dass Helmut F. „hochintelligent", aber „ausgeprägt neurotisch" sei. Je intelligenter ein Mensch ist, desto mehr Möglichkeiten findet er, das Unerträgliche zu verdrängen. Er sei darauf eingestellt gewesen, sich beliebt zu machen. Die Sachverständigen attestieren Helmut F. ein

Der einstige Society-Liebling muss sich vor Gericht wegen Mordes an dem Filmproduzenten Fritz Köberl verantworten.

„Borderline-Syndrom". So wird das Grenzgebiet zwischen „normalen" Neurosen und Geisteskrankheit bezeichnet; es markiert eine Art Grauzone. Betroffene bewegen sich zwischen Wirklichkeit und Phantasie: Unter Stress „kippen" sie, gehen über die Grenze und sind plötzlich fähig, Dinge zu tun, die man bei ihnen nie für möglich gehalten hätte. Trotzdem kommen die Psychiater zu dem Schluss, dass Helmut F. zurechnungsfähig ist und für die Tat verantwortlich gemacht werden könne.

Die wichtigste Zeugin, Biza N., kommt am letzten Verhandlungstag zu Wort, allerdings nicht persönlich. Ihre Protokolle werden verlesen. Danach war alles geplant, was Helmut F. und Gabor P. gemacht haben. Sie selbst wäre nur benutzt worden. Sie habe Helmut F. geglaubt, der ihr erzählt habe, für Interpol zu arbeiten. Niemals hätte sie Helmut F. so etwas Böses zugetraut. Dass er Köberl umbringen könnte, erschien ihr vollkommen unmöglich. Nachdem sie aber nichts mehr von Köberl gehört hatte, kam ihr die Sache sehr eigenartig vor. Die entscheidenden Hinweise zur Verhaftung Helmut F.s und Gabor P.s kamen schließlich von Biza N.

Helmut F. wird am 22. Dezember 1993 zu lebenslanger Haft verurteilt. Sein Komplize Gabor P. zu 20 Jahren Haft. Am 13. Oktober 1994 bestätigt der Oberste Gerichtshof das Urteil gegen F. Ebenfalls auf lebenslange Haft erhöhte das Höchstgericht die Strafe Gabor P.s. Die Begründung: Es sei unerheblich, wer die tödlichen Schüsse abgefeuert habe. Schon die gemeinsame Planung des Verbrechens lasse keinen Unterschied in der Strafbemessung zu.

Einer der besten Filmemacher des ORF plante den Krimi seines Lebens, den perfekten Mord, der aber auch ihm nicht gelang. Jeder Täter macht einen Fehler und sei er noch so winzig.

Der Muttermörder

Eine übermächtige Mutter, die an allem,
was ihrem Sohn Freude bereitet,
etwas auszusetzen hat. Ein Sohn,
der keinen Ausweg mehr sieht,
als diese Frau aus seinem Leben
zu entfernen, und zwar für immer.

Michael T. tötet seine Mutter und enthauptet sie. Wie eine Trophäe stellt er ihren Kopf in die Auslage ihrer Boutique. Vom verhätschelten Muttersöhnchen zum grausamen Mörder – für den damals 26-Jährigen war es nur ein kleiner Schritt.

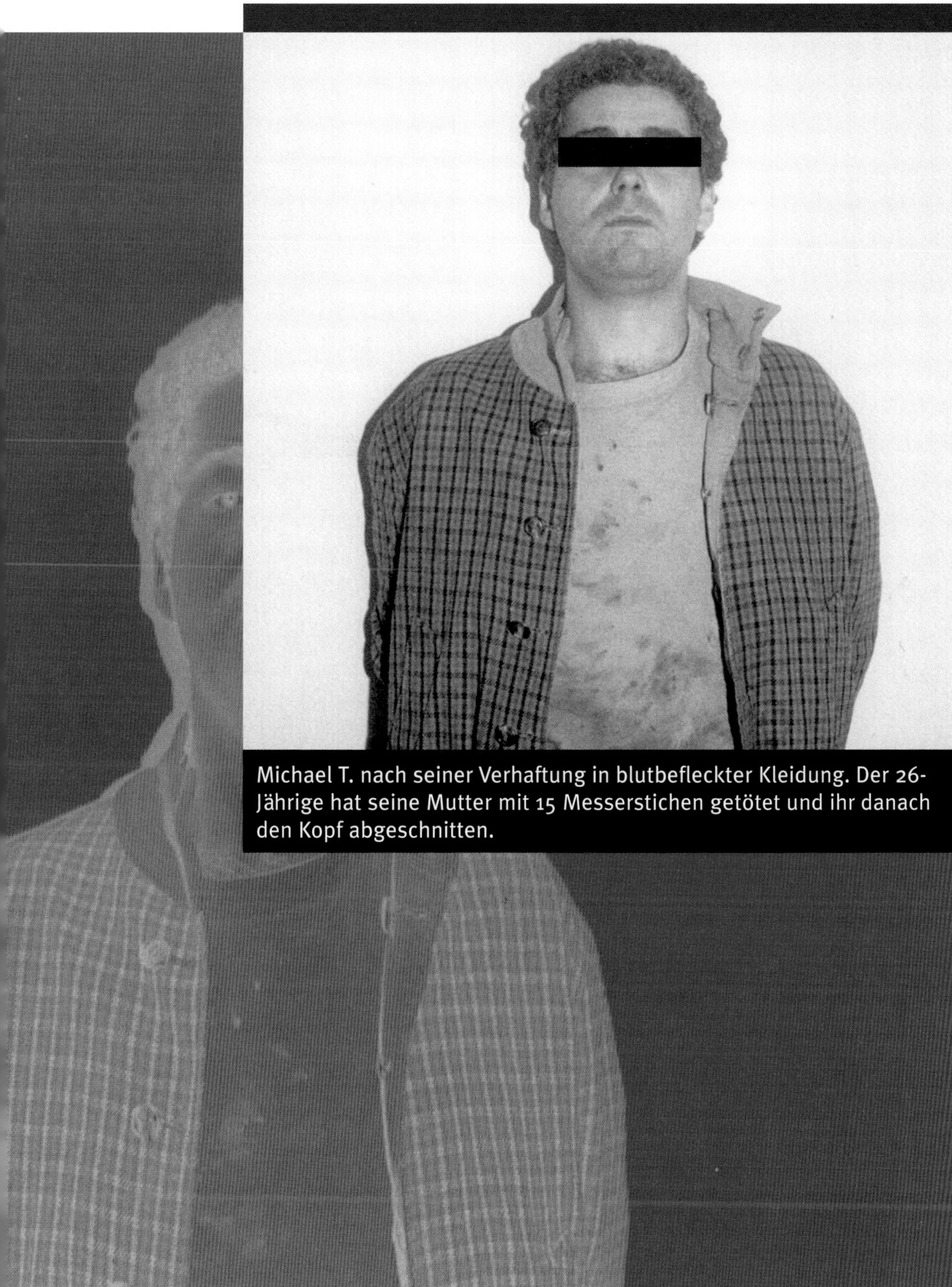

Michael T. nach seiner Verhaftung in blutbefleckter Kleidung. Der 26-Jährige hat seine Mutter mit 15 Messerstichen getötet und ihr danach den Kopf abgeschnitten.

Sein Leben vor der Bluttat

Michael Christian T. ist schwer geisteskrank. Menschen, die ihm nahe stehen, fragen sich nach dem Warum, fragen nach den ersten Anzeichen seiner psychischen Erkrankung. Geliebt und behütet wächst er auf. Der kleine Bub ist der Augenstern seines Vaters Gabor T., das Allerwichtigste in seinem Leben. Michael steht ihm näher als seine beiden Töchter aus erster Ehe. Das einzig Auffällige in seiner Kindheit ist die besondere Intelligenz des Jungen. Als sich seine Eltern trennen, wächst Michael von seinem dritten Lebensjahr an bei seiner Mutter auf. Auch die Mutter überschüttet ihn mit Liebe. Michael wächst heran und wird zum unauffälligen Teenager.

Auch beim Bundesheer gibt es keine Probleme. Michael T. meldet sich als Einjährig-Freiwilliger, bringt es aber nur bis zum Fähnrich und schlägt dann die Reserveoffiziers-Laufbahn ein. Aber eine Loslösung von seiner Mutter gelingt ihm auch in dieser Phase nicht. Mit den Jahren wird die Mutter übermächtig, die Kontrolle, die sie auf ihren mittlerweile erwachsenen Sohn ausübt, wird für diesen mehr und mehr unerträglich.
Wenn ihr die Freundin des Sohnes nicht zusagt, muss er sich von dem Mädchen trennen. (Eine ehemalige Freundin berichtet nach der Verhaftung Michael T.s, wie sehr der sensible, stets ruhige junge Mann unter seiner dominanten Mutter gelitten hat.) Wenn er zu lange joggen geht, verfällt die gebürtige Ungarin in Wutausbrüche. Sie beschimpft ihn, wenn er zu viel raucht und mischt sich in alle Dinge seines Lebens ein. Auf der anderen Seite verwöhnt sie ihren Sohn über die Maßen. Anfang 1992 kauft sie Michael eine eigene Wohnung in Wien-Döbling. Die Mutter beschafft nicht nur die luxuriöse Einrichtung für seine neue Bleibe in der Himmelstraße, sie zahlt auch die laufenden Betriebskosten. Der Student lebt gut auf Kosten der Mutter. Wann immer er einen Wunsch äußert, wird er von der Mutter erfüllt. Egal wie teuer, der verwöhnte Sohn bekommt es. Selbst als er ein Auto will, überlegt die Frau nicht lange und kauft es. Alle Nachbarn, Verwandten und Bekannten der Frau wundern sich, wie sehr sie sich um ihren Sohn kümmert. Zu viel, wie sie im Nachhinein sagen werden.

Michael T. führt ein luxuriöses Studentenleben. Der Informatikstudent pflegt Kontakte zu Akademikern, Professoren der Wirtschaftsuniversität und auch zu Künstlern. Und alle sind sich einig: Michael T. ist ein liebenswürdiger, intelligenter junger Mann, mit dem es nie Probleme gibt.

Doch einige Zeit vor der schrecklichen Tat beginnt Michael T. sich zu verändern, auch äußerlich. Er zieht sich immer mehr zurück, sagt sich von seinen Freunden los, die ihn – so scheint es Michael T. – nicht mehr verstünden. Könnte ein Grund für dieses Verhalten möglicherweise der Tod seines Vaters vor wenigen Monaten gewesen sein?

Die schreckliche Tat

Schon Stunden vor dem eigentlichen Mord beginnt das Martyrium der 59-jährigen Ildiko T. Der WU-Student hat wieder einmal in der Wohnung seiner Mutter in der Gentzgasse 14 in Wien-Währing übernachtet. Schon in der Nacht von Samstag, dem 27. März 1993, auf Sonntag haben Nachbarn die beiden ziemlich heftig streiten gehört. In den Morgenstunden des Sonntags geht der Streit wieder los. Man kann Mutter und Sohn im ganzen Haus schreien hören. Aber niemand findet es der Mühe wert, einzuschreiten oder die Polizei zu verständigen. Michael T. tobt weiter und hämmert mit seinen Fäusten gegen die Wände. Dabei ruft er ununterbrochen „Faschist, Faschist!".

Seine Mutter versucht ihn zu beruhigen. Kurz nach neun Uhr dreht der junge Mann total durch. Er nimmt einen Hirschfänger und stößt ihn seiner Mutter in den Oberkörper. Wieder hören die Nachbarn gellende Schreie aus der Wohnung, aber keiner kümmert sich weiter darum. Schließlich ist es in den letzten Wochen in der Wohnung der attraktiven Boutique-Besitzerin öfter ziemlich laut zugegangen. Michael T. sticht immer wieder auf seine Mutter ein. Gegen 10 Uhr verstummen die Schreie. Doch selbst, als die Frau längst tot ist, sticht er wie von Sinnen weiter in den reglosen Körper ein, gezählte 15 Mal. Als er seine Wahnsinnstat vollbracht hat, schleppt er die Leiche seiner Mutter vom Wohnzimmer in die Küche. Dort beginnt er, die Frau regelrecht auszuweiden. Er schlitzt ihr den Bauch auf, und entnimmt ihre Gedärme sowie Herz, Leber und Nieren. Mit einem großen Wiegemesser – das man normalerweise zum Kräuterschneiden benutzt – schneidet er seiner Mutter den Kopf ab. Den Kopf der Mutter packt er in einen Plastiksack.

Das Opfer des geistesgestörten Mörders Michael T.: seine eigene Mutter Ildiko T.

Als der 26-Jährige die Wohnung verlässt und mit dem Lift ins Erdgeschoss des Hauses fährt, wird er von einem Nachbarn beobachtet. Der Mann sieht den Plastiksack in Michael T.s Hand und bemerkt, dass Blut aus diesem tropft. Schlimmes ahnend, spricht er den offensichtlich verwirrten Nachbarssohn auf die lautstarke Auseinandersetzung an und fragt: „Was war denn los, geht es deiner Mutter gut?“ Michael T. öffnet den Sack, zeigt dem Mann den Inhalt und sagt nur knapp: „Meinen Sie die da? Ich habe sie umgebracht!“ Entsetzt prallt der Nachbar zurück, als er den abgetrennten Kopf der Frau sieht. Während der geschockte Zeuge daraufhin die Polizei alarmiert, geht Michael T. seelenruhig, mit dem Sack in der Hand, aus dem Haus, hinter sich eine breite Blutspur herziehend. Er geht einige hundert Meter zu der Boutique seiner Mutter in der nahen Kutschkergasse 44. Dort zertrümmert er die Auslagenscheibe und drapiert den Kopf seiner Mutter in der Mitte der Auslage. Im Hals steckt der Hirschfänger, mit dem er sie erstochen hat, ganz so, als ob er ein erlegtes Stück Wild hat präsentieren wollen. Auch im Geschäft tobt der Geistesgestörte weiter. Er verwüstet einen Großteil der Einrichtung, rafft Kleidungstücke zusammen und wirft sie in den Schanigarten der gegenüberliegenden Pizzeria „Roma“. Der Besitzer des Lokals, Dino E., ist entsetzt. Michael T. schreit immerzu: „Scheiß Frau ...“ und versucht, die Kleidungsstücke anzuzünden. Der Pizzeriabesitzer informiert in der Zwischenzeit die Polizei. Michael T. geht auch noch in die Pizzeria, um zu telefonieren. Da treffen die Beamten ein und nehmen den Mann im blutverschmierten Trainingsanzug fest.

Michael T. ist zwar voll geständig, spricht aber in wirren Worten: „Ich weiß, ich habe getötet. Vielleicht werde ich jetzt zum Leutnant befördert.“ Als hätte es seine Mutter geahnt, sprach sie kurz vor ihrem gewaltsamen Tod mit Freunden. Sie machte sich Sorgen, weil sie an der Psyche ihres Sohnes Michael beängstigende Veränderungen festgestellt hatte. Dass der verhätschelte Sohn zu ihrem Mörder werden würde, damit konnte die Frau nicht rechnen.

Das Motiv des Geisteskranken

Bei den Vernehmungen Michael T.s stellt sich schnell heraus, dass der Mann psychisch gestört ist. Im Polizeiverhör gibt er wirres Zeug von sich: „Ich weiß, dass ich meine Mutter getötet habe. Ich tat es, um die Welt vom Teufel zu befreien. Sie wollte alles Gold der Welt an sich reißen. Und ich würde es jederzeit wieder tun." Aids hält er für eine mathematische Formel; alle Computer seien vernetzt und sowieso sei eine große Weltverschwörung gegen den Informatikstudenten im Gange.

Dann erklärt er den Beamten: „Ich weiß, wie man Menschen umbringt. Ich hoffe, jetzt zum Leutnant befördert zu werden." Immer wieder spricht er von übersinnlichen Verbindungen und einer Stimme, die ihm den Mord an der Mutter befohlen hat. Trotz seiner wirren Sätze machte er einen relativ gelassenen Eindruck.

Michael T. sieht seine grauenhafte Bluttat als Gefallen, den er der Menschheit erwiesen hat. Er glaubt tatsächlich, Millionen Menschen das Leben gerettet zu haben. Schließlich sei seine Mutter der Teufel gewesen, deshalb musste er sie töten. Für den WU-Studenten spielen Zahlen eine große Rolle. Sie bestimmen derart sein Leben, dass er auch im Geburtsdatum seiner Mutter nur Schlechtes sieht. „Meine Mutter wurde an einem Tag mit negativem Datum geboren. Sie wurde dadurch böse – sie war der Teufel!" Diese Frau, so Michael T., musste vor dem 1. April 1993 sterben, sonst wäre es zu spät gewesen. Denn dann hätte sie die „Weltherrschaft" übernommen, und das hätte „Millionen Menschen" das Leben gekostet. Er kann sich genau an jede Einzelheit des grausigen Mordes erinnern und beschreibt detailgenau das brutale Verbrechen.
Er musste ihre Leiche so zerstückeln, sonst wäre seine Mutter „wiederauferstanden". Der „Körper des Teufels muss vollkommen zerstört werden" – so begründet er seine Wahnsinnstat. Es dauert nicht lange und Michael T. wird aus seiner Zelle im Landesgericht in die Spitalsabteilung übersiedelt. Dort steht er unter ständiger Beobachtung durch das Pflegepersonal, angeordnet von Dr. Nadja B., der Konsiliarpsychiaterin des Landesgerichtes. Nadja B. sieht bei Michael T. viele Anhaltspunkte für eine tief greifende psychische Erkrankung, genauer: für eine Schizophrenie. Anders als bei einem „normalen" Mord, hat Michael T. an seiner Mutter eine Art „Ritualmord" begangen. Dass Michael T. keine Reue zeigt, ist für Psychotiker nicht ungewöhnlich. Man könne nicht erwarten, so Nadja B., dass solche Menschen wie Gesunde reagieren: „Ein Schizophrener kann eine tieftraurige Geschichte erzählen und dabei lachen."

Michael T., der für den Zeitpunkt der Tat als „unzurechnungsfähig" erklärt wird und daher nie verurteilt wird, landet schließlich in der geschlossenen Abteilung des Psychiatrischen Krankenhauses Baumgartner Höhe, Pavillon 23. In seinem Fall kommt das so genannte Maßnahmenrecht (Strafgesetzbuch, Paragraph 21) zur Anwendung. Absatz 1 bezieht sich dabei auf Täter, die zum Tatzeitpunkt „nicht zurechnungsfähig" waren. Im Gegensatz zu „normalen" Tätern wird keine Strafe ausgesprochen, sondern es erfolgt eine Einweisung in eine geschlossene Anstalt. Die Dauer der „Anhaltung" (bis zu lebenslang) richtet sich nach dem Zustand des Täters. Die Prognose, ob weitere Straftaten zu befürchten sind oder nicht, wird von Gerichtssachverständigen mit Hilfe der Ärzte erstellt; sie kann aber nur einen bestimmten Grad der Wahrscheinlichkeit angeben.

Vom Gesetz sind jährliche gerichtliche Überprüfungen vorgesehen, ob die stationäre Unterbringung noch gerechtfertigt ist. Und obwohl so eine Untersuchung im Sommer 1995 ergibt, dass Michael T. noch lange nicht als geheilt gelten kann, glaubt ein Bewohner des Hauses Gentzgasse 14 seinen Augen nicht zu trau-

Der brutale Mörder Michael T. bei seiner Verhaftung in der Nähe der Boutique seiner Mutter. Nach dem Mord hat er das Geschäft der Frau komplett verwüstet und ihren Kopf in der Auslage drapiert.

en. Ende August 1995 begegnet er dem Muttermörder im Stiegenhaus. Michael T. grüßt den Mann freundlich. Verständlicherweise versetzt das plötzliche Auftauchen Michael T.s die Bewohner des Hauses in Angst und Schrecken. Wie kann es sein, dass der geisteskranke Mörder schon wieder auf freiem Fuß ist?

Auf Nachfragen erfahren die Hausbewohner und ehemaligen Nachbarn Ildiko T.s den Grund für das ominöse Auftauchen des Mannes. Michael T. erhält für Behördenwege und für die Räumung der Wohnung ein paar Stunden Ausgang. Natürlich immer unter der Aufsicht einer Therapeutin oder einer anderen „Kontaktperson", etwa aus der Familie. Aber an eine Entlassung sei in seinem Fall nicht gedacht!

Wieder in Freiheit

1994 werden Michael T. bereits erste kurze Freigänge erlaubt. Laufend erfolgen weitere Lockerungen, Michael T. ist in den Augen der Psychiater ein „Musterpatient". Er macht in der Therapie große Fortschritte, die verordneten Medikamente zeigen Wirkung und schon bald verschwinden seine Wahnvorstellungen. Bereitwillig erzählt der Patient über sich und seine Tat sowie über die seit jeher schwierige Beziehung zu seiner Mutter. Nach einiger Zeit darf Michael T. wieder zur Uni; er darf sein Studium fortsetzen, Vorlesungen besuchen und auch einmal bei Freunden nächtigen. Er nimmt sogar eine Stelle bei einer EDV-Firma an und baut sich noch während seines Klinikaufenthaltes ein neues Leben auf. Dann kommt der Tag seiner – bedingten – Entlassung; es ist der 21. Juni 1999. Vier Psychiater kommen in insgesamt sieben Gutachten zu dem Schluss, dass Michael T. keine weitere Betreuung in einer psychiatrischen Klinik benötige. Seine Verfolgungsphantasien sind verschwunden, er nimmt seine Medikamente pünktlich ein, und es gibt keine erkennbaren Anzeichen dafür, dass dieser Mann jemals wieder einen gefährlichen „psychotischen Rückfall" erleiden würde. Einzige Auflage des Gerichtsbeschlusses: Michael T. muss sich weiterhin einer Therapie unterziehen und vor allem regelmäßig seine Medikamente verabreicht bekommen. Überdies sind alle drei Monate im Pavillon 23 der „Baumgartner Höhe" Kontrollen notwendig. Fast ein Jahr lang geht alles gut. Sein Leben in Freiheit läuft problemlos, er erfüllt alle Auflagen des Gerichts und scheint psychisch stabil zu sein. Bis zum Mai 2000, da erscheint Michael T. nicht zu einem vorgeschriebenen Untersuchungstermin. Sofort meldet der Leiter des Pavillons 23 Michael T. bei der Justiz, gleichzeitig äußert er den Verdacht, dass sein Patient möglicherweise nach Ungarn gefahren sein könnte.

Und tatsächlich, Michael T. hat sich in das Land seiner Vorfahren abgesetzt – mit der Erbschaft seiner Mutter, denn Michael T. durfte erben, weil er ja auf Grund seines Geisteszustands zur Tatzeit nicht für ihren Tot verantwortlich gemacht werden konnte. Er hat eine Summe von fünf Millionen Schilling (ca. 363.000,– Euro) in der Tasche. Das Geld benutzt Michael T., um sich selbstständig zu machen.

Es kommt zu keiner Rückholaktion durch die österreichische Justiz, da der einstige Muttermörder mit Schriftstücken belegen kann, dass er in Ungarn einer Arbeit nachgeht, einen festen Wohnsitz hat und in psychiatrischer Behandlung ist. Er lebt in einer kleinen ungarischen Kurstadt nahe der rumänischen Grenze und gründet eine Firma, die mit Hanfprodukten handelt. Außerdem versucht er Güter, die seinen adligen Vorfahren gehört haben, zurückzufordern. Ohne Erfolg, schon nach wenigen Monaten geht er Pleite. Im Oktober 2000 ist der Mann bereits völlig mittellos. Auf einmal bricht alles über ihn herein. Michael T. setzt seine Medikamente ab, beginnt zu trinken und bekommt wieder Wahnvorstellungen. Von der Idee besessen, sein Zimmervermieter Tibor K. wäre Mitglied einer Mafia-Organisation, fällt Michael T. am 21. November 2000 mit einem Messer über den Mann her.

Nur das Eingreifen eines Angestellten K.s ist es zu verdanken, dass Michael T. sein Werk nicht vollenden kann. Tibor K. war nämlich die Veränderung seines stets freundlichen und ruhigen Pensionsgastes in den Tagen vor dem 21. November aufgefallen, deshalb bat er auch einen Angestellten, mitzugehen, als Michael T. ihn zu sich ins Zimmer rief. Die beiden Männer schaffen es, den tobenden Michael T. in das Zimmer zu sperren und die Polizei zu verständigen.

Michael T. kommt in eine geschlossene psychiatrische Klinik in Debrecen. Hohe Dosen an Medikamenten werden ihm täglich verabreicht, er wird ruhig gestellt. Von den Ärzten wird Michael T.

als „gefährlich“ eingestuft, schließlich kennen sie seine Vorgeschichte.

Im Februar 2001 kommt Michael T. wieder nach Österreich zurück. Er wird in der Justizanstalt Josefstadt, in der gesonderten Abteilung der Krankenstation, in U-Haft genommen. Dem 35-Jährigen wird nach wenigen Wochen der Prozess wegen schwerer Nötigung gemacht. Neuerlich wird er für „unzurechnungsfähig“ erklärt und in eine Anstalt für abnorme Rechtsbrecher eingeliefert. Es bleibt die Frage, was passieren wird, wenn Michael T. wieder so rasche Fortschritte macht?

Der Salzburger Taximord

1993 beschäftigte der brutale Mord an einer jungen Taxilenkerin Salzburgs Kriminalisten. Bereits fünf Tage nach der Tat gestand ein junger Mann den Mord an der 28-jährigen Claudia Deubler.

Wie sich Jahre später herausstellen sollte, handelte es sich dabei um einen unglaublichen Justizirrtum; der Verdächtige saß jahrelang unschuldig im Gefängnis. Bis heute konnte der wahre Mörder Claudia Deublers nicht gefunden werden.

Bis heute konnte der wahre Mörder von Claudia Deubler nicht ermittelt werden.

Die Mordnacht

Die hübsche, blonde Taxifahrerin Claudia Deubler hat am 5. Juli 1993 Nachtdienst. Sie fährt in dieser schwülen Sommernacht mit ihrem dunkelblauen Ford Sierra Kombi durch Salzburg. Gegen 23.20 Uhr meldet sie sich in der Taxi-Funkzentrale, sie hat gerade einen Fahrgast in der Griesgasse abgesetzt. Zehn Minuten später sieht sie ein Kollege im Bereich des Flughafens. Er beobachtet, wie sie Richtung Wals fährt. Laut späterer Aussage des Taxilenkers soll sie einen männlichen Fahrgast chauffiert haben. War das ihr Mörder?

Passanten entdecken die Leiche der 28-Jährigen kurz nach Mitternacht, bei der Einfahrt zu einem Sand- und Kieswerk im Walser Ortsteil Käferheim, an der Peripherie Salzburgs. Die Tote liegt halb auf der Straße, mit dem Oberkörper lehnt sie noch im Auto. Todesursache: Ein Kopfschuss – der Mörder schoss aus nächster Nähe. Möglicherweise benutzte der Täter einen Schlachtschussapparat als Waffe. Auch über das Motiv rätseln die Ermittler. War der Unbekannte nur auf Geld aus, oder handelte es sich um einen Mord aus Eifersucht? Wollte der Täter einen Raubmord nur vortäuschen?

Nach dem Mord durchwühlt der Mann das Taxi, viel hat er dabei aber nicht erbeutet. Etwa 2.000 Schilling (etwa 145,– Euro) – soviel eben die anderen Fahrgäste im Laufe des Abends bezahlt hatten. Die Auto- und Wohnungsschlüssel der Frau sind später nicht mehr auffindbar.

Einzige Hoffnung der Fahnder auf eine brauchbare Spur zum Täter ist ein dunkler Fingerling aus Wolle, der in der Nähe des Taxis gefunden wird.

Bereits Stunden nach der Tat forscht die Exekutive einen Mann aus, den Passanten zu jener Zeit, als Deublers Mörder ins Taxi gestiegen sein muss, mit einer Waffe durch die Innenstadt gehen sahen. Doch der Verdächtige hat ein Alibi, er kommt für die Bluttat nicht in Frage. Auch nach dem ehemaligen Freund des Opfers, dem gebürtigen Kroaten Drazen F. wird gefahndet. Der Mann ist in Österreich mit einem Aufenthaltsverbot belegt, er dürfte sich vermutlich in Deutschland oder im Mittelmeerraum aufhalten. Bekannte von Claudia Deubler würden ihm ohne weiteres einen Mord aus Eifersucht zutrauen. Für die Kriminalisten deutet einiges darauf hin, dass die Taxifahrerin

ihren Mörder gekannt haben dürfte. Laut Obduktion hat sie sich nicht gewehrt, ihre Kleidung war unversehrt. Nach Zeugenaussagen stand das Taxi längere Zeit mit eingeschaltetem Licht und geschlossenen Türen am späteren Tatort. Was passierte in dieser Zeit im Taxi Claudia Deublers?

Das Opfer: Die Salzburger Taxifahrerin Claudia Deubler, die im Juli 1993 von einem Unbekannten ermordet wird.

Die Aussage des Ex-Freundes

Erste Hoffnungen, im Fall Deubler einige Schritte weiterzukommen, haben die Kriminalisten, nachdem sich am 8. Juli ihr Ex-Freund telefonisch bei der Gendarmerie meldet und sich dazu bereit erklärt, eine Aussage zu machen. Das Aufenthaltsverbot

gegen Drazen F. soll deshalb ausgesetzt werden, das Gespräch mit ihm soll helfen, einige Widersprüche zu klären. Nach Recherchen der Kriminalisten soll sich der Mann in Zuhälterkreisen bewegen. Deshalb sei es auch zum Ende der Beziehung mit Claudia Deubler gekommen, die von diesem Milieu nämlich nichts wissen wollte.
Doch bevor es zu der Aussage des Kroaten kommt, ergibt sich eine überraschende Wende im Fall der ermordeten Taxifahrerin. Ein 19-jähriger Präsenzdiener – Peter H. aus Oberösterreich – gesteht den Mord.

Der junge Mann wird am Donnerstag nach dem Verbrechen festgenommen, nachdem die Beamten bereits einen Tag nach der Ermordung Deublers seine Spur aufgenommen hatten. Den entscheidenden Hinweis liefert der Oberkellner einer Pizzeria in Wals, der von dem Verdächtigen kurz nach der Tat nach dem Weg zum Salzburger Bahnhof gefragt worden sei. Der 45-jährige Kellner führt den Soldaten – nach einem Blick in dessen Wehrdienstbuch – nach Salzburg. Einzelne Daten daraus kann er tags darauf der Gendarmerie nennen und die Fahnder auf die Spur des mutmaßlichen Mörders bringen.

Das Geständnis von Peter H.

Die Vernehmung des Präsenzdieners aus Gmunden gestaltet sich ziemlich zäh. Zuerst gesteht der Soldat die Bluttat vom 5. Juli, dann widerruft er, legt ein Teilgeständnis ab, um neuerlich zu widerrufen. Bis er schließlich endgültig ein Geständnis ablegt, wobei er aber die Mordabsicht bestreitet. Und so schildert Peter H. den Beamten die Ereignisse der Mordnacht: Montagabend fuhr er per Bahn nach Salzburg. Am Bahnhof bestieg er das Taxi von Claudia Deubler. Er ließ sich nach Wals chauffieren, obwohl er zu wenig Geld für den Fuhrlohn hatte und nicht zu seiner Kaserne wollte. Unterwegs habe er sich – nachdem er nach einem Streit mit seiner Freundin vom Bundesheer desertieren wollte – spontan zum Raub entschlossen. In der Hosentasche hatte er einen Signalstift, wie ihn Bergsteiger in Notfällen verwenden. (Solche Geschosse sind frei erhältlich.) Er bedrohte die Taxilenkerin mit der „Waffe“, hielt ihr den Signalstift an den Hals und zwang sie, an einen ruhigen Platz zu fahren. Sie versuchte noch den jungen Mann zur Aufgabe zu überreden. Nachdem Peter H. ihr die Brieftasche entrissen hatte, versuchte

Die Polizei verhaftete den Präsenzdiener Peter H., der viele Jahre unschuldig im Gefängnis verbringen musste. Erst im Mai 2003 wird er endgültig freigesprochen.

die Frau zu flüchten. Dabei löste sich das Signalgeschoss und traf die Frau im Kopf. Die tödliche Wirkung beim Abfeuern aus nächster Nähe sei ihm aber nicht bewusst gewesen. Für die Kriminalisten steht die Schuld Peter H.s fest, schließlich sprechen jede Menge Indizien gegen den Verdächtigen. Mittlerweile hatte sich überdies herausgestellt, dass Drazen F., der Ex-Freund der Ermordeten, für die Tatnacht ein Alibi aufweisen konnte.

Eine Woche nach dem Mord findet die Einäscherung von Claudia Deubler am Salzburger Kommunalfriedhof statt. Rund 300 Taxilenker fahren im Trauerkonvoi durch die Stadt, die gesamte Kollegenschaft und zahlreiche Fahrgäste verabschieden sich von der Getöteten mit Blumenkränzen. Nur zwei Stunden später muss der Tatverdächtige in Wals-Käferheim beim Lokalaugenschein die Tat demonstrieren. Danach kommt Peter H. in U-Haft, wo er auf seinen Prozess warten muss.

Der Mordprozess

Im Mai 1994 beginnt der Prozess gegen den verdächtigen Präsenzdiener, der angeklagt ist, am 5. Juli 1993 die Salzburger Taxilenkerin Claudia Deubler mit einem umgebauten Signalstift getötet zu haben. Peter H. bleibt bei seiner Aussage, zum Tatzeitpunkt überhaupt nicht in Salzburg gewesen zu sein. Mehrere Zeugen geben zu Protokoll, den Angeklagten am Mordabend zwischen 22.00 Uhr und 22.30 Uhr in einem Lokal in Gmunden gesehen zu haben. So behauptet Ulrike H., eine Bekannte von Peter H. und seiner damaligen Freundin Claudia Sch., das Paar zwischen 22.00 Uhr und 22.15 Uhr im „Freizeitclub Gmunden" gesehen zu haben. Auch Wolfgang A., ein Bekannter von Peter H., und Scott U., der Lokalbesitzer, sagen aus, Peter H. sogar noch um 22.30 Uhr dort angetroffen zu haben. Es wäre daher beinahe unmöglich für Peter H. gewesen, ohne eigenen PKW zuerst noch nach Hause und dann nach Salzburg zu fahren, um dort zwischen 23.00 und 23.30 Uhr in ein Taxi zu steigen. Die Staatsanwältin glaubt den Entlastungszeugen aber nicht; sie stellt gegen U. und A. sogar Strafantrag wegen des Verdachts der falschen Zeugenaussage. Im Juni 1994 wird der 19-Jährige schließlich zu 20 Jahren Gefängnis verurteilt.

Unschuldig im Gefängnis?

Im Jahr 1999 schöpft der mittlerweile 24-jährige Peter H. Hoffnung, dass sich seine immer wieder beteuerte Unschuld doch noch herausstellen könnte. Sein Anwalt Franz Gerald H. stellt bereits zum dritten Mal einen Antrag auf Wiederaufnahme des Verfahrens. Neue Zeugen, ein neues Gutachten und neue Beweisstücke werfen plötzlich ein ganz anderes Licht auf den Fall.

Vier Frauen melden sich bei Peter H.s Anwalt und erschüttern mit ihren Aussagen die Glaubwürdigkeit des Kellners Matiar B., der damals den Hinweis für die Festnahme Peter H.s gab. Die Zeugen sagen aus, dass der Kellner Peter H. nicht mit seinem Auto mitgenommen hat. Der Widerspruch wurde vor sechs Jahren nicht ernst genommen, die Kripo nahm damals nicht einmal die Personalien der Frauen auf.

Gespannt kann man auch auf das Gutachten sein, das klären soll, aus welcher Waffe der tödliche Schuss wirklich abgefeuert wurde. Denn als im April 1998 eine verrostete Wehrmachtspistole in der Nähe des Tatortes gefunden wurde, tauchten Zweifel an der Schuld Peter H.s auf. Beim ersten Prozess ging man ja noch davon aus, dass die Tat mit einem umgebauten Signalstift ausgeführt wurde. Der Waffenexperte Guido Zobl ist nach mehreren Versuchen davon überzeugt, dass dieser Signalstift auf Grund seines Kalibers als Waffe nicht in Frage kommen kann. Schon einmal wurde mit diesem Gutachten der Antrag auf Wiederaufnahme gestellt. Das Gericht lehnte aber mit der Begründung ab, dass Zobl kein eingetragener Sachverständiger sei.
Weiters will Anwalt Franz Gerald H., dass Tomi Sch. – der von mehreren Seiten verdächtigt wurde – noch einmal zum Mordfall befragt wird. Nach dem Geständnis Peter H.s, das er später widerrufen hatte, wurde gar nicht mehr nach anderen Spuren gesucht.

Dasselbe Gericht, dieselben Beamten und dieselbe Staatsanwältin müssen nun darüber entscheiden, ob ihre Verurteilung ein Justizirrtum war. Ob damit ein faires Verfahren gesichert ist?

Im August 1999 muss Tomi Sch., der von einigen Personen als der eigentliche Mörder Claudia Deublers verdächtigt wird, wegen einer Messerattacke in U-Haft.
Im Oktober 1999 zeichnet sich eine sensationelle Wende im Salzburger Taximord ab. Ein neues Gutachten über die Schusswaffe wurde von dem prominenten „Fuchs-Gutachter" Ingo Wieser und dem Gerichtsmediziner Johann Missliwetz gemeinsam erstellt. Darin wird festgehalten, dass „ein umgebauter Signalstift mit an Sicherheit grenzender Wahrscheinlichkeit als Tatwaffe auszuschließen ist".

Der Signalstift wurde damals bei Peter H. bei der Hausdurchsuchung gefunden. Die Kriminalisten gingen davon aus, dass es sich dabei um die Tatwaffe handeln muss. 1998 wird auf Initiative von Anwalt Franz Gerald H. der Tatort noch einmal genauer untersucht. Der entscheidende Fund: eine Walther P 38, Kaliber 9

Millimeter Para. Und genau jenes Kaliber ist als Tatgeschoss nicht auszuschließen. Peter H.s Anwalt stellt daraufhin einen Enthaftungsantrag – es soll so bald wie möglich zu einer Neuverhandlung des Salzburger Taximordes kommen. Aber auch Anfang 2000 bleibt die Wiederaufnahme im Fall Claudia Deubler offen. Der Akt wird vom OLG Linz nach Salzburg mit der Begründung zurückgeschickt, dass das beigelegte Schussgutachten noch nicht ausreicht, um den Prozess neu aufzurollen. Zu Recht ist Peter H.s Anwalt über diese Entscheidung sehr verärgert: „Die Anklage war beim Prozess auch zentral auf den Signalstift als Tatwaffe aufgebaut."

Erst im Jänner 2001 stimmt der Salzburger Senat einer Wiederaufnahme zu. Nach sieben Jahren Gefängnis besteht endlich eine Chance für den Stein-Häftling Peter H. Im neuen Prozess kann der 27-Jährige vielleicht endlich seine Schuldlosigkeit im Mordfall Deubler beweisen. Gespannt warten alle auf die Reaktion der Staatsanwaltschaft. Wird wieder Beschwerde eingelegt, und gibt es damit eine neuerliche Verzögerung auf Kosten des Inhaftierten?

Im März 2001 sitzt Peter H. nicht mehr wegen Mordes hinter Gittern, sondern – als unbescholtener Mann – wieder in Untersuchungshaft. Das Strafverfahren beginnt mit der Voruntersuchung noch einmal ganz von vorne. Das Oberlandesgericht in Linz ist endlich der Sichtweise von Peter H.s Anwalt gefolgt. Der argumentiert schließlich seit Jahren, dass sein Mandant schuldlos sei.

Auch in der Bevölkerung mehren sich die Stimmen, die von der Unschuld Peter H.s überzeugt sind. Wildfremde Menschen beginnen Geld für die Kaution zu sammeln, und die Mutter Peter H.s ist überwältigt von der Hilfsbereitschaft. Dennoch ist Elfriede H. skeptisch, ob ihr Sohn in einem neuen Verfahren wirklich freigesprochen wird: „Mein Sohn ist jetzt seit knapp acht Jahren unschuldig im Gefängnis. Ich habe das Vertrauen verloren. Er hat aber immer noch Hoffnung, dass er rauskommt."

Im zweiten Anlauf

Und wirklich, Peter H. wird im Mai 2001 vorzeitig – gegen Kaution – aus der Haft entlassen und muss sich knapp zwei Jahre später ein zweites Mal vor Gericht wegen des Mordes an Claudia Deubler verantworten. Am 17. März 2003 steht Peter H. wieder vor Gericht. 41 Zeugen, neue Beweismittel und Gutachten sollen helfen zu klären, ob es sich bei der seinerzeitigen Verurteilung des Mannes um einen Justizirrtum handelte. Der Prozess ist für mehrere Wochen anberaumt. Peter H. und seine beiden Verteidiger wollen die Geschworenen davon überzeugen, dass zwei Salzburger für den Mord verantwortlich sind, nämlich der drogenabhängige Daniel N. und der einschlägig vorbestrafte Tomi Sch. Diese beiden Männer sollen sich gegenüber ihren Bekannten als Mörder von Claudia Deubler geoutet haben. Peter H.s Anwalt wirft den Untersuchungsbeamten und der Staatsanwaltschaft vor, schlampig gearbeitet zu haben: „Man hat nicht geprüft, ob die beiden als Täter in Frage kommen. Durch den Druck der Taxiinnung hat man sich vorschnell auf einen Täter festgelegt und das später untermauert. Die beiden Männer wissen Details, die sie nur als Täter kennen können."

Auch auf die Pannen bei der Ermittlungsarbeit wird eingegangen. So wurden Schmauchspuren an der Leiche einfach abgewaschen. Der Schlüsselbund des Opfers und die mögliche Tatwaffe wurden erst Jahre später am Tatort gefunden. Trotzdem steht für die Staatsanwältin fest, dass Peter H. vollkommen zu Recht bereits acht Jahre im Gefängnis verbracht hat. Schließlich hat er fünf Geständnisse abgelegt, auch wenn er diese später widerrufen hat. Und er hat die Tat beim Lokalaugenschein genau geschildert und über die Höhe der Beute Bescheid gewusst.

Elfriede H. entlastet ihren Sohn. Sie gibt an, dass Peter H. um 22.30 Uhr betrunken nach Hause kam. Nachdem der Tatzeitpunkt mit 23.30 Uhr angegeben wurde, „konnte es sich also nicht ausgehen, von Gmunden nach Salzburg zu kommen und jemanden umzubringen", so der Anwalt Peter H.s.

Es gilt auch zu klären, warum Peter H. die Tat gestanden hat, obwohl er laut eigener Aussage mit dem Mord an Claudia Deubler nichts zu tun haben will. „Mein Geständnis war ein Kurzschluss, ich habe keinen Ausweg mehr gewusst und wollte nur meine Ruhe haben." Mit einem psychiatrischen Gutachten will Peter H.s Anwalt beweisen, dass sein Mandant den Polizeiverhören nicht gewachsen war. Vor Gericht sagt Peter H. aus, dass er am Abend des Mordes in Gmunden gemeinsam mit seiner Freundin mehrere Lokale besucht habe und sich danach betrunken in der Wohnung seiner Mutter ins Bett gelegt habe. Dem gegenüber steht die Aussage eines 52-jährigen Pakistani, der angeblich mit Peter H. in der Mordnacht im Wagen eines Arbeitskollegen mitgefahren sein will. Obwohl er Peter H. vor Gericht als jenen Mann identifiziert, der in Wals ins Auto gestiegen ist, hegt Richter Reifenberger seine Zweifel. Der Zeuge konnte den Angeklagten nämlich nur im Halbdunkel gesehen haben. Außerdem setzte er seine Unterschrift damals unter eine Aussage, die er gar nicht lesen konnte. Auf die Frage, warum er den keinen Dolmetscher verlangt habe, meinte der Pakistani nur, dass er wahrscheinlich eingeschüchtert gewesen wäre.

Die chaotischen Ermittlungsarbeiten im Fall Deubler rufen bei den Zuhörern im Gerichtssaal nur ungläubiges Kopfschütteln hervor. Anscheinend wusste keiner so genau, was eigentlich der andere tat. So erzählt ein 54-jähriger Beamter, dass etwa der Tatort „auch nicht so klassisch abgesperrt" war. Überdies verstrickt sich der Beamte bei seinen weiteren Aussagen immer mehr in Widersprüche. Bis es dem Richter zu bunt wird. Er belehrt den Zeugen, „dass eine Aussage vor Gericht auch falsch ist, wenn etwas nicht gesagt wird".

Auch die Mutter des Angeklagten wird zu den Ereignissen in der Tatnacht befragt. „Ich bin mir sicher, dass der Peter nicht der Mörder ist. Er ist die ganze Nacht im Bett gelegen. Wenn er noch einmal weggegangen wäre, hätte ich ihn gehört." Besonderes Gewicht hat ihre Aussage aber wieder nicht. Bereits bei der ersten Einvernahme 1993 meinten die Beamten: „Sie sind ja die Mutter. Sie wollen ihren Sohn nur schützen." Man ließ die Frau deshalb damals gar keine Aussage machen, dafür erzählt sie jetzt vor Gericht, was sie in der Tatnacht beobachtet hat. „Ich hab immer noch kontrolliert, ob Peter eh nicht mit der Zigarette in der Hand eingeschlafen ist. In der Früh ist er um sechs Uhr aufgestanden. Wäre er noch einmal weggegangen, hätte ich das bemerkt. Er hat ja keinen Schlüssel, deshalb hätte er, ohne anzuläuten, gar nicht in die Wohnung kommen können", sagt die Gmundnerin aus.

Von der Verteidigung wird eine ehemalige Mitschülerin von Daniel N. als Zeugin beantragt. Der Jugendliche soll dem Mädchen kurz nach der Tat erzählt haben, dass er der Mörder sei. Ein Jahr nach dem Mord, kurz nach der Verurteilung Peter H.s, legte er ein Geständnis vor der Gendarmerie ab, das er aber

Fortsetzung der Ns mit [redacted]
v. 23.06.1994 Blatt - 1 -

(3

der Tomi von hinten sitzend den Fuhrlohn von ca. S 120,--.
Vorher hat der Tomi bereits versucht die Taxifahrerin zu erschießen. Ich habe sicherlich gesehen, daß der Tomi , berichtige ich hab nur ein Klicken gehört und nicht gesehen, wo Tomi hingezielt hat. Ich habe nämlich mit ihr geredet. Wir quatschen glaublich über die Szene oder sowas. Ich weiß nicht ob sie das Klicken, wahrgenommen hat. Ich habe mir beim Klicken folgendes dabei gedacht, zuerst glaubte ich er spielt sich nur oder er will sie erschießen oder es war etwas anderes ich habe ja nicht sofort auf die Pistole gedacht. Nach dem Zahlen, dann stieg ich auch aus dem Taxi und der Tomi hat plötzlich einen Bauchkrampf bekommen, bzw. hat er so getan. Dann hat Tomi die Türe hinten aufgemacht und hat sich gekrümmt aus dem Auto gedreht und saß er mit dem Hintern noch auf der Sitzbank und seine Füße waren auf der Fahrbahn. Dabei habe ich mir folgende gedacht, ich war zu diesem Zeitpunk total imStreß, weil ich das Klicken gehört habe, ich habe immer nur gedacht, was da mit dem Klicken war. Ich wußte wirklich nicht ob er es gespielt hat oder ob er weiter tut. Ich ging hinterm Taxi zu Tomi rüber ich und die Taxifahrerin sind ziemlich gleich beim To mi angekommen. Ich stand vom Tomi gesehen, links und die Taxifahrerin rechts. Wie sie sich umdrehte, hat der Tomi, jetzt zeichne ich ein Skizze, weil ich es dann besser beschreiben kann. Der Tomi ist aufg sprungen und hat mit der Pistole auf die Taxifahrerin gezielt und geschossen. Es machte einen Tusch und die Taxifahrerin, fiel sofort in sich zusammen. Sie fiel zusammen, wie eine Puppe, die aufgehängt ist und wenn man die Schnur abschneidet. Ab da habe ich es nur in einem Sekundenfilm gesehen. Lauter Standbilder hintereinander. Ich weiß nicht mehr ob ich die Beifahrertüre offenstehenließ oder ob ich sie zugeschlagen habe. Die Lage der Frau, habe ich auch schon gezeichnet und ist sie glaublich so gelegen, daß sie mit dem Kopf am Fahrzeug angelehnt war. Die Hände waren sicherlich, d.h. eine Hand war parallel zur Fahrertüre.
Der Tomi schrie sie an, wo ist die Kohle (glaublich hat er auch noch gesagt, sonst setzt noch einen Schuß) und die Frau hat wenn ich mich richtig erinnere, mit dieser Hand noch eine Bewegung gemacht. Sehr gering jedoch. Es kann auch noch sein, daß sie gesagt hat, holt die

widerrief. Vor Gericht erzählt Daniel N. aber wieder etwas ganz anderes. Er entlastet – wie schon 1994 – zwar den Angeklagten Peter H., beschuldigt aber seinen damaligen Freund Tomi Sch., die Taxilenkerin ermordet zu haben. „Ich wollte mit Sch. nach

Ein Auszug aus dem Geständnis von Daniel N., der seinen Bekannten Tomi Sch. des Mordes an Claudia Deubler bezichtigte.

Amsterdam fahren, um Gras zu rauchen. Da wir kein Geld hatten, beschlossen wir, ein Taxi zu überfallen. Von Mord war nie die Rede!“ Zum Tatzeitpunkt war Daniel N. gerade einmal 15 Jahre alt. Detailgetreu schildert er den Tathergang, seine Aussage vor der Gendarmerie 1994 hatte er widerrufen, nachdem ihn die Gendarmen unter Druck gesetzt hatten. Angeblich drohten die Beamten ihm, es sich gut zu überlegen, was er sagt, sonst würde er im Gefängnis landen.

Die Aussagen einiger Belastungszeugen beginnen zu wackeln, und Peter H. bekommt am Ende der zweiten Prozesswoche ein weiteres Stückchen Freiheit. Er darf sich nun – da mehrere Zeugen den 26-jährigen Tomi Sch. für den Mord verantwortlich machen – auch außerhalb seiner Heimatstadt Gmunden bewegen. Tomi Sch. verweigert die Aussage, er befindet sich zur Zeit des Prozesses wegen schweren Raubes gerade in Untersuchungshaft.

Während des Prozesses wird auch ein Lokalaugenschein vorgenommen. Bei strömendem Regen sollen sich die Geschworenen ein Bild von den Vorgängen in der Nacht des 5. Juli 1993 machen. Mit versteinerter Miene verfolgt Peter H. das Geschehen. Mit dabei ist auch Daniel N. Am Tatort schildert er erneut, wie er und Tomi Sch. mit der Taxilenkerin mitgefahren sind. Der 25-Jährige zeigt jene Stellen, wo sein Freund die Waffe und die Wagenschlüssel entsorgt hat. Der Salzburger kann entscheidende Details angeben, die ihn zu einem ernst zu nehmenden Zeugen machen.

Auch die Schussgutachter präsentieren ihre Ergebnisse. Wie daraus hervorgeht, ist ein Signalstift als Waffe auszuschließen. „Selbst mit einem Signalstift, auf den ein Schießbecher für Leuchtmunition aufgeschraubt würde, lassen sich die Verletzungen wie bei der getöteten Taxifahrerin nicht erzielen“, so ein Sachverständiger. Mit einer röntgenologischen Untersuchung wurde festgestellt, dass ein Geschoss von 9 Millimetern die Schusswunde erzeugt haben könnte. Damit würde die in der Nähe des Tatortes gefundene Walter P38 als Tatwaffe in Frage kommen.

Interessant ist auch das Gutachten des Gerichtspsychiaters Bernhard Mitterauer. Er glaubt, dass das Mordgeständnis Peter H.s tatsächlich unwahr sein könnte. Leider soll aber auch Peter

H.s größter Entlastungszeuge Daniel N. zur Tatzeit nicht zurechnungsfähig gewesen sein. Auf Mitterauer wirkte Peter H. 1993 „zurechnungsfähig, aber auch emotional labil und depressiv". Zwar schließt der Gutachter ein „Geständnis unter autoritärem Druck aus, aber sehr wohl sei es möglich, einem Menschen ein detailliertes Geständnis durch mehrmaliges Wiederholen einzureden".

Auch Daniel N. wurde 1994 von diesem Gerichtspsychologen untersucht. „Er war drogenabhängig und in seiner Persönlichkeitsentwicklung gestört. Er konnte Phantasie und Realität nicht unterscheiden", sagte Professor Mitterauer über den damals 16-Jährigen.

Eine weitere Überraschung im Taximord-Prozess ist die Anzeige gegen sechs Kripo-Beamte wegen Amtsmissbrauchs. Die Männer werden verdächtigt, Urkunden unterdrückt und gefälscht zu haben sowie eine falsche Beweisaussage gemacht zu haben. Bereits während ihrer Aussagen beim Prozess treten Ermittlungslücken, schlampige Arbeitsweise und fahrlässiger Umgang mit Beweismaterial zu Tage. Der Anwalt Peter H.s unterstellt den Beamten, dass Beweise und Aussagen zum Nachteil seines Mandanten zurechtgebogen worden seien. Die Mordakte Deubler bleibt ein verwirrendes Puzzlespiel mit einer Menge Ungereimtheiten.

Der letzte Akt im Mordprozess

Mitte Mai 2003 geht der Prozess um den Mord an Claudia Deubler in die Endphase. Die letzten Zeugen werden gehört, und Peter H. spricht erstmals selbst im Verlauf der Verhandlungen.

Er erzählt über seine Verhaftung: „Ich dachte zuerst, es geht um meine Abwesenheit beim Bundesheer. Erst später hat man mir gesagt, es handelt sich um einen Mord in Salzburg." Zeugen hätten ihn gesehen, eine Brieftasche mit seinen Fingerabdrücken sei sichergestellt worden. Auch ein Foto der Ermordeten hätte man ihm gezeigt: „Ich habe nicht mehr gewusst, was ich machen soll. Ein Beamter hat mir gesagt, ein Geständnis wäre gescheiter, weil ich dann billiger davon komme", sagt Peter H. Details des Tatherganges habe er nur von den Aussagen der Kriminalisten übernommen. Auf die Frage, warum er sein Geständnis widerrief, antwortet Peter H.: „Mir wurde klar, dass die Beamten meine Unschuld nicht herausbekommen.“ In ihrem Schlussplädoyer betonte Staatsanwältin erneut, dass es an der Schuld von Peter H. keinen Zweifel geben könnte. Sie gibt zwar zu, dass Pannen passiert seien, sagt aber gleichzeitig, dass man nicht gleich von Amtsmissbrauch sprechen könne, wenn „sich ein Gendarm nicht mehr an jeden Handzettel erinnern kann“. Im Gegensatz dazu bestätigt Peter H.s Verteidiger noch einmal, dass sein Mandant nicht der Täter sein könnte. Für ihn ist es der „größte polizeiliche Ermittlungsskandal“.

Sollte Peter H. für schuldig befunden werden, beträgt der Strafrahmen maximal zehn Jahre. Das Strafgesetz war in der Zwischenzeit nämlich novelliert worden, demnach gilt Peter H. für den Tatzeitpunkt (damals war er 19 Jahre alt) als junger Erwachsener. Im schlimmsten Fall müsste er also noch zwei Jahre absitzen.

Am 16. Mai 2003 ist es dann soweit: Die Geschworenen sollen über Schuld oder Unschuld von Peter H. entscheiden. Und tatsächlich, Peter H. wird freigesprochen. Mit Tränen in den Augen hört er das Urteil. Die Geschworenen stimmten einstimmig – nach zweieinhalb Stunden Beratung – für den Freispruch ab. Nach ihrer Ansicht gibt es keine Beweise dafür, dass Peter H. die Taxifahrerin im Juli 1993 ermordet hat.

Auf der Suche nach dem Mörder

Auch 2004, elf Jahre nach dem Mord, weiß man noch immer nicht, wer Claudia Deubler erschossen hat. Seit dem Freispruch von Peter H. haben die Ermittler zwei andere Verdächtige ins Visier genommen. Gegen Tomi Sch. wird wegen Mordverdachts Strafanzeige erstattet. Daniel N. wird wegen schweren Raubes angezeigt. Tomi Sch. wird zum Mord verhört. Er will sich seine Aussagen aber für das Gericht vorbehalten. Der 27-Jährige ist kein unbeschriebenes Blatt für die Beamten. Unter anderem bekam er schon Strafen, weil er einen Taxifahrer mit einem Messer bedroht hatte und einen Drogenermittler berauben wollte.

Inzwischen kämpft der 30-jährige Oberösterreicher Peter H. mit den finanziellen und seelischen Folgen seines Gefängnisaufenthaltes. Acht Jahre Stein haben Spuren hinterlassen. Trotzdem konnte Peter H. im Alltag wieder Fuß fassen. Er arbeitet als Fliesenleger und besucht Kurse, um sich beruflich weiterzubilden. Sein Anwalt Gerald H. kämpft seit dem Freispruch seines Mandantens um eine Entschädigung von 1,15 Millionen Euro – 27 Cent für jede Minute, die Peter H. schuldlos im Gefängnis verbringen musste!

Ein blutiger Rosenkrieg

Ein Scheidungskrieg um hunderte Millionen Schilling, ein mysteriöses Schussattentat auf einen Anwalt, ein unschuldiges Opfer und die Jagd nach dessen Mörder:

Die Geschichte über das Ehepaar F. liest sich wie das Drehbuch für einen unglaublichen Hollywood-Thriller.

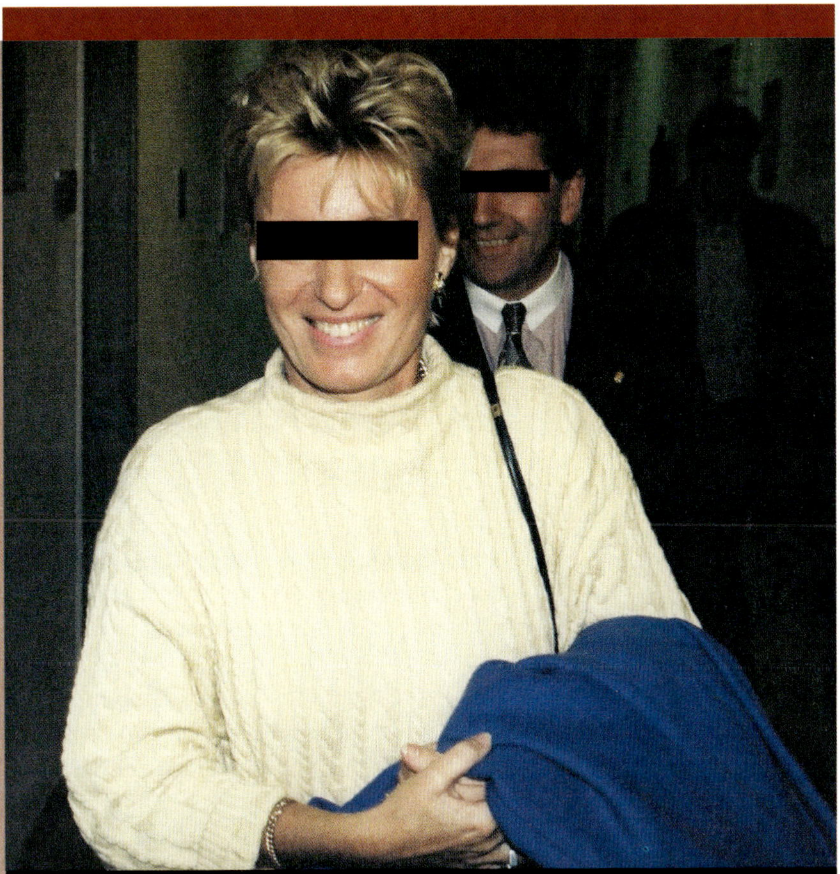

Renate F. bei ihrer Vorführung im Sicherheitsbüro in Wien

Das Attentat

Es ist Montag, der 20. Februar 1995, 7.30 Uhr in der Früh. In der kleinen Konditorei in Hietzing, Ecke Auhofstraße und Tuersgasse, herrscht schon reger Betrieb. An einem der Tische sitzt der Anwalt Dr. Axel F. mit einer Bekannten beim Frühstück. Plötzlich tritt ein etwa 30-jähriger, dunkelhaariger Mann auf die beiden zu. Wortlos zielt er mit seiner Pistole auf den Anwalt und schießt ihm aus ca. einem Meter Entfernung in den rechten Unterarm und in das linke Bein. Dann verlässt der Mann die Konditorei. Axel F. merkt zuerst gar nicht, dass er getroffen ist. Er steht auf und sieht, dass er blutet. In diesem Moment kommt der Schütze zurück. Axel F. hält sich einen Stuhl vor den Körper, um sich zu schützen. Der Täter schießt noch zweimal auf ihn, ohne ihn zu treffen. Dann verlässt er das Lokal und läuft Richtung Hietzinger Kai davon. Zeuge des Vorfalles wird der Kriminalbeamte Christian Gillinger, vom Kommissariat Wien-Währing. Der 44-Jährige hat dienstfrei und will gerade Krapfen für die Geburtstagsfeier seines achtjährigen Sohnes kaufen. Gillinger nimmt sofort die Verfolgung auf und lässt dabei anscheinend außer Acht, dass er nur mit einem Kleinkaliberrevolver (NAA Arms Derringer) bewaffnet ist. Im Dienst trägt er normalerweise großkalibrige Waffen. In der Bergenstammgasse eröffnet der Gejagte das Feuer auf den Kriminalbeamten und schießt zweimal auf Gillinger. Dabei trifft er die Scheibe eines geparkten Autos.

Christian Gillinger schießt zurück, verfehlt aber ebenfalls sein Ziel. Der engagierte Kriminalbeamte stoppt daraufhin den PKW von Gabriela K., schwingt sich auf den Beifahrersitz und ersucht die Frau, dem Attentäter nachzufahren. Mittlerweile ist der Flüchtende auf die Bordwand eines vorbeifahrenden LKW aufgesprungen. Er hält sich an der Plane fest, die Beine auf dem Kennzeichen abgestützt. Der LKW-Fahrer merkte gar nichts von seinem blinden Passagier. Die „Jagd“ führt bis vor das Schloss Schönbrunn. Dort zwingt eine rote Ampel Täter und Verfolger zum Halten.

Der Attentäter springt vom LKW und läuft um den Wagen seines Verfolgers herum. Im selben Moment will Gillinger aussteigen und wird, ohne Chance auf Gegenwehr, von dem Mann erschossen. Dann flüchtet der Killer, dabei nimmt er noch die Waffe des Beamten an sich. Gabriela K. versucht einige Autofahrer zu stop-

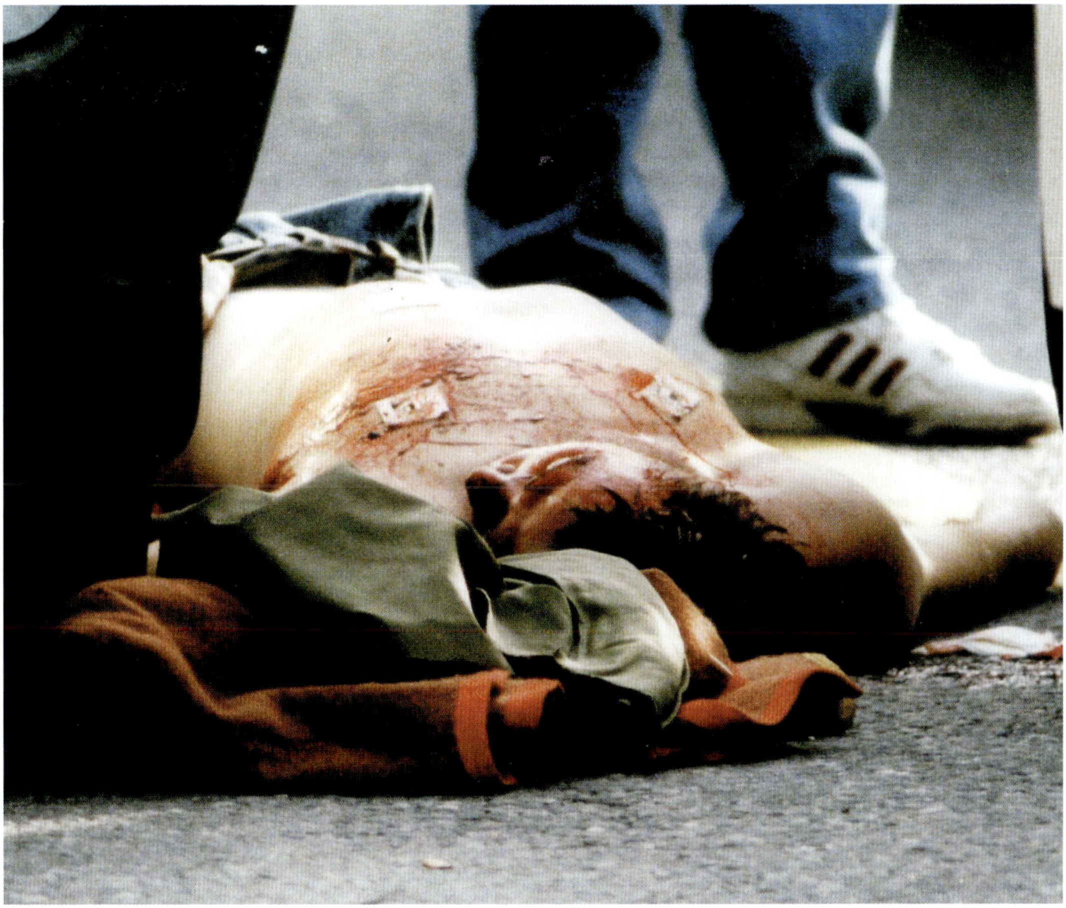

Der Polizist Christian Gillinger wurde zufällig Zeuge des Attentats auf den Anwalt Axel F. Er verfolgte den Täter und wurde dabei von dem Flüchtenden erschossen.

pen, aber niemand kümmert sich um die Hilfesuchende. Plötzlich ist der Mörder wieder zurück. Er richtet seinen Revolver auf die Frau und fordert ihre Autoschlüssel. Die verängstigte Frau gibt sie ihm, und er rast mit dem Mitsubishi von Gabriela K. davon. Wenig später wird der Wagen in der Beckmanngasse gefunden. In der Zwischenzeit wird der verletzte Anwalt in das Hanusch-Krankenhaus eingeliefert und operiert.

Im Zuge einer Alarmfahndung wird um 9.15 Uhr in Purkersdorf, an der Wiener Stadtgrenze, ein roter Alfa Romeo mit Schweizer Kennzeichen – den Zeugen auch in der Nähe der Konditorei gesehen hatten – angehalten. Die Insassen: zwei Männer, ein blonder Schweizer Pilot und ein 33-jähriger, dunkelhaariger Fitnesstrainer aus Italien, der den Alfa fährt. Während die Beamten den blonden Mann für unverdächtig halten, scheint der Lenker in Ansätzen der Täterbeschreibung zu entsprechen. Der

Mann, Mauro T., wird zur Gegenüberstellung ins Kommissariat Hietzing gebracht. Doch diese verläuft negativ, keiner der Zeugen kann T. eindeutig als Täter identifizieren. Wie sich später anhand von Pressefotos feststellen lässt, hat der Schütze vor der Gegenüberstellung seinen dunklen Pullover ausgezogen. Möglicherweise haben ihn die Zeugen deshalb nicht erkannt. Ein grober Schnitzer der Beamten: Mauro T. kann das Kommissariat verlassen, ohne dass man seine Hände auf Schmauchspuren untersucht.

Die Hintergründe

Der Wiener Jurist Dr. Axel F., ein versierter Wirtschafts- und Scheidungsanwalt, vertritt den bekannten Baulöwen DI Alfred F. im Scheidungsverfahren gegen dessen Frau Renate. Zwischen den Eheleuten herrscht seit Jahren Uneinigkeit über die Aufteilung der gemeinsamen Güter. Dr. Renate F., ebenfalls Juristin, hat den Anwalt ihres Mannes im Zuge der Scheidungsverhandlungen sogar angezeigt. Der Anwalt wieder-

Der Italiener Mauro T. auf dem Weg zur Gegenüberstellung im Kommissariat Hietzing. Wie auf dem Foto zu sehen ist, hat der Verdächtige seinen dunklen Pullover, den er zur Tatzeit trug, ausgezogen.

um machte Renate F. für Steuerschulden im Ausmaß von rund 180 Millionen Schilling verantwortlich – zu Unrecht, wie sie immer betonte. Dr. Axel F. klagte die Frau und bekam in zwei Zivilprozessen Recht.
Renate F. soll sich im Moment in Südfrankreich aufhalten. Auch Alfred F. ist im Ausland, er lebt in der Schweiz. Er hat sich vor Jahren – nach einer angeblichen Schmiergeldaffäre in der Steiermark – zu den Eidgenossen „abgesetzt". Nach seiner Übersiedelung hatte Alfred F. seine Unternehmensgruppe unter anderem durch Dr. Axel F. neu gestalten lassen. In der Firma „Faris" (benannt nach Alfreds F.s Hund) schien der Anwalt sogar als Generalbevollmächtigter auf.

Während seiner Einlieferung ins Spital erzählt der Anwalt der Polizei, dass im Sicherheitsbüro ein Akt aufliegt. Aus diesem geht hervor, dass Axel F. schon zweimal vorher Opfer eines Anschlages geworden war und einmal eine Drohung erhalten hatte: Am 9. März 1994 wurde er vor einem Heurigenlokal in Hietzing zusammengeschlagen. Am 21. April 1994 wurde er wieder niedergeschlagen, als er abends seine Kanzlei verließ. Der Täter setzte damals auch einen Elektroschocker ein. Am 2. Mai 1994 erhielt er einen in Prag aufgegebenen Drohbrief. Auf Grund der Diktion des Drohschreibens verfolgte die Polizei eine Spur in die Schweiz, aber ohne Erfolg.

Das jüngste Attentat auf den Anwalt halten die Kriminalisten für eine blutige „Warnung". Der Täter hätte Axel F. ganz leicht töten können. Er zielte aber absichtlich nur auf einen Arm und auf ein Bein. Normalerweise „warnt" die Unterwelt auf diese Weise Leute, die ihr nicht genehm sind. Und obwohl der Anwalt auch für einen Wiener Bordellkönig tätig war, vermutet er selbst einen Zusammenhang mit dem Scheidungsverfahren F.

Bereits nach dem ersten Anschlag wurde Renate F. von der Polizei befragt. Damals meinte sie, sie „werde bei allen Differenzen mit Dr. Axel F. doch nicht so dumm sein, so eine Tat zu inszenieren". Dennoch wird sie und auch ihr Lebensgefährte, der 35-jährige Fitnesstrainer Franjo M., durch Interpol überprüft. Auch die Scheidungsgeschichte der F.s wird von den Beamten genauer durchleuchtet. Nach der Scheidung unterschrieb Alfred F. vor seinem Anwalt eine Vereinbarung über die Vermögenstrennung: bis Ende April 1994 sollte Renate F. 20 Millionen Schilling und zwei Millionen Schweizer Franken erhalten. Statt des Geldes kamen Klagen. Im November 1994 zeigte Renate F. bei der Polizei an, dass unbekannte Täter die Bremsschläuche ihres Wagens durchgeschnitten hätten. Ein feiger Mordanschlag, wie sie vermutete.

Die Ermittlungen

In der Zwischenzeit setzt man im Sicherheitsbüro große Hoffnungen auf die Einvernahme von Renate und Alfred F., um endlich Licht in den mysteriösen Kriminalfall um den gedungenen Mörder bringen zu können. Renate F. erklärt sich bereit, freiwillig zu einem Verhör nach Wien zu kommen. Auch der 61-jährige Unternehmer Alfred F. verlässt sein Schweizer Exil, um über mögliche Hintergründe des Attentats auf seinen Anwalt auszusagen.

Die Ermittlungen laufen auf Hochtouren. Mehrere Zeugen wurden einvernommen, unter anderem haben auch einige Schulkinder ihre Beobachtungen zu Protokoll gegeben. Die Kinder, die am 20. Februar gegen 7.30 Uhr früh vor dem Tatort, der Konditorei, auf den Schulbus gewartet haben, sahen nicht nur einen Täter davonlaufen, sondern zwei. Der Schütze wurde schon vor dem Anschlag beobachtet, wie er sich vor dem Anschlag mit einem anderen Mann besprach. Laut Zeugenaussagen rannte der Täter nach dem Attentat in Richtung Hietzinger Kai davon, der andere flüchtete über die Auhofstraße. Außerdem sahen die Schüler den roten Alfa mit Schweizer Kennzeichen in der Nähe der Konditorei stehen.

Am 25. Februar 1995 erscheint Franjo M., der Freund Renate F.s, in der Sicherheitsdirektion zu einer freiwilligen Einvernahme. Noch während seiner Aussagen wird er unter dem Verdacht verhaftet, zwei Attentäter angeheuert zu haben. Unterdessen sind zwei Kriminalisten nach Zürich geflogen, um die beiden Insassen des roten Alfa Romeo zu überprüfen, nämlich den Schweizer Fitnesstrainer Mauro T. und dessen blonden Begleiter Adrian T., einen Piloten der Schweizer Fluglinie „Crossair". Der Pilot gibt in einem Verhör auch zu, vor dem Anschlag in der Konditorei gewesen zu sein, um ein Frühstück zu kaufen. Außerdem sei er nach dem Attentat – mit dem roten Alfa – am Schloss Schönbrunn vorbeigefahren. Mit den Anschlägen will er aber nichts zu tun gehabt haben. Anscheinend hat er da die

Rechnung ohne den Wirt gemacht, denn die Fahnder erkennen langsam die brisante „Schweiz-Connection". Wie die Ermittler in Erfahrung bringen konnten, ist der Pilot mit Franjo M. bekannt. Er war einer der Clubmitglieder in Franjo M.s früherem Fitness-Studio. Franjo M. bestreitet aber vehement, einen Mord- bzw. Attentatsauftrag erteilt zu haben.

Renate und Alfred F.s Millionen

In den 1970er Jahren hat sich Alfred F. mit seinem 100 Mann starken Ingenieursbüro einen Namen als „steirischer Baulöwe" gemacht. Der gebürtige Linzer lieferte die statischen Gutachten für zahlreiche Projekte im Straßen-, Hoch- und Wasserbau. Außerdem hatte Alfred F. eine Hand für Immobiliengeschäfte. 1979 hatte der im Luxus lebende Mann seine erste „unangenehme" Begegnung mit dem Fiskus. Den Anwalt Dr. Axel F. lernte er erst kennen, als schon ein Finanzstrafverfahren wegen Steuerhinterziehung anhängig ist. Axel F. ordnete die Geschäfte seines Mandanten und wandelte die einzelnen Gesellschaften in einen „entpersonifizierten Konzern" um. Alfred F. und seine Frau Renate setzten sich mit ihrem Sohn Thomas ins schweizerische Altdorf ab, mit 175 Millionen Schilling (etwa 13 Millionen Euro) Steuerschulden im Gepäck. Dann kauften sich die F.s ein Haus in der Nähe von Zürich, von wo aus sie die Geschäfte weiterführten. Mit der Zeit lebte sich das Ehepaar immer mehr auseinander. Als sie ihr Mann wegen einer anderen Frau sitzen lässt, hatte sie sich nach dem Zuspruch eines anderen Mannes umgesehen. Die attraktive Juristin, die immer schon viel Wert auf ihr Äußeres legte – und auch dementsprechend viel Geld in ihre Outfits investierte – verliebte sich in den sportlichen Slowenen Franjo M. Alfred F. reagierte sehr eifersüchtig auf den Nebenbuhler, die Trennung war nur noch eine Frage der Zeit. Es begann ein Rosenkrieg. Am 5. April 1993 sollte endlich ein Schlussstrich gezogen werden. Eine Vertragsvereinbarung, aufgesetzt von Anwalt Axel F., sollte von beiden F.s unterzeichnet werden.

Die Scheidungsschlacht ging aber weiter, keiner von beiden hielt sich an die Vereinbarungen. Axel F. versuchte noch einmal zu vermitteln, gab aber dann seine Tätigkeit in der Scheidungssache F. auf. Die Schlammschlacht ging weiter, die F.s bombardierten sich gegenseitig mit Anzeigen. Kernstück der Streitereien waren die Aktien der „Faris Holding S.A.", dem Herz der Unternehmensgruppe. Wer diese Aktien besitzt, verfügt auch über sämtliche Tochtergesellschaften. Laut Trennungsvereinbarung vom 5. April 1993 übergab Renate F. dem Anwalt Axel F. die Papiere der Gesellschaften. Renate F. wollte die Aktien später von Axel F. mit einer Strafanzeige zurückfordern, da waren diese aber längst nicht mehr in seinem Besitz. Axel F. hatte die umkämpften Papiere seinem Mandanten Alfred F. übergeben. Auch Jahre später ist keine Einigung in Sicht, und das einstige Vermögen schrumpft und schrumpft. Nutznießer sind Schweizer Anwälte, die sich über saftige Honorare freuen können.

Das Geständnis

Während Adrian T. als Schweizer Staatsbürger, laut internationalem Abkommen, nicht ausgeliefert werden kann, hat Mauro T. seiner „vereinfachten Auslieferung" – also ohne bürokratischen Aufwand – nach Wien zugestimmt. Genau eine Woche nach den tödlichen Schüssen auf den Kriminalbeamten Christian Gillinger gesteht der Italiener Mauro T. die Tat. Nach stundenlangen Vernehmungen erzählt er den Beamten, dass er in der Konditorei auf den Wiener Anwalt Axel F. und später auf seinen Verfolger Christian Gillinger geschossen hat. In beiden Fällen leugnet er aber die Tötungsabsicht.

Die Tatwaffe habe er auf der Flucht Richtung Purkersdorf im Wiental, in der Nähe eines Bahnhofs, weggeworfen. Tatsächlich kann die Tatortgruppe der Wiener Polizei die Waffe sicherstellen. Die Waffe wird noch in der Nacht beschossen und wird als Tatwaffe identifiziert. Als Auftraggeber nennt Mauro T. seinen Bekannten Franjo M., der bereits seit Freitag unter dem Verdacht der Anstiftung in Wien in Haft sitzt. Und er ist der Lebensgefährte von Dr. Renate F., jener Frau, aus deren Umfeld Dr. Axel F. von Anfang an den Täter vermutet hat.

Auch Renate F. ist mittlerweile zu einer freiwilligen Einvernahme nach Wien gekommen. Sie will alle Vorwürfe entkräften; sagt, dass sie kein Motiv hätte, gegen Dr. Axel F. in so krimineller Weise vorzugehen. Wenn überhaupt, dann gegen Alfred F., der ihr schon seit Monaten jene Millionen vorenthält, die er ihr und dem gemeinsamen Sohn in einem Vermögensvertrag zugesichert habe. Eine Attacke gegen ihren Mann ergäbe schon deshalb keinen Sinn, weil doch schon am kommenden Mittwoch die

Der Lebensgefährte von Renate F., Franjo M., vor Gericht. Er wird zu drei Jahren Haft verurteilt.

endgültigen Vergleichsverhandlungen über die finanziellen Trennungsmodalitäten stattfinden sollen. Renate F. behauptet auch, den Verdächtigen nicht zu kennen. Nur sein Begleiter Adrian T. sei ihr bekannt, nämlich aus dem Fitnessklub ihres Lebensgefährten Franjo M. All ihre Beteuerungen helfen ihr jedoch nichts, am Nachmittag desselben Tages wird sie ebenfalls verhaftet.

Das mörderische Quartett

Hinter dem Attentat auf Axel F. steckt offenbar mehr als nur der Scheidungszwist des Noch-Ehepaares F., das jedenfalls vermutet die Polizei. Die Tatwaffe ist ein Revolver der Marke Smith & Wesson, 38 Spezial. Alle Nummern sind ausgefräst worden, so dass die Herkunft der Waffe nicht nachweisbar ist. Unter den Patronen war auch eine mit Schrottfüllung, diese Schrotladung feuerte Mauro T. in der Konditorei ab.

Mauro T. gestand in der Schweiz, er sei von dem „Crossair"-Piloten Adrian T. für das Attentat auf Axel F. angeheuert worden. Adrian T. wiederum ist persönlich mit Franjo M. und Renate F. bekannt. Franjo M. und Renate F. als „Drahtzieher", Adrian T. als Vermittler und Mauro T. als Tatausführender: für die Polizei ein „mörderisches Quartett".
Renate F. und Franjo M. bestreiten jede Mitschuld, bleiben jedoch weiterhin in U-Haft. Adrian T. bezeichnet Franjo M. in seinen Aussagen immer wieder als Anstifter des Attentats auf Axel F. Und er erzählt von einem hohen Geldbetrag, der aber nicht mehr zur Auszahlung gekommen sei. Franjo M. ist bestürzt über die Anschuldigungen, er gibt sich jedoch zuversichtlich, dass die Erhebungen der Ermittler seine Schuldlosigkeit an den Tag bringen würden.

Auch Renate F. ist überzeugt, dass die Erhebungen zu ihren Gunsten ausgehen würden. Sie redet über ihre Beziehung zu Franjo M., den sie Ende 1992 beim Hausbau kennen gelernt hat. Es dauerte nicht lange, da begann sie für den sportlichen, durchtrainierten Mann zu schwärmen. „Er ist der Mann meiner Träume", gibt sie zu Protokoll.

Franjo M. zog bald in ihre Villa ein, fuhr mit ihren teuren Autos und genoss das luxuriöse Leben. Dann richtete er sich auch noch ein Fitness-Studio ein. Offiziell trat er nur als Geschäftsführer auf, doch gab es schnell Gerüchte, dass Franjo M. selbst der Käufer des Clubs war. Und zwar mit dem Geld seiner Freundin, das diese nach der Trennung von ihrem Mann bekommen hatte. Renate F. bestreitet zwar, das Sportstudio finanziert zu haben, gleichzeitig gibt sie aber zu, dass von dem Geld nichts mehr da sei. Angeblich habe sie davon ihr Haus erworben und den Rest für Anwälte ausgegeben.

Mit dem Luxusleben war es zuletzt sowieso vorbei, so Renate F., da ihr Mann ihr, unter anderem, die beiden Porsche weggenommen hätte. Franjo M. wiederum hatte Ende 1994 den Job im Fitness-Studio aufgegeben. Angeblich, weil er das Hotel seiner verstorbenen Schwester in Südfrankreich übernehmen sollte. Seine Schwester hinterließ ihm aber gar kein Hotel. Die Ermittler haben es mit drei unbescholtenen Menschen zu tun, einzig Mauro T. ist polizeilich wegen Einbruchs vorgemerkt.

Besonders fleißig beim Ablegen von Geständnissen ist der verhaftete Pilot Adrian T. Den Beamten tischt er bereits die dritte Version auf und belastet darin die Juristin Renate F. schwer. Sie habe ihm den Auftrag erteilt, dem Anwalt Axel F. einen gröberen „Denkzettel“ zu verpassen. Zuerst hatte er ja ausgesagt, Renate F.s Freund Franjo M. habe ihn angeheuert. Und zwar nur, um Axel F. zu „beschatten“. Zweimal sei er deswegen im Frühjahr 1994 in Wien gewesen. Auch den Drohbrief aus Prag habe er geschrieben und abgesandt. Renate F. soll ihm sogar den Text diktiert haben, und der Wortlaut wäre so abgefasst gewesen, dass die Spur eindeutig zu Renate F. weisen würde. Von einem Attentatsauftrag will er aber nichts wissen.

Die in Wien inhaftierte Renate F. bestreitet das alles. Adrian T., so meint sie, habe alles in Eigenregie inszeniert, um sie später erpressen zu können. Sie jedenfalls habe keinen Grund gehabt, Dr. Axel F. etwas anzutun. Man sei ja vor einer finanziellen Einigung mit Alfred F. gestanden. Die gelernte Juristin bestreitet auch, jemals dem Piloten den Auftrag erteilt zu haben, an Axel F. einen Drohbrief abzuschicken. Außerdem würde sie doch nicht – wenn sie ein Attentat geplant hätte – die Spur vorher auf sich lenken. Vielmehr vermutet sie ein Komplott des Piloten. Der hatte ja an seinem Bekannten Franjo M. gesehen, wie gut es sich mit ihren Millionen leben ließ.

Auch die Tatwaffe gibt den Kriminalisten weiter Rätsel auf. Wiener Kriminaltechnikern war es aber in der Zwischenzeit gelungen, Teile der Fabrikationsnummer zu rekonstruieren. Da der Revolver kein Beschusszeichen aufweist, könnte er zum Beispiel aus der Schweiz stammen. Dort sind amtliche Beschießungen nämlich nicht erforderlich.

Der Schweizer Pilot wird immer mehr zur Schlüsselfigur des Falles. Laut einer Aussage des Polizistenmörders und Attentäters

Mauro T. soll nämlich Adrian T. die Tatwaffe beschafft haben und diese an Mauro T. übergeben haben. Außerdem behauptet Mauro T. nach wie vor keinen anderen Auftraggeber, als seinen Freund Adrian T. zu kennen.
Die beiden Männer kennen sich schon seit 1970, ihre gemeinsame Leidenschaft sind schnelle Autos. Anscheinend war Mauro T. nur das „Werkzeug" für Adrian T.. Der Italiener bekam von Adrian T. eine „hohe Geldsumme" in Aussicht gestellt, sobald er seinen Auftrag erfüllt hätte. Und der lautete: Dr. Axel F. in Arm und Bein zu schießen. Adrian T. chauffierte seinen Freund im roten Alfa nach Wien. Die beiden Männer stiegen in einem Hotel beim Auhof ab. Adrian T. kannte das Opfer bereits von seinen „Beschattungen" im Frühjahr 1994. Den Auftrag dazu habe ihm seinerzeit Renate F.s Freund Franjo M. erteilt. Gegen Spesenersatz sollte Adrian T. die Lebensgewohnheiten des Anwalts auskundschaften. An jenem verhängnisvollen 20. Februar 1995 ging Adrian T. in die Konditorei, um etwas zu kaufen. Dabei vergewisserte er sich, dass der Anwalt auch tatsächlich dort war und frühstückte. Erst dann betrat Mauro T. das Lokal und schoss auf Axel F..

Nach dem Attentat habe er Mauro T. aus den Augen verloren und eine Stunde vergeblich gesucht. Adrian T. sei dann ins Hotel zurückgefahren. Als auch Mauro T. – nachdem er seinen Verfolger erschossen hatte – endlich dort eintraf, brachen die beiden Männer sofort Richtung Westen auf. Sie kamen aber nicht weit, da sie bei Purkersdorf eine Polizeistreife stoppte. Erst im dritten Verhör hat Adrian T. Renate F. der Anstiftung bezichtigt.

Noch fehlt den Ermittlern ein plausibles Motiv, schließlich hat der Anschlag und der anschließende Mord an Christian Gillinger die Einigung mit ihrem Noch-Ehemann Alfred F. torpediert. Das heißt, Renate F. bekommt vorerst nicht nur kein Geld, sie sitzt auch noch in U-Haft, weil Indizien sie belasten. Renate F. wiederum vermutet, dass Adrian T. sie mit dem Attentat, von dem die Spur ja zu ihr führen musste, erpressen wollte.

Bei den Ermittlungen im Fall F. wird weiter auf Hochtouren gearbeitet. Und es ergeben sich immer neue Aspekte: So stellt sich heraus, dass nicht nur ein Attentat auf den Wiener Anwalt geplant war, vielmehr sollte ein Mord an dem Noch-Ehemann den jahrelangen Rosenkrieg beenden. Nur der Tod des Wiener Polizisten Christian Gillinger war nicht geplant.

Das Mordkomplott gegen den Baulöwen

Der in der Schweiz verhaftete Schütze Mauro T. hatte, wie sich im Verlauf der Verhöre rausstellte, einen ganz anderen Auftrag, als zunächst angenommen. Er sollte den Bauunternehmer Alfred F. „beseitigen“ und dessen Anwalt Axel F. einen gehörigen Denkzettel verpassen. Bereits im Herbst 1993 soll Renate F. den Gattenmord geplant haben und dafür, gegen ein Honorar von 100.000,– Schilling (etwa 7.300,– Euro), Adrian T. und Mauro T. engagiert haben. Ihr Motiv: Geld.
Da sie sich vom Anwalt ihres Mannes bei der Vermögensaufteilung benachteiligt glaubte, sollte auch Axel F. „bestraft“ werden. Das erste Attentat auf den Anwalt, ausgeführt mit einem Elektroschocker, erschien Renate F. zu „milde“, deshalb gab sie den Auftrag, den Wiener Anwalt mit Schüssen zu verletzten und einzuschüchtern.

Der Prozess

Im Rekordtempo ist die Anklage gegen Renate F. und ihren um 13 Jahre jüngeren Liebhaber Franjo M. fertig. Der Prozess beginnt bereits am 6. April 1995. Als Zeuge ist der auf seinen Mordprozess wartende Todesschütze T. geladen. Unklar ist aber, ob ihn die Schweiz nach Wien ausliefern würde. Während des Prozesses erzählt Renate F. über ihre Ehe, und warum es letztendlich zu dem Mordkomplott gegen ihren Mann gekommen sei.

Sie bestreitet gar nicht, dass ein Vermögen von Hunderten Millionen Schilling in ihrer Ehe mit dem Baulöwen eine ausschlaggebende Rolle gespielt hat. Doch Geld hatte nicht immer eine so große Bedeutung wie zuletzt. „Als ich meinen Mann kennen gelernt habe, war er kein reicher Mann. Wir haben uns den Reichtum selbst erarbeitet.“ Aus bescheidenen Verhältnissen kommend, habe sie schon früh nach „oben“ gestrebt. Ihr Studium schloss sie in Rekordzeit ab. Auch in ihrer Ehe habe sie alles gegeben. Trotzdem war diese zum Scheitern verurteilt.
„Unser Untergang kam, als wir von Graz weggingen“, stellt Renate F. fest. Das Ehepaar flüchtete wegen Steuerhinterziehung in die Schweiz. Als sie ihr Mann wegen einer anderen Frau sitzen lässt, sucht sie Zuspruch bei Franjo M. Das Ehepaar vereinbart

vorerst eine Trennung ohne Scheidung. Der Anwalt Axel F. übernimmt die finanzielle Abwicklung. Renate F. misstraut ihm aber, meint zu ihrem Liebhaber Franjo M. sogar, dass Axel F. „unehrlich ist“.
Daraufhin habe Franjo M. in seinem Fitness-Center einem befreundeten Piloten, nämlich Adrian T., von ihrem Problem erzählt. Dieser habe darauf folgendermaßen reagiert: „Die goldene Gans kann man rupfen.“ Der Pilot gestand – nach seiner Verhaftung in der Schweiz –, das Attentat auf Axel F. organisiert zu haben. Ausgeführt habe es der Italiener Mauro T. und dabei auf der Flucht den Polizisten erschossen.
Adrian T. und Mauro T. behaupten auch, von Renate F. 100.000,– Schilling (7.300,– Euro) Honorar bekommen zu haben. Dem widersprach Renate F. im Prozess, sie hätte sich so ein Attentat finanziell gar nicht leisten können.

Gespannt warten alle auf die Aussage von Axel F. Der schildert im Zeugenstand seine Angst, die er seit dem Attentat hat, und wie er die Situation in der Konditorei erlebt hat. „Es war der Film meines Lebens. Ich saß in der Hietzinger Konditorei beim Frühstück. Plötzlich steht ein Mann in der Tür, und ich sehe in den Lauf einer Waffe. Ich denke nur: ‚Schade, dass das Leben vorbei ist, es war schön.‘ Dann machte es ‚bumm‘ und noch mal ‚bumm‘.“ Zum Glück für den Anwalt sind zwei Krankenpfleger anwesend, die sich sofort um den Verletzten kümmern. Bis heute will ihm nicht in den Kopf, dass der Schütze ihn nicht getötet hat, wo er doch alle Möglichkeiten gehabt hatte. Tödlich getroffen hingegen wurde der Kriminalbeamte Christian Gillinger, der die Verfolgung des Unbekannten aufgenommen hatte.

Alfred F. steht ebenfalls im Zeugenstand. Er traut seiner Frau sehr wohl zu, die Anschläge aus reiner Geldgier gegen den Anwalt bestellt zu haben. Sie habe auch ihm Millionen gestohlen.
Dann schildert die Juristin Renate F. die Sache aus ihrer Sicht. In Graz habe ihr Mann eines ihrer Häuser einfach mit einer Planierraupe abreißen lassen. Auf ihren Geliebten sei er mit einem Jagdgewehr losgegangen. Endlich kommt auch der Schweizer Adrian T. als Zeuge zu Wort: „Ich habe [Franjo] M. in seinem Sportstudio kennen gelernt. Er hat erzählt, dass seine Freundin Renate Schwierigkeiten mit dem Scheidungsanwalt ihres Mannes in Wien hat und mich gebeten, ob ich in dieser Angelegenheit nicht Erkundigungen einholen könnte. Und da ich hilfsbereit bin, bin ich zweimal in Wien gewesen und habe den

Tagesablauf des Anwaltes ausgekundschaftet. Nachdem ich [Franjo] M. diese Information geliefert hatte, wollte er, dass ich Axel F. so richtig verprügle. Als ich das ablehnte, bat M. mich, jemand anderen zu finden. Mein Freund Mauro T. war dazu bereit. Ich bin mit ihm nach Wien, und er hat Axel F. mit einem Elektroschocker attackiert. Dafür haben wir von [Franjo] M. 7.000,– Franken bekommen. Renate F. hat das nicht genügt. Sie wollte, dass Axel F. eine bleibende Verletzung am Knie abbekommt. Mauro war auch damit einverstanden."
Adrian T. brachte dann noch die Tatwaffe nach Wien. Nach dem Attentat und dem Mord flüchteten die beiden Männer gemeinsam in die Schweiz.

Als Schweizer bekommt Adrian T. in seiner Heimat einen Prozess wegen Beihilfe beim Schussattentat. Mauro T. wird in Wien wegen Mordes angeklagt. Ende Juni 1995 – das Finale des Prozesses gegen Renate F. steht bevor – wird die Juristin endlich geschieden. Finanziell ist sie bei der Scheidung zwar schlecht ausgestiegen, dafür wurde ihr das Sorgerecht für ihren Sohn zugesprochen. Das wird sie aber eine Weile nicht ausüben können. Denn Renate F. und ihr Freund Franjo M. wurden für schuldig erkannt, das Attentat auf den Anwalt Axel F. bestellt zu haben. Das gilt als absichtliche, schwere Körperverletzung und Nötigung. Vor dem endgültigen Prozessende kommt noch Mauro T. zu Wort: 1994 trat sein Freund Adrian T. an ihn heran. Er fragte ihn, was er denn davon halte, Leuten zu helfen, die unter Druck stünden?

Es sei jemand in einen Scheidungsfall verwickelt, die Gegenpartei würde die Frau hereinlegen, und der Mann hätte „Dreck am Stecken" – und sein Anwalt „sowieso". Die Frau „würde es begrüßen, wenn etwas passiert". Sie wolle den Anwalt „einschüchtern". Er habe es für seine Pflicht gehalten, „etwas Gutes zu tun" – gegen Honorar, versteht sich. Zunächst überfiel er den Anwalt mit dem Elektroschocker, aber das war seinen Auftraggebern zu wenig spektakulär. Und weil er eine angefangene Arbeit stets beenden würde, hat er sich auch noch zu dem Schussattentat bereit erklärt. Nachdem der Anwalt nach dem Armschuss aufgestanden sei, wäre er zurückgekommen, um ihn auch noch ins Knie zu schießen. Auf der Flucht wurde er von dem Polizisten Christian Gillinger verfolgt. Gillinger schoss, Mauro T. schoss zurück, alles ging wahnsinnig schnell. Und dann war der Kriminalbeamte tot, getötet durch zwei Schüsse Mauro

T.s: Einer traf aus 20 Zentimeter Entfernung in Gillingers Oberschenkel, und der andere streifte aus zehn Zentimeter den linken Arm und ging durch die Lunge in die Wirbelsäule.

Die Urteile

Die 47-jährige Renate F. wird zu zweieinhalb Jahren Haft verurteilt, Franjo M. bekommt drei Jahre. Beide erbitten sich Bedenkzeit. Im September 1995 gibt Renate F. zu, dass Schussattentat auf den Anwalt ihres Mannes bestellt zu haben, doch erscheinen ihr die zweieinhalb Jahre Haft zu viel. Sie geht in die Berufung, in Freiheit ist sie ohnedies schon. Gegen eine Kaution von zehn Millionen Schilling (etwa 730.000,– Euro) wird sie enthaftet. Sollte ihre Strafe herabgesetzt werden, hätte sie gute Chancen, in den Genuss der Weihnachtsamnestie zu kommen.

Am 4. Oktober 1995 beginnt der Mordprozess gegen Mauro T. Er kann die Geschworenen überzeugen, Angst um sein Leben gehabt zu haben; er wollte seinem Verfolger nur die Waffe aus

Die promovierte Juristin Renate F. gibt zu, das Schussattentat auf den Anwalt ihres Mannes bestellt zu haben. Sie wird schliesslich zu zweieinhalb Jahren Haft verurteilt. Im Zuge der Weihnachtsamnestie 1995 wird ihr die Hälfte der Strafe nachgesehen.

der Hand schießen. Die Geschworenen glaubten ihm und verurteilten Mauro T. wegen Körperverletzung mit Todesfolge zu neun Jahren Haft. Renate F. wird schließlich die Hälfte der Haftstrafe nachgesehen; bereits Ende 1996 ist sie im Zuge der Weihnachtsamnestie wieder auf freiem Fuß.

Der Mädchenmörder Wolfgang O.

Eine entführte Frau, die sich von ihren Fesseln befreien konnte und Nachbarn auf sich aufmerksam machte, führte die Polizei auf die Spur des Filmemachers Wolfgang O.

Die Beamten begannen zu ermitteln und hatten den Mann auch in den Fällen der abgängigen Mädchen Sonja Svec und Karin Müller im Visier. Und tatsächlich stellte sich heraus, dass O. ein brutaler Mörder war. 1996 wurde er wegen Mordes an Sonja Svec zu lebenslanger Haft verurteilt. Im Jahr 1999 wurde Wolfgang O. ein zweites Mal, und zwar im Mordfall Karin Müller, schuldig gesprochen.

Der Mädchenmörder Wolfgang O. nach seiner Verhaftung im Hof des Polizeigefangenenhauses in Wien

Eine verpatzte Kindheit?

Schon als 10-Jähriger fällt Wolfgang O. in der Schule als gewalttätig auf. Er würgt ein anderes Kind mit einer Schnur und kommt in die Kinderpsychiatrie und anschließend ins Heim. Mit 15 Jahren hat er seine ersten „Kontakte“ mit dem anderen Geschlecht – er überfällt ein Mädchen, und ein Psychiater warnt bereits damals vor einer „Sexualneurose“ Wolfgang O.s: „Ein Jugendlicher, der in einem stark religiös geprägten Elternhaus mit so extremer Strenge erzogen werde wie Wolfgang O., müsse fast zwangsläufig eine sexuell gestörte Entwicklung nehmen.“ Und tatsächlich dürfte einiges in Wolfgang O.s Elternhaus schief gelaufen sein: Da gibt es den jähzornigen Vater, dessen Bibeltreue sogar den „Zeugen Jehovas“ zu radikal war. Von seiner Mutter wird er in seiner Persönlichkeitsentwicklung extrem gehemmt, er hat große Angst vor dieser Frau. Wolfgang O. wächst in einem Elternhaus auf, in dem er weder Zuwendung noch Liebe erfährt.

Ein Verfahren vor dem Jugendgerichtshof, wegen des Übergriffs auf das Mädchen, wird eingestellt. Ein Jahr später steht er wieder vor Gericht, wegen Körperverletzung und Erpressung in mehreren Fällen. Die Strafe, die er bekommt, wird zur Bewährung ausgesetzt. Die Bedingung: Wolfgang O. müsse eine Therapie machen, ein Bewährungshelfer wird bestimmt. Die Therapie hat Wolfgang O. aber nie gemacht, er musste deshalb aber auch nicht „sitzen“.

Wie ein Psychotherapeut und Graphologe später feststellt, ist Wolfgang O. ein „pathologischer Narziss, der unter schweren Angstzuständen leidet, aber voll zurechnungsfähig ist“. Seine Handschrift zeigt dem Experten, dass „O. sich und anderen ein Theater vormacht und daher wie gedruckt lügt. Er lebt mit einer Biedermannmaske, wobei er ein Schwächling ist, erfinderisch Ausreden produziert und bei bloß gespielter Männlichkeit unberechenbar werden kann. Wolfgang O. kann das für ihn so wichtige Gefühl der Überlegenheit nur spielen. Das Spiel bestimmte auch immer sein Leben. Es ist typisch, dass er Filmemacher war. So konnte er zum eigenen Nutzen Scheinwelten produzieren“.

Von seinen Bekannten wird Wolfgang O. als netter, freundlicher und lustiger „Kerl“ beschrieben, der nie „aggressiv“ war. Auch in seinem Beruf als Filmemacher ist er erfolgreich. Er filmte eine Dokumentation über gebärende Wale an der Westküste Australiens, er unternahm Schlauchboot-Touren quer durch Alaska und drehte Filme in Borneo und auf den Malediven. Zu seinen Auftraggebern gehörten Weltkonzerne, Fluglinien, der ORF und die Republik Österreich. Wie konnte der beliebte Filmemacher zu einem brutalen Mädchenmörder werden?

Dem Täter auf der Spur

Am Abend des 13. Juni 1995, einem Dienstag, parkt die 39-jährige Hannelore F. gegen 22.30 Uhr in der Wagenmanngasse in Wien-Liesing ihr Auto ein. Als sie aussteigen will, nähert sich blitzschnell ein Mann und würgt die völlig überraschte Frau. Der Täter legt seinem Opfer Handschellen an und legt es in den Kofferraum des Wagens. Dann fährt er zu einem Einfamilienhaus in der Hochstraße 7, ebenfalls in Liesing. Das Haus gehört dem 38-jährigen Filmemacher Wolfgang O.
Im Haus des hoch verschuldeten Mannes muss die 39-Jährige ein Martyrium über sich ergehen lassen. Wolfgang O. erpresst unter Mordandrohung den Code ihrer Bankomatkarte und das Losungswort für ein Sparbuch. In der Früh lässt er dann sein Opfer nackt, gefesselt und mit verklebten Augen zurück. Er hebt insgesamt 25.000,– Schilling (1.800,- Euro) ab, wobei er von Überwachungskameras gefilmt wird. In der Zwischenzeit gelingt es der gepeinigten Frau, sich zu befreien und auf sich aufmerksam zu machen. Sie schafft es, auf den Balkon zu gelangen und um Hilfe zu schreien.

Als Wolfgang O. in die Hochstraße zurückkommt, wird er Zeuge der Befreiungsaktion seines Opfers. Polizei-, Rettungs- und Feuerwehrautos stehen vor seinem Haus. Es gelingt ihm, unerkannt zu verschwinden, und zwar in seinem Firmenauto – einem weißen Peugeot mit Campingaufbau und der markanten Aufschrift „Austro-TV".

Die Beamten durchsuchen das Haus des Verdächtigen und machen eine alarmierende Entdeckung: Sie finden einige Sachen der abgängigen Bankangestellten Sonja Svec. Seit 30. Mai 1995 ist die 23-jährige Frau aus Wien-Simmering wie vom Erdboden verschwunden. Damals hatte sie einen Freund besucht, wollte am Abend noch einen Bekannten treffen, ist aber zuletzt vor

Sonja Svec, die am 30. Mai 1995 spurlos verschwand, wurde von Wolfgang O. gewaltsam erstickt.

ihrem Wohnhaus gesehen worden. Ihren Wagen, in dem Schmuck und Haarbüschel sichergestellt wurden, fand man tags darauf auf der Simmeringer Haide. Danach wurde zweimal Geld von Sonja Svecs Konto behoben. Ihre Eltern erstatten Abgängigkeitsanzeige; sie vermuten das Schlimmste. Mysteriöserweise sind aus ihrer Wohnung nicht nur der Videorecorder, eine Stereoanlage und der Fernseher, sondern auch der Staubsauger und die Perserkatze samt Käfig und Futter verschwunden. Daher geht die Polizei zunächst von einem „freiwilligen Verschwinden" des Mädchens aus. Da man aber nun in Wolfgang O.s Haus – bis auf die Katze – alle Dinge gefunden hat, verdächtigen die Ermittler den Filmemacher, das Mädchen ermordet zu haben.

Außerdem soll Wolfgang O. ein Jahr zuvor ein 22-jähriges Mädchen in Perchtoldsdorf bei Wien überfallen haben. Das Opfer, dem ein Sack über den Kopf gezogen wurde, schrie gellend um Hilfe. Der Täter ließ daraufhin von Saskia H. ab und lief davon. Wolfgang O.s unmittelbar beim Tatort geparktes Auto soll erst kurz vor dem Überfall dort abgestellt worden sein. Als Wolfgang O. Stunden später in sein Auto steigen wollte, wurde er von Beamten des Postens Perchtdolsdorf festgenommen. Bei der Vernehmung am Wachposten sagte er, dass er den Wagen schon Stunden vorher dort abgestellt hätte. Außerdem trug er andere Kleidung, als vom Opfer beschrieben. In seinem Haus fand man aber ein verschwitztes Gewand. War er die 1.500 Meter heimgelaufen und hatte sich dort umgezogen? Wolfgang O. bestritt die Tat. Bei einer erst kürzlich erfolgten Verhandlung wegen dieser Sache wurde Wolfgang O. freigesprochen. Ein Umstand, den die Familie des Mädchens nicht nachvollziehen konnte.

Die fieberhafte Suche

Wolfgang O. befindet sich weiterhin auf der Flucht, und der Verdacht gegen ihn nimmt immer grauenhaftere Formen an. War der gesuchte Filmemacher auf der Salza raften, als dort ein junges Mädchen aus Niederösterreich verschwand? Die 19-jährige Schülerin Karin Müller aus Bisamberg hatte mit ihrem Freund und einem Begleiter einen Paddelausflug beim so genannten Salzaeinstieg unternommen. Sie war mit ihrem Auto vorgefahren und hätte die beiden Männer an einer 15 Kilometer entfernten Stelle wieder aufnehmen sollen. Die Wartezeit wollte sie für

Vorbereitungen auf die Matura nutzen. Doch die Niederösterreicherin tauchte nie am vereinbarten Treffpunkt auf. Karins Mutter und viele Freunde suchten vergebens nach dem Mädchen. Ihr Wagen wurde an einem vom Treffpunkt etwas abgelegenen Ort gefunden, von ihr gab es aber nicht die geringste Spur.
Bei den Ermittlungen in diesem Fall stoßen die Beamten auf eine Angehörige eines Tauchklubs, in dem Wolfgang O. Mitglied war. Sie erklärt, dass Wolfgang O. an dem fraglichen Wochenende im Salza-Gebiet raften war. Er sei einfach unerwartet aufgetaucht und dann ohne Gruppe losgefahren.

Die Maturantin Karin Müller wird im Juni 1995 von Wolfgang O. ermordet. Ihre Leiche wird erst zwei Jahre später gefunden.

Mittlerweile ist eine Woche seit dem Überfall auf die 39-Jährige in Liesing vergangen, und von dem flüchtigen Wolfgang O. fehlt immer noch jede Spur. Mehrere Zeugen wollen ihn in Kärnten gesehen haben. So erinnert sich eine Krankernschwester auf der Feldkirchner Straße in Klagenfurt, von dem markanten Wagen des Gesuchten riskant überholt worden zu sein.

Obwohl die Fahndung gegen ihn läuft, gelingt es Wolfgang O. in der Nacht auf Montag (den 19. Juni) – kurz nachdem die Spurensucher sein Haus verlassen hatten – in sein unbewachtes (!) Haus einzusteigen. Er kommt durch die Hintertür, an der Vordertür ist nämlich das Schloss ausgetauscht worden. Wolfgang O. holt sich Kleidung und Geld und verschwindet wieder. Die Fahnder sind entsetzt über die Panne, die ihnen da unterlaufen ist. Quer durch Österreich zieht sich die Spur des Flüchtigen. Sogar bis Istrien soll er gefahren sein. Als er mit seiner Visa-Karte Geld beheben will, wird seine Kreditkarte eingezogen. In der Folge wird sein Auto von Autofahrern, die sich als Zeugen melden, auf der Südautobahn und dann beim Ossiacher See beobachtet.

In der Zwischenzeit wird eine weitere Entführung bekannt. Eine junge Frau stand derart unter Schock, dass sie sich erst einen halben Tag nach dem Ende ihrer Entführung ihrem Vater anvertraute. Der Filmemacher hat auf seiner Flucht am Wochenende im Salzkammergut die 23-jährige Angestellte aus Altmünster, Bezirk Gmunden, entführt. Als Gerda T. am Samstag, dem 18. Juni, gegen 8.45 Uhr im Hochlecken-Gebiet am Attersee wandern ging, lief bereits die Fahndung gegen den mutmaßlichen Mädchenmörder. Die junge Frau war alleine auf einem Wanderweg unterwegs, als sie von einem Radfahrer überholt wurde. Als sie sich auf einem Parkplatz ihre Bergschuhe auszog, fiel ihr der Radler wieder auf. Etwa zwei Minuten später wurde sie von dem Mann von hinten am Hals gefasst, gewürgt und zu Boden gedrückt. Der Täter stülpte seinem Opfer dessen Rucksack über den Kopf, fesselte und knebelte es. Dann schleppte er das Mädchen quer durch den Wald zum Wagen seines Opfers. Er stieß die Frau in den Kofferraum und fuhr mit ihr weg. Nach etwa 20 Minuten blieb er stehen und löste ihre Fesseln. Den Gendarmen schilderte das Mädchen die Situation später folgendermaßen: „Er hat mich gezwungen, ihm den Code meiner Bankomatkarte und die Adresse meines Freundes zu verraten." Zweimal durfte das Mädchen auf der 600 Kilometer langen Irrfahrt aussteigen, um ihre Notdurft zu verrichten. Einmal hatte er bei Bad Ischl angehalten. Auf Grund der „gespürten" Geschwindigkeit glaubte die Entführte, dass Wolfgang O. viel auf der Autobahn gefahren sei.

Am Sonntag um drei Uhr früh war die Fahrt zu Ende. Der Täter ließ das Mädchen, das sich 19 Stunden in seiner Gewalt befand, in Weyeregg am Attersee wieder frei. Nach seinem Kurzausflug nach Wien kehrt Wolfgang O. wieder an den Attersee zurück. Sein Wagen wird am Dienstag von einer Gendarmeriestreife auf einem Parkplatz entdeckt und überwacht. Durch eine Indiskretion wird die Überwachungsaktion bekannt und in den 16 Uhr-Nachrichten verbreitet. Zufälligerweise ist gegen 17 Uhr im Weißenbachtal eine Motorradstreife unterwegs. Der Beamte Werner Eigruber hält instinktiv Ausschau nach dem Gesuchten. Ein Radfahrer in Jeans und schwarzem T-Shirt kommt ihm verdächtig vor. Der Mann gibt sich als deutscher Tourist aus, doch sein Dialekt verrät ihn als Wiener. Eigruber ruft über Funk Verstärkung. Bei der Durchsuchung der Jacke des Radfahrers finden die Beamten Sparbücher und einen Ausweis, der auf „Wolfgang O." lautet. Daraufhin lässt sich der Verdächtige widerstandslos festnehmen. Und er gesteht die Entführung der Oberösterreicherin.

Wolfgang O. legt noch weitere Teilgeständnisse im Zusammenhang mit dem Fall Svec und der Entführung der 39-Jährigen ab. Eine „Garotte" (ein mörderisches Drosselwerkzeug), die bei seiner Verhaftung in seiner Hosentasche gefunden wurde, lässt wenig Hoffnung, dass sein mutmaßliches Opfer Sonja Svec noch leben könnte. Am 21. Juni begeht er einen Selbstmordversuch in seiner Zelle, der aber misslingt.

Inzwischen laufen die Ermittlungen auf Hochtouren. Wolfgang O. wird nach Wien gebracht und erzählt auf der Fahrt von der Entführung der Frau am 13. Juni. Dann kommt er auch auf Sonja Svec zu sprechen. Er gibt zu, sie am 30. Mai entführt zu haben. „Ich habe sie mit Leukoplast gefesselt und mit einem Tuch geknebelt." Danach hat er das Mädchen in ihrem eigenen Auto in sein Haus in der Hochstrasse gebracht. Sein Opfer hat er dort auch an den Beinen gefesselt. Er fragte Sonja Svec über ihr Leben aus und erpresste schließlich den Bankomat-Code. Sexuell habe er sie aber nicht angerührt. Ehe er in die Simmeringer Wohnung seines Opfers fuhr, hat er beim Bankomat 5.000,– Schilling (363,– Euro) behoben. Er nahm einige Haushaltsgeräte und die Katze der Frau mit. Am nächsten Tag behob er abermals 5.000,– Schilling vom Konto des Mädchens. Zwischendurch stellte er ihr Auto zurück und holte sein eigenes Fahrzeug.

Während der Vernehmung gibt sich Wolfgang O. weinerlich und jammert über sein verpfuschtes Leben. Er erzählt aber weitere Details des abscheulichen Verbrechens. 72 Stunden befindet sich das Mädchen schon in seiner Gefangenschaft, als er am 3. Juni Sonja in sein Auto verladen haben will und mit ihr zu einem Parkplatz an der A1 bei Pressbaum gefahren sei. Dort habe er sie an einen Baum gefesselt: „Aber nicht fest, damit sie leicht freikommt. Ich habe zu ihr gesagt, sie soll langsam bis 1.000 zählen, dann darf sie sich befreien." Die Kriminalisten glauben Wolfgang O. kein Wort. An der Stelle, die der Filmemacher ihnen zeigt, wäre das Mädchen sofort gefunden worden.

Inzwischen können sich die Fahnder über kleine Erfolge freuen. So hat Wolfgang O. eindeutig falsche Angaben über seinen jeweiligen Aufenthaltsort gemacht und musste klein beigeben, als man ihn mit Zeugenaussagen konfrontierte, wonach er sehr wohl in den betreffenden Gebieten unterwegs war. Auch mit Gerda T. war er in dem Salza-Gebiet, die Frau konnte sich an Stellen bei Palfau erinnern. Möglicherweise hat er zu dieser Gegend einen besonderen Bezug.

Im Verhör gibt Wolfgang O. zu, sein letztes Opfer vergewaltigt zu haben. Auch sein Würgewerkzeug hat er immer bei sich gehabt. Ihr Leben dürfte Gerda T. dem Umstand verdanken, dass sie Wolfgang O.s Vertrauen erringen konnte. Er hatte ihr seine ganze Lebensgeschichte erzählt, und sie hatte ihm das Gefühl gegeben, sie würde sich dafür interessieren. Durch Nachfragen hat sie ihn beschäftigt und abgelenkt. Für die Kriminalisten eine Meisterleistung des jungen Mädchens, die einem Mann, der sie vergewaltigt hat und mit Mord bedroht hat, noch gut zureden konnte.

Wolfgang O. erweist sich als „harte Nuss", die von den Kriminalisten nur schwer zu knacken ist. „Eiskalt, berechnend, vor Selbstmitleid zerfließend, aber ohne Mitleid für seine Opfer", so beschreibt ein Beamter den Filmemacher. Der Verdächtige zeigt sich in den Verhören „höflich und nett", gibt aber nur das zu, was man ihm beweisen kann. Sonst behauptet er, von nichts zu wissen.

Am Donnerstag, den 22. Juni wird im Uferbereich der Salza eine Handtasche gefunden, die von der Mutter von Sonja Svec als Eigentum ihrer Tochter identifiziert wird. Da das Beweisstück genau an jenem Uferstück sichergestellt wurde, wo Wolfgang O. am Wochenende mit Gerda T. gewesen war, dürfte er zu dieser Gegend tatsächlich einen intensiven Bezug haben. Das könnte bedeuten, dass die mutmaßlichen Mordopfer Svec und Müller in dem Gebiet zwischen Palfau und Großreifling gefunden werden könnten.

Als einen Tag später die Leiche der ebenfalls abgängigen Helga V. gefunden wird, glauben die Ermittler zuerst, ein weiteres Mordopfer Wolfgang O.s entdeckt zu haben. Wie sich jedoch später herausstellt, dürfte die Frau Selbstmord begangen haben. Nach wie vor bleibt Wolfgang O. bei seiner Aussage, Sonja Svec bei Pressbaum freigelassen zu haben. Zeitlich beginnt seine Geschichte aber zu wackeln. Laut Protokoll der Gendarmerie Großreifling ist Wolfgang O. nämlich am 2. Juni um 22.30 Uhr bei Palfau kontrolliert worden, als er überstürzt aus der Salza kam.

Weiterhin wird verzweifelt nach den Opfern gesucht. Weder von Sonja Svec noch von der in der Steiermark verschwundenen Schülerin Karin Müller kann aber eine Spur gefunden werden. Dafür gesteht Wolfgang O. einen weiteren Vergewaltigungsversuch. Der 38-Jährige überfiel am 13. Mai eine 34-jährige Frau, die gerade von einem Besuch in Wien nach Purkersdorf zurückkehrte. Gerade als sie ihr Auto parkte, kam ein dunkelhaariger Mann auf sie zu. Er drängte sie auf den Rücksitz und fesselte sie mit ihrer Strumpfhose. Die Frau konnte sich in einem verzweifelten Kampf zur Wehr setzen. Als ein Anrainer auf den brutalen Sexüberfall aufmerksam wurde, flüchtete der Täter, der bei dem Überfall weiße Zwirnhandschuhe trug. Diese werden später in Wolfgang O.s Haus gefunden.

Die große Suchaktion geht weiter. Ein kaum zugängliches Dickicht mit vielen Höhlen hatte es dem Verdächtigen anscheinend besonders angetan. Im Lassinggraben bei Fachwerk wurde Wolfgang O. nämlich am Pfingstmontag (5. Juni) von einem Oberförster, und zwar wegen illegalen Parkens seines Wagens, bestraft. Am Samstag darauf (10. Juni) wurde Wolfgang O. beobachtet, als er aus diesem Graben kam. Am selben Tag verschwand Karin Müller!

Am 26. Juni wird die Leiche von Sonja Svec gefunden – nackt und die Füße mit einem blauen Textilband gefesselt. Im Gesicht weist die Frau massive Verletzungen auf, am Hals sind Würgemale erkennbar. Der Wehr-Wächter Friedrich Minhard entdeckte den leblosen Körper am Zusammenfluss von Salza und Enns bei Krippau. Der Mann hatte Hochwasser-Kontrollen an den Staubecken durchgeführt.
Er geht davon aus, dass die Tote irgendwie beschwert gewesen sein musste, sonst wäre sie schon viel früher aufgetaucht. Immerhin galt die Wienerin 27 Tage als vermisst. Als Wolfgang O. mit dem Sachverhalt konfrontiert wird, verweigert er die Aussage. Die Ermittler konzentrieren sich auf den 2. Juni, jenen Tag, an dem Wolfgang O. Sonja Svec angeblich in Pressbaum zurückgelassen hat.

An diesem Tag beobachteten zwei Inspektoren der Gendarmerie Großreifling, wie Wolfgang O. im Taucheranzug und mit Kopfleuchte zur Salza ging. Der Filmemacher erklärte, Paddler zu sein. Er wäre spät dran gewesen und hätte noch die Wasserverhältnisse prüfen müssen, weil er frühmorgens eine Tour plante. Der Mann erschien ihnen verdächtig, deshalb ließen sie sich seine Personalien geben.

Wolfgang O. schweigt beharrlich zum Mordfall Svec. Stereotyp wiederholt er immer wieder, dass er damit nichts zu tun habe und darüber nichts wisse. Munter und redselig wird er nur, wenn er über seine Hobbys – Paddeln, Rafting und Tauchen – sprechen darf. Von Mord will er nichts wissen, aber er deutet an, dass Sonja ihm bei einer „Paddeltour aus dem Boot gefallen sei“.

Der Gerichtsmediziner stellt inzwischen fest, dass Sonja Svec eines „gewaltsamen Erstickungstodes" gestorben ist. Die Herkunft des blauen Textilbandes, das mehrfach verknotet um die Füße des Mordopfers geschlungen war, ist unklar. Es dürfte aber an einem Ende abgerissen worden sein. Noch immer verschwunden bleibt die Leiche von Karin Müller. Dass in einem der waldreichsten Gebiete Österreichs gesucht wird, erleichtert die Arbeit nicht gerade. Die Mutter von Sonja Svec erhebt gegen die Polizei schwere Vorwürfe. Obwohl die Familie des Mädchens darum gebeten hatte, die Wohnung von Sonja Svec zu überwachen, wurde das verabsäumt.

Wolfgang O. hatte also keinen Hinderungsgrund, die Wohnung mehrmals aufzusuchen, um Habseligkeiten seines Opfers zu rauben. Die Mutter ist überzeugt davon, dass ihre Tochter noch leben könnte, hätte man den Täter damals erwischt.

Das faktische Mordgeständnis

Ohne das Wort „Mord" in den Mund zu nehmen, gesteht Wolfgang O. Ende Juni den Mord an Sonja Svec. Er erzählt, wie er die junge Frau nach dreitägiger Gefangenschaft in seinem Auto in die Steiermark transportierte. „Sie wollte sich gar nicht aus ihrer Lage befreien, sie hätte doch irgendwie eine Möglichkeit zur Flucht finden können", meint er zynisch. Dazu war Sonja Svec nach dem tagelangen Martyrium sicher nicht mehr fähig. „Im Blackout und weil sie sich nicht wehrte oder schrie", versenkte Wolfgang O. das gefesselte Mädchen im Fluss. Der „Ausflug" an die Salza sei überhaupt der „Wunsch" des Opfers gewesen, dessen Tod sei ein ungewolltes Mißgeschick gewesen: Er habe „nur" den 10 Kilo schweren Betonring vom Bootsrand ins Wasser gestoßen, Sonja – mit den Füßen daran festgebunden – sei mitgerissen worden.

Während der Verbrecher auf den bereits einmal verschobenen Lokalaugenschein wartet, beginnt er sich in der U-Haft zu langweilen. Er will ab nun eine Art Tagebuch führen, um damit seine Taten aufarbeiten zu können. Seine Aussagen klingen auch in schriftlicher Form wenig glaubwürdig. So behauptet Wolfgang O.: „Als wir am Parkplatz waren und ich Sonja erklärt habe, dass ich sie zurücklassen werde, hat sie zu heulen begonnen und fast wortwörtlich gesagt: ‚Lass mich bitte so nicht hier zurück.' Ich war selbst total überrascht davon ... Sie hat mich dann während der Fahrt sogar gefragt, wo wir jetzt hinfahren, und ich habe ihr gesagt, dass ich in der Steiermark paddeln wolle. Darauf hat sie gesagt, dass sie das auch immer schon interessiert hätte." Dass er den Mord geplant habe, bestreitet er: „Ich habe nur vorgehabt, ein bisschen mit dem Boot herumzufahren ... Ich habe ihr den Kanalring an die Füße gebunden. Da Sonja nicht so stark paddeln konnte wie ich, sind wir immer weiter abgetrieben ... Da wir so nicht weiter gekommen wären, wollte ich mit ihr die Seite wechseln, und wir sind beide aufgestanden. Sonja ist zu Sturz gekommen und mit dem Oberkörper über den Bootsrand gehangen. In diesem Moment habe ich dann plötzlich die Idee gehabt, dass ich den Ring ins Wasser werfe. Ich habe nur noch einen Platscher gehört, und sie ist dann eigentlich sofort untergegangen. Ich habe mir dabei eigentlich gar nichts gedacht."

Der Lokalaugenschein

Am 14. Juli demonstriert Wolfgang O. beim Lokalaugenschein am Salza-Ufer, wie er Sonja Svec ins Boot gebracht und versenkt hat. In seinem violetten Jogger mit tief ins Gesicht gezogener Kapuze

Eine Kriminalbeamtin „spielte" beim Lokalaugenschein das Opfer Sonja Svec.

Wolfgang O., mit Bändern an den Armen gefesselt, demonstriert, wie er Sonja Svec ins Boot gebracht hat.

zeigt sich Wolfgang O. gewohnt fotoscheu. Für die Demonstration, die gewöhnlich an Puppen gezeigt wird, stellt sich eine Kriminalbeamtin zur Verfügung. Wolfgang O. zeigt, wie er sein Opfer am Abend des 2. Juni aus dem Auto geholt und sie zu seinem Schlauchboot geführt hat. Der Beamtin werden die Augen verbunden. Wolfgang O. muss zeigen, wie Sonja Svec ihm geholfen hat, das Boot aufzupumpen. An der folgenden Bootsfahrt darf Wolfgang O. jedoch aus Sicherheitsgründen nicht teilnehmen. Er dirigiert den Paddler, der seine Rolle übernimmt, von der Salzabauerbrücke (zwischen Palfau und Großreifling gelegen) aus. Wolfgang O. und Svec seien mehrmals, und zwar angeblich aufrecht sitzend, unter der Brücke durchgetrieben. Was so nicht stimmen kann, denn damals war der Wasserstand um etwa eineinhalb Meter höher als beim Lokalaugenschein. Beide hätten sich also ganz flach hinlegen müssen, um unter den Traversen der Brücke durchzukommen.

Die Ermittler sind überzeugt, dass dieser Teil der Geschichte ebenso wenig stimmt wie das traurige Finale. Wolfgang O. schwört unterdessen weiter, mit dem Mord an Karin Müller nichts zu tun zu haben. Die Suche nach der verschwundenen Karin

Müller wird auch im August 1995 fortgesetzt. Unter anderem wird der Leopoldsteinersee bei Eisenerz von Tauchern durchsucht. Zeugen haben Wolfgang O. dort zur tatkritischen Zeit gesehen; aber auch diese Suche bleibt erfolglos.

Die Mordanklage

Ende Juli 1996 ist die Anklageschrift gegen Wolfgang O. fertig. Der Filmemacher wird nur des Mordes an Sonja Svec angeklagt. Karin Müller ist mit keinem Wort erwähnt. Und das, obwohl einem Gutachten der Gerichtsmediziner zufolge zwei Haare, die in dem Auto des 39-Jährigen gefunden wurden, mit einer Wahrscheinlichkeit von 99,8 Prozent von der vermissten Schülerin stammen. Aber solange die Leiche Karin Müllers nicht gefunden worden ist, kann Wolfgang O. nur der Mord an Sonja Svec vorgeworfen werden. Die zwei Haare reichen für eine weitere Mordanklage nicht aus. Die Staatsanwaltschaft beschuldigt Wolfgang O. außerdem, zwei weitere Frauen entführt und vergewaltigt zu haben. Drei gerichtlich beeidete Sachverständige haben Wolfgang O. für „hochgradig abnorm“, aber „zurechnungsfähig“ erklärt. Laut Gutachten sind „keine Bewusstseinsstörungen nachweisbar, die – im Sinne des Gesetzes – einer Geisteskrankheit gleichkämen. Der Untersuchte war in der Lage, das Unrechtmäßige seines Handelns einzusehen und sich gemäß dieser Einsicht zu verhalten“.

Der Mörder zeigt, wie er Sonja Svec ermordete.

Wolfgang O.s Anwalt will durch eine groteske Aktion beweisen, dass sein Mandant niemals eine Tötungsabsicht hatte. Er will eine „private Tatrekonstruktion“ veranstalten – wohlgemerkt an der Alten Donau und nicht an der reißenden Salza. Mit einem 15 Kilo schweren Betonklotz an den Beinen, lässt er sich aus einem Zweimann-Boot, etwa zehn Meter vom Ufer entfernt, ins Wasser fallen und schwimmt unter größten Anstrengungen ans Ufer. Die Situation ist wohl nicht mit jener, in der sich Sonja Svec befand, zu vergleichen. Das Mädchen wurde zuvor drei Tage gefangen gehalten und gequält, bekam nichts zu essen und war dadurch völlig geschwächt. Sie war gar nicht mehr in der Lage, sich überhaupt noch irgendwie zu wehren. Trotzdem beharrt der Verteidiger darauf, dass Wolfgang O. angenommen habe, dass Sonja Svec es alleine ans Ufer schaffen würde.

Der Prozess

Am 30. September 1996 beginnt die Verhandlung gegen Wolfgang O. Der Staatsanwalt fordert für Wolfgang O. nicht nur eine Haftstrafe wegen Mordes, er verlangt auch seine Einweisung in eine Anstalt für geistig abnorme Rechtsbrecher. Zwei der drei Ärzte, die Wolfgang O. untersucht haben, halten eine Einweisung in eine Anstalt für nicht erforderlich. Dass er aber behandelt werden müsste, darüber sind sich alle Experten einig.

„Seine Problematik liegt in der ihm innewohnenden und schlummernden Aggressionsdynamik, die ihn zum Täter werden ließ“, warnt Psychiater Professor Max Friedrich. Schon in der Kindheit habe Wolfgang O. eine „neurotische Frühverwahrlosung“ aufgewiesen, die nicht behandelt worden sei und in „Form einer Persönlichkeitsstörung weiterhin besteht“. Wolfgang O. sei eine „psychosexuell gestörte Persönlichkeit mit Neigung zu sadistischem Verhalten“.

Während der Verhandlung will Wolfgang O. plötzlich einen anderen Anwalt. Angeblich habe er mit seinem bisherigen Anwalt keine Gesprächsbasis gefunden. Daraufhin entspinnt sich folgender Dialog zwischen Wolfgang O. und dem Richter:

Richter: „Aber seine Verteidigungslinie ist ganz in Ihrem Sinn.“
O.: „Jeder, der etwas mit meinem Fall zu tun hat, glaubt, dass er

Thesen über mich aufstellen muss. Ich selbst bin im Grunde genommen egal.“
Richter: „Aber wir wollen Sie ja anhören. Reden Sie mit uns.“
O.: „Es hat ja keinen Sinn.“
Richter: „Herr O., Sie müssen sich die Fragen nach dem Warum schon gefallen lassen. Warum haben Sie Sonja Svec die Augen verklebt?“ Schweigen.
Richter: „Herr O., warum haben Sie ihr im Boot nicht nur die Füße gefesselt, sondern auch noch einen Betonring angehängt?“
Wieder Schweigen.
Richter: „Und als sie aus dem Boot gefallen ist, warum haben Sie nichts Besseres gewusst, als ihr den Betonring nachzuwerfen? Gibt es eine andere Erklärung dafür als: Sie wollten sie umbringen?“
O. flüchtet sich in ein „Ich weiß nicht“.
Er weint und gibt keine Antwort.

Am zweiten Prozesstag bricht er weinend sein Schweigen: „Ich wollte nichts Schlechtes. Als Sonja unterging, habe ich

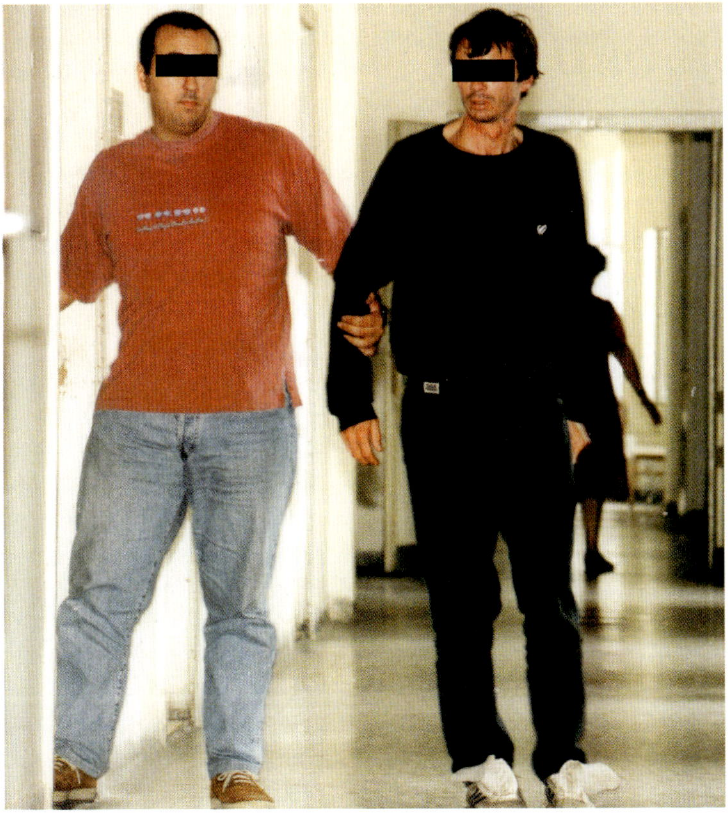

Am 3. Oktober 1996 wird Wolfgang O. wegen des Mordes an Sonja Svec zu lebenslanger Haft verurteilt.

geheult. Es ist für mich entsetzlich, am Tod eines Menschen schuld zu sein."
Am 3. Oktober fällen die Geschworenen ihr Urteil: Lebenslange Haft wegen des Mordes an Sonja Svec und wegen zweier Vergewaltigungen.

Außerdem wird verfügt, dass Wolfgang O. in eine Anstalt für geistig abnorme Rechtsbrecher eingewiesen wird. Das heißt, dass der Angeklagte die Strafe in einem geschlossenen psychiatrischen Krankenhaus verbüßen wird und dort gleichzeitig therapiert werden soll. Wolfgang O. geht in die Berufung. – Im März 1997 wird das Urteil bestätigt, es bleibt bei „Lebenslang".

Erste Spur von Karin Müller?

Fast genau zwei Jahre nach dem Tag des Verschwindens der Schülerin Karin Müller (10. Juni 1995) werden Anfang Juni 1997 in einem Wald bei Palfau ein skelettierter Kopf und ein Oberschenkelknochen gefunden. Die Ermittler vermuten, es könnte sich um die sterblichen Überreste von Karin Müller handeln. Der Oberförster Anton Reinprecht aus Palfau machte den grausigen Fund. Er wollte einen alten Forstweg wieder aktivieren und war deswegen auf einem Streifzug durchs Dickicht. Unzählige Male hatten Gendarmen das Waldstück nach Spuren von Karin Müller durchforstet, und jetzt kam den Kriminalisten der Zufall zu Hilfe. Von den Beamten informiert, konnte der Vater des Mädchens – er ist Zahntechniker – anhand des Gebissabdrucks das tote Mädchen als seine Tochter identifizieren.

Auch ein Vergleichstest bezüglich der in Wolfgang O.s Wagen gefundenen Haare ist möglich, da sich am sichergestellten Schädel noch genügend Haare befinden. Noch steht nicht fest, ob man Wolfgang O. einen zweiten Mordprozess machen wird. Ein zweites Mal „Lebenslang" kann Wolfgang O. ohnehin nicht bekommen. Trotzdem würde ein Schuldspruch wegen eines zweiten Mordes verhindern, dass Wolfgang O. eventuell nach 15 Jahren (frühestmöglicher Zeitpunkt bei einer lebenslangen Haft) entlassen werden könnte.

Millimetergenau wird der Fundort untersucht und immer mehr Knochenteile kommen zum Vorschein. Auch Ohrringe und Stofffetzen einer Jeans werden gefunden. Unterhalb des

Schädels, im Halsbereich, werden Reste weißer Spitze sichergestellt. Die Beamten sind sich sicher, dass Karin Müller erwürgt, erstickt oder erdrosselt wurde, möglicherweise mit ihrem BH. Nach nur wenigen Ermittlungstagen ist der Mordkommission ziemlich klar, wie die 19-Jährige zu Tode gekommen sein muss. Der Maturantin waren Fußfesseln angelegt worden; Reste eines Kajakgurtes wurden an den betroffenen Skelettteilen festgestellt. Dann dürfte die junge Frau mit ihrem Büstenhalter erdrosselt worden sein. Die Leiche wurde danach im Erdreich verscharrt. Die exakte Todesursache wird nie mehr festgestellt werden können. Um Erdrosseln beweisen zu können, müsste nämlich ein Weichteilbefund erstellt werden. Dies ist im Fall Müller aber nicht mehr möglich, deshalb können die Gerichtsmediziner nur nach dem Ausschlussverfahren arbeiten.

Wolfgang O. darf die Anstalt für geistig abnorme Rechtsbrecher für einige Stunden verlassen. Streng bewacht wird er im Sicherheitsbüro zum Mord an Karin Müller verhört. Bisher hatte Wolfgang O. ja erklärt, mit dem Verschwinden der jungen Niederösterreicherin gar nichts zu tun zu haben. Vor zwei Jahren gab es aber auch keine Anhaltspunkte über das Schicksal des Mädchens. Dazu kommt, dass Wolfgang O.s Alibi für damals nicht lückenlos war. In das Gebiet der Salza hatte es den wassersportbegeisterten Wiener oft gezogen. Dort ertränkte er Sonja Svec, und ein Förster hat den Verdächtigen am 10. Juni 1995 in Palfau gesehen. Aber Wolfgang O. schweigt, er hat zum Tod Karin Müllers nichts zu sagen. Die erdrückenden Indizien beeindrucken ihn nicht. Das Gericht zieht sogar eine US-Expertin des FBI zu Rate, die anhand der Knoten einen Zusammenhang mit den beiden Mordfällen herstellen soll. Eine spezielle Knüpfungsart mit zwei Schlaufen, die in der Mitte miteinander verbunden sind, soll die Doppeltäterschaft untermauern. Wie Sonja Svec an dem Betonring festgemacht wurde, so war auch Karin Müller gefesselt. Nach FBI-Erkenntnis verfallen „psychosexuell gestörte Serientäter oft dem Zwang der Wiederholung bestimmter Rituale“.

Im Oktober 1998 soll der zweite Mordprozess gegen Wolfgang O. stattfinden. Es wird ein reiner Indizienprozess werden, denn Wolfgang O. bestreitet nach wie vor, der 19-Jährigen je begegnet zu sein. In der Justizanstalt Graz-Karlau wartet er auf seine Mordanklage. Mittels einer „neuartigen Methode“, einem für sexuell motivierte Täter entwickelten Datenbanksystems, dem

VICLAS (Violent Crime Linkage Analysis System), soll Wolfgang O. das Verbrechen an Karin Müller nachgewiesen werden.
Laut dem in den USA entwickelten Computerprogramm sind die Verbrechen an Sonja Svec und Karin Müller mit sehr hoher Wahrscheinlichkeit von einem Täter verübt worden. Die Art, wie die Opfer getötet wurden, was ihr Peiniger davor mit ihnen tat, nach welchen Kriterien er sie aussuchte und viele andere Details sind praktisch identisch. Das Resultat des Gutachtens wird im neuerlichen Prozess gegen Wolfgang O. eine der wichtigsten Grundlagen der Anklage sein.

Der zweite Prozess

Wolfgang O. wartet in seiner Einzelzelle in Graz-Karlau auf den Beginn seines zweiten Prozesses. Eigentlich sollte er laut erstem Urteil in einer Anstalt für geistig abnorme Rechtsbrecher sitzen, aber die drei in Frage kommenden Anstalten – Mittersteig, Göllersdorf und Sonnberg – sind überfüllt. Also bleibt es dem Anstaltspsychologen der Karlau überlassen, sich um den „geistig abnormen Rechtsbrecher" Wolfgang O. zu kümmern.

Der Prozess beginnt am 22. Oktober 1999; Wolfgang O. würde die Öffentlichkeit am liebsten ausschließen. Sein Anwalt hofft auf einen „wertneutralen" Prozess: „Es ist ein schwerer Fall für die Familie ... Aber auf der anderen Seite haben wir den Herrn O. Er ist ja auch ein Mensch."
Der Staatsanwalt ist überzeugt, dass „der Fall Karin Müller Teil einer Serie ist. Wir haben bei der Voruntersuchung nur Gemeinsamkeiten gefunden, keine Unterschiede". Vor Gericht redet der ansonsten schweigsame Wolfgang O. doch.

Er sucht Antworten zu den „Vorfällen", bei denen die Frauen starben. Der Staatsanwalt führt Wolfgang O. die „Vorfälle" vor Augen: „Da ist eine Frau jämmerlich gestorben. Zwei Frauen, Gerda T. und Hannelore F., wurden vergewaltigt." Wolfgang O. erwidert: „Was soll ich dazu sagen? Ich muss ja einen Ausdruck finden, um es zu subsumieren."
Zwischen diesen Vorfällen wurde Karin Müller ermordet. Der Ex-Filmemacher will sie aber nie getroffen haben. „Ich habe sie bewusst sicher nie gesehen. Ich habe mit ihrem Tod nichts zu tun." Er gibt zu, an der Salza gewesen zu sein. Eine Stunde fehlt in seinem Alibi. Während dieser Stunde sei er 14 Kilometer auf

der Salza gepaddelt. Richter und Staatsanwalt glauben ihm nicht, dass er die Strecke in dieser Zeit bewältigen konnte.
Sein Verteidiger sucht nach Möglichkeiten, seinen Mandanten zu entlasten. Da Wolfgang O. bereits wegen Mordes an Sonja Svec zu lebenslanger Haft verurteilt wurde, droht ihm jetzt nur ein Schuldspruch, keine Strafe.
Eine „zweite Verurteilung könne eine vorzeitige bedingte Entlassung erschweren. Für das Vollzugsgericht macht es einen Unterschied, ob er ein Mörder oder ein Serienmörder ist", erklärt der Staatsanwalt.
Er setzt Wolfgang O. unter Druck; versucht, ihn herauszufordern. Und tatsächlich, Wolfgang O. beginnt zu weinen: „Meine Familie ... ich habe keine Basis, ich habe mich von Grund auf selbst erziehen müssen. Wissen Sie, wie lange das gedauert hat? Ganz so ist es auch nicht, dass ich der letzte Dreck war."

Am letzten Prozesstag kommt noch einmal der Psychiater Professor Max Friedrich zu Wort: „O. ist ein Mensch mit sehr viel Eigen- und Selbstliebe. Er hat schwere Charaktermängel. Es liegt eine neurotische Persönlichkeitsentwicklung vor." Daran sei unter anderem seine Kindheit im strengen Elternhaus schuld. „Es ist eine neurotische Frühverwahrlosung, von Kleinkindertagen an hat eine verbiegende Erziehung auf das Kind gewirkt. Wie auf einen Baum, der das Ziel hat, gerade in den Himmel zu wachsen. Und auf den ständig Westwind einwirkt, dann verbiegt er sich."

Auch Wolfgang O. kommt noch einmal zu Wort. Er entschuldigt sich bei den Eltern von Karin Müller und meint abschließend: „Bitte glauben Sie mir, ich war es nicht." Die Geschworenen glauben ihm nicht, sie stimmen achtmal für „schuldig".

Im September 1999 wird auch dieses Urteil gegen Wolfgang O. rechtskräftig. Im Juli 2004 sorgt der Frauenmörder erneut für Schlagzeilen, weil er aus der Justizanstalt Graz-Karlau flüchten wollte. Nach dem Fluchtversuch werden ihm sämtliche Vergünstigungen gestrichen. Wolfgang O. muss drei Wochen in Einzelhaft, er darf nicht mehr in der Tischlerei arbeiten. Innerhalb des Gefängnisses darf er sich nur noch in Begleitung von Justizwachbeamten bewegen. Nach der Einzelhaft wird der Mädchenmörder Wolfgang O. in die Hochsicherheitsabteilung verlegt, wo er noch viele Jahre – bis an sein Lebensende – verbringen dürfte.

Die schwarze Witwe

Der Fall der Serienmörderin Elfriede Blauensteiner ist auch vom heutigen Standpunkt aus undurchsichtig. Sie mixte für ihre Opfer Medikamenten-Cocktails, die sie ihnen, in Kaffee oder warmer Milch aufgelöst, kredenzte – erwünschte Nebenwirkung: Tod.

Fest steht, dass sie 1996 insgesamt fünf Morde und die Beihilfe zu einem Selbstmord gestanden hat. Diese Geständnisse widerrief sie kurz darauf aber wieder. Blauensteiner war eine spielsüchtige Casinogeherin, die sich ihr teures Hobby durch diverse „Erbschaften“ finanzierte. Die „lustige Witwe“ war aber nichts anderes als eine kaltblütige Mörderin. 1997 konnte ihr dann doch der vorsätzliche Giftmord an einem ihrer Lebenspartner nachgewiesen werden. 2001 wurde sie zwei weiterer Morde überführt. Da sie aber schon zu der in Österreich höchstmöglichen Strafe verurteilt worden war, hatte die zweite Verurteilung keinerlei Einfluss auf ihr Strafmaß. Am 15. November 2003 starb Elfriede Blauensteiner an den Folgen eines Gehirntumors. Es wird deshalb voraussichtlich nie geklärt werden können, wie viele Morde die „schwarze Witwe“ tatsächlich zu verantworten hat.

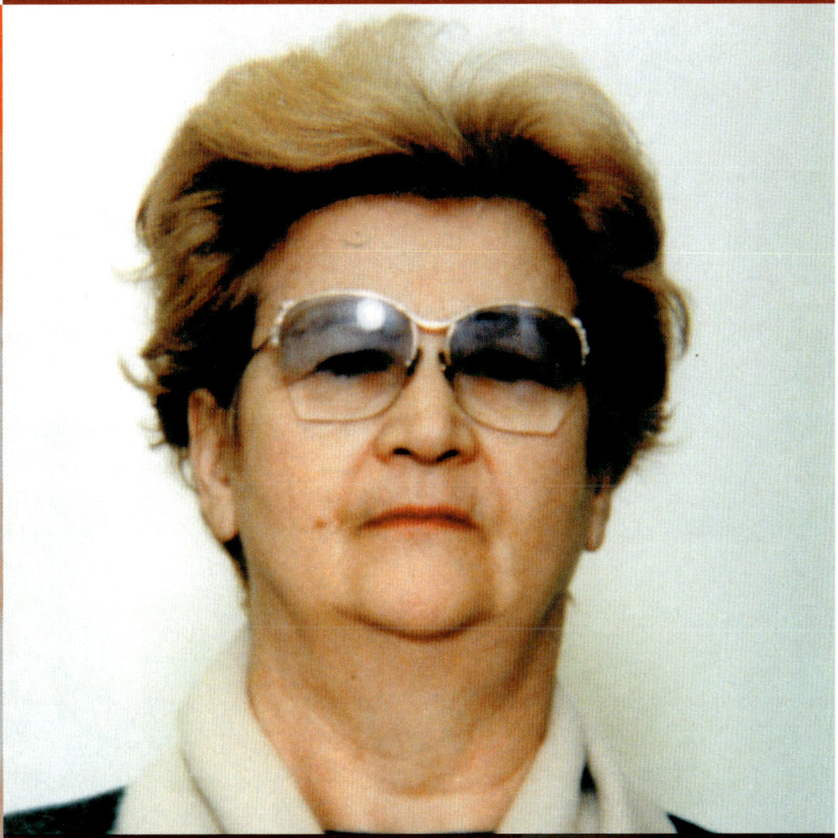

Die Serienmörderin Elfriede Blauensteiner auf einem Erkennungsdienstfoto der Kriminalabteilung Niederösterreich

Ein Leben in Armut

Elfriede Blauensteiner wird am 22. Jänner 1931 in Wien-Favoriten geboren. Die insgesamt sieben Kinder der Familie wachsen in einer Zeit der Entbehrungen auf. Als dann auch noch der Vater im Krieg fällt, wird das Leben für die Familie immer schwieriger. In der engen Zweizimmer-Wohnung am Wienerfeld lernt Elfriede Blauensteiner Schmutz und Armut kennen und hassen. Was sie will, nämlich Geld und die „große Welt", scheint unerreichbar. Ihre sechs Geschwister sind ihr dabei nur im Weg, für sie bedeuten sie nur unliebsame Konkurrenz. Dann tritt Alfred F. in ihr Leben. Aber die Ehe mit ihm, ihr Fluchtversuch aus der Tristesse, scheitert. Später bezeichnet sie ihn als ihre große Liebe und die Scheidung als ihr persönliches Waterloo. Danach beginnt sie Männer zu hassen. In der Folge gilt ihre Liebe nur noch dem Geld. In ihrer Raffgier schreckt sie schließlich auch vor Mord nicht zurück.

1985 verhilft sie dem Hausmeister in ihrem Wohnhaus zum Selbstmord. Der 59-jährige Erwin N. geht nicht besonders zimperlich mit seiner Familie um. Als er wieder einmal seine Frau verprügelt, flüchtet diese mit ihren beiden Kindern in die Wohnung von Elfriede Blauensteiner. Die stellt den Mann im Stiegenhaus zur Rede und gibt ihm zu verstehen, dass ein solcher Mensch es nicht wert sei zu leben. Erwin N. erklärt ihr daraufhin, dass er sowieso schon versucht hätte, sich vor einen Zug zu werfen, aber sich dann doch nicht getraut hat, diesen finalen Schritt zu tun. Die „fürsorgliche" Blauensteiner bietet sogleich ihre „Hilfe" an. In seiner Wohnung bereitet sie einen „Spezialcocktail" zu und befiehlt dem verzweifelten Mann derweil, einen Abschiedsbrief zu schreiben. Tatsächlich trinkt Erwin N. die Giftmischung, während Elfriede Blauensteiner die Wohnung verlässt. Als der Tote gefunden wird, ist die Polizei ganz sicher, dass es sich um Selbstmord handeln muss.

„Helfen" ist ihre Natur

Seit ihrer frühesten Jugend ist Elfriede Blauensteiner immer sehr hilfreich. Als 14-Jährige hat sie Kinder aus dem Bombenschutt gezogen. Und auch bei ihren jeweiligen Lebensabschnittspartnern zeigt sie sich stets von der besorgten

Seite. So auch bei ihrem vermutlich ersten Mordopfer, ihrem Wahlvater Otto Reinl. Blauensteiner nimmt „Vatili", wie sie ihn nennt, 1986 zu sich in Pflege nach Hause. Der Pensionist ist Diabetiker und muss deshalb regelmäßig das Medikament Euglucon nehmen. (Dieses Medikament führt bei nicht zuckerkranken Menschen zu einer schweren Unterzuckerung. Es kann aber im Todesfall als „wahre Todesursache" kaum diagnostiziert werden. Die einzige Möglichkeit ist die gerichtsmedizinische Untersuchung einer Leiche. Dann kann die Substanz noch bis zu zehn Jahre nach dem Tod, mittels chemischer Untersuchung, im Fett der Röhrenknochen festgestellt werden.) Blauensteiner liest den Beipackzettel des Medikamentes ganz genau und beobachtet fasziniert, was passiert, wenn sie Reinl zuviel davon gibt. Nach und nach erhöht sie die Dosis. Dem Mann geht es immer schlechter. Er wird wiederholt bewusstlos mit Unterzuckerung ins Krankenhaus eingeliefert. Als er seinen Stuhlgang nicht mehr kontrollieren kann und seiner „Pflegerin" die Wohnung verschmutzt, beschließt Blauensteiner, ihn von seinen Leiden zu „erlösen". Ganz einfach und sauber, mit einer Überdosis. Mit der „erfolgreichen" Tötung Reinls beginnt eine unglaubliche Mordserie.

Das nächste Opfer ist ihr eigener Gatte aus zweiter Ehe, Rudolf Blauensteiner. Der ÖBB-Fahrdienstleiter bekommt sechs Jahre lang von seiner Frau blutzuckersenkende Medikamente verabreicht. Zusehends verfällt er, liegt einmal sogar 13 Tage im Koma. Und wieder beginnt ihr – nachdem der Mann krankheitsbedingt ins Bett macht – vor ihrem Patienten zu „grausen". Sie beschließt auch in diesem Fall, ihn zu „erlösen". Mit nur 52 Jahren stirbt Rudolf Blauensteiner am 10. August 1992. Die trauernde Witwe lässt ihren „Rudi" vorsorglich einäschern, seine Urne wird in dem Grab von Otto Reinl beigesetzt.

Ihr nächstes Opfer ist alt und reich und passt damit genau in das Raster von Elfriede Blauensteiner. Aufopfernd nimmt sie sich ihrer Nachbarin Franziska Köberl an. Sie übersiedelt sogar in die Wohnung ihres nächsten Opfers. Bei ihrem „Sorgenmutterl", wie sie die 84-Jährige nennt, greift das verabreichte Euglucon aber lange Zeit nicht. Blauensteiner weiß nämlich nicht, dass Franziska Köberl gerne Süßigkeiten isst und damit quasi dem blutzuckersenkenden Medikament „entgegenwirkt". Immer wieder erhöht Elfriede Blauensteiner die Dosis. In der Zwischenzeit verfasst die alte Frau ein Testament zu Gunsten ihrer Pflegerin. Blauensteiner lockt Franziska Köberl unter anderem einige Sparbücher mit Millioneneinlage heraus (in Schilling). Das bezeichnende Losungswort lautet „Himmel". Als die Nachbarin nur noch ein „bettlägeriges Knochengerüst", sprich: ein lästiger Pflegefall ist, wird es wieder einmal Zeit, das Opfer ins Jenseits zu schicken. Nachdem Blauensteiner ihr ein Häferl Milchkaffee – versetzt mit einer extremen Überdosis Euglucon – verabreicht hat, stirbt Franziska Köberl am 15. Dezember 1992.

Auf der Suche nach neuen Opfern

Die leidenschaftliche Casino-Spielerin gibt ihre „Erbschaft" mit vollen Händen aus. Teurer Schmuck und exklusive Kleidungsstücke – das viele Geld ermöglicht dem „Kind aus einfachen Verhältnissen" endlich das Leben, das sie sich schon immer erträumt hat. Als sie wieder Geld braucht, gibt sie im Frühjahr 1994 einfach ein Inserat auf. Als „Witwe, treusorgende Kameradin und Krankenschwester" möchte sie mit einem wohlhabenden Witwer einen „ruhigen Lebensherbst" verbringen. Sie lacht sich den 64-jährigen Rentner Friedrich Döcker an, die beiden heiraten sogar. Bereits drei Tage nach der altkatholischen Eheschließung bringt sie ihn dazu, ihr sein Haus im Wert von drei Millionen Schilling mit einem Schenkungsvertrag zu überschreiben. Sie beginnt dem bis dahin rüstigen Mann Euglucon-Tabletten in den Kaffee zu mischen. Obwohl sie ihren „Fritzerl" – wie sie später in den Verhören beteuert – wirklich liebt, geht es ihr auf die Nerven, dass er immer mehr Zuneigung von ihr fordert und verlangt, dass sie öfter bei ihm zu Hause bleibt. Die Frau stillt sein Verlangen nach Zärtlichkeit mit Tabletten, die ihn immer schwächer werden lassen. Ende 1994 muss er ins Spital.

Nach seiner Entlassung nimmt sie den Dahinsiechenden in ihrer Wohnung auf und verkauft „ihr" Haus. Da Döcker nun mittellos ist, hat er für die lebenslustige Frau eigentlich keinen „Wert" mehr. Doch bevor sie sich seiner entledigt, bringt sie den extrem geschwächten Mann noch dazu, seinen Körper zu Forschungszwecken der Anatomie zu vermachen. Sie führt ihm sogar die Hand beim Unterschreiben der Urkunde, da er allein dazu nicht mehr fähig gewesen wäre. Die fortgesetzte Medikamentengabe zeigt Wirkung. Nach knapp einem Jahr „intensiver Pflege" stirbt Friedrich Döcker mit 65 Jahren am 11. Juni 1995.

Das letzte Opfer der schwarzen Witwe

Schon vier Tage vor Döckers Tod (!) hat Elfriede Blauensteiner eine neue Serie von Kontaktinseraten aufgegeben: „Suche einsamen Mann, der sich nach häuslicher Witwe sehnt“. Aus den etwa 80 Zuschriften wählt sie den 76-jährigen Witwer Alois Pichler aus.

Im Oktober 1995 zieht Elfriede Blauensteiner bei dem vermögenden, alleinstehenden Mann ein. Der pensionierte Postamtsleiter besitzt ein Haus in der Wachauer Gemeinde Rossatz und ist auch sonst das „ideale Opfer“; er ist reich, alt und hat keine Erbberechtigten.

Bis zu diesem Zeitpunkt leidet Pichler an keiner nennenswerten Erkrankung. Aber am 20. Oktober wird der Pensionist mit dem Notarztwagen bewusstlos ins Kremser Spital gebracht. Er hat akuten Unterzucker und muss drei Tage im Krankenhaus bleiben. Schon am 2. November landet Pichler wieder bewusstlos im Spital, wieder sind die Blutzuckerwerte extrem niedrig. Der Witwer muss zur Spezialuntersuchung nach Horn. Am 17. November wird er als gesund entlassen. An diesem Tag soll er angeblich gegenüber Blauensteiner und ihrem Rechtsanwalt Harald Sch. seinen letzten Willen mündlich zu Gunsten der Frau geändert haben. Bereits am 19. Oktober hat Anwalt Sch. den

Das Inserat, mit dem die Mörderin ihre Opfer geködert hat

WEIBLICH

Sie sind über 80? Dann schreiben Sie mir. Witwe, 63/162, gepflegt, gutes Vater-Tochter-Verhältnis erwünscht. Unter „Ortswechsel möglich WS 934809“.

Entwurf für einen Schenkungsvertrag über die gesamte Liegenschaft Pichlers vorbereitet. Vier Tage nach der Entlassung aus dem Spital, nämlich am 21. November 1995, stirbt Alois Pichler einen qualvollen Tod. Der stark geschwächte Mann wird von Blauensteiner und ihrem Anwalt noch in die Badewanne gebracht und abgeduscht. Dann lassen sie Pichler bei offenem Fenster liegen, bis er in dem eiskalten Zimmer stirbt.

Alois Pichlers 91-jährige Schwester, eine Nonne, wird stutzig, als sie ihren Bruder tagelang nicht erreicht. Sie mobilisiert ihre Mitschwestern, und zusammen mit dem Pfarrer halten sie Nachschau im Hause Pichlers. Als Pater Gabriel läutet, öffnet ihm Anwalt Sch. die Tür. „Herr Pichler liegt tot in der Badewanne, das ist kein schöner Anblick", sagt er dem Pfarrer. Als die Nonnen trotzdem darauf bestehen, die Leiche zu sehen, kommt es beinahe zum Eklat. Elfriede Blauensteiner erscheint und tobt.

Vier Tage später soll Pichler nach dem Willen Blauensteiners am Ortsfriedhof, hoch über der Donau, beerdigt werden. Die Witwe hat für den letzten Weg ihres „Burli" – so nannte sie den Verstorbenen – bereits den Kirchenchor bestellt. Auch die Partezettel sind schon gedruckt: „Wenn die Kraft zu Ende geht, ist Erlösung Gnade" und „Alois Pichler ist nach kurzer, schwerer Krankheit von Gott, dem Herrn abberufen worden". Dass in Wirklichkeit sie es war, die den alten Mann „abberufen" hat, ahnt zu diesem Zeitpunkt bereits das halbe Dorf. Der Ortspfarrer Pater Gabriel und die drei Nonnen leisten schließlich entscheidende Angaben zur Aufklärung der Mordserie. Denn mittlerweile hat der Geistliche den Wahlneffen Pichlers, Wolfgang K., informiert. Dem kommt die ganze Sache eigenartig vor, und er erstattet Anzeige bei der örtlichen Gendarmerie. Schließlich hatte sein Onkel ihn als Erben eingesetzt, gibt Wolfgang K. zu Protokoll. Das für 25. November geplante Begräbnis wird verschoben, die Leiche Alois Pichlers direkt aus der Aufbahrungshalle zur Obduktion nach Wien gebracht.
Als die Gerichtsmediziner riesige Mengen des Präparates Anafranil finden, übernimmt die Mordkommission den Fall. (Das Mittel ist ein Antidepressivum und wie Euglucon geschmacksneutral.) Die geheimen Ermittlungen der Polizei beginnen. Elfriede Blauensteiner ist derweil empört darüber, dass sie nicht in „ihr" Haus gelassen wird. Sie drängt ihren Anwalt, doch etwas zu unternehmen. Die beiden sind auf der Suche nach falschen Testamentszeugen; Blauensteiner befürchtet nämlich, Pichler

Der Pensionist Alois („Burli") Pichler, das letzte Opfer von Elfriede Blauensteiner

könnte irgendwo doch noch einen letzten Willen zu Gunsten eines Verwandten hinterlassen haben. Ein Testament Pichlers hatte sie sowieso schon verheizt, die Sache drängt.
Am 1. Dezember 1995 findet schließlich das Begräbnis von Alois Pichler statt. Es kommt zu einem großen Auftritt mit der Witwe Blauensteiner als Trauergast. Grell geschminkt, in einem teuren schwarzen Pelz gekleidet, hält sie einen Strauß roter, langstieliger Rosen in der Hand. Ganz so, als ob sie ihr Opfer geliebt hätte. Ihr Auftritt dauert nur wenige Minuten. Zielstrebig stöckelt sie auf das offene Grab zu, sagt „Adieu Alois", wirft die Blumen auf den Sarg und macht, ohne dass sie noch jemandem kondoliert oder ihr jemand „Beileid" wünscht, auf dem Absatz wieder kehrt. Schon auf der Heimfahrt nach Wien denkt sie an ihr nächstes Opfer. Auf die Rückseite des Partezettels von Alois Pichler kritzelt sie den Entwurf für die nächste Kontaktanzeige: „Witwe, alleinstehend, Anfang 60, Autofahrerin, herzeigbar, sucht Beamten". Das zynische Kennwort ihres Inserates lautet: „Ortswechsel möglich". Dass sie dem Chef der Detektei Lux, der als Leibwächter für das Begräbnis engagiert war, 300.000,– Schilling

(knapp 22.000,– Euro) anbietet, damit er ihr als falscher Testamentszeuge dienlich ist, wird Elfriede Blauensteiner später in Bedrängnis bringen.

Die Giftmischerin im Verhör

Etwa einen Monat nach dem Tod Pichlers bewilligt das Gericht in Krems, das Elfriede Blauensteiner abgehört wird. Es laufen bereits Ermittlungen, denen der Verdacht eines gewaltsamen Endes des begüterten Pensionisten zugrunde liegt. Schon am ersten Tag dürfte die Witwe Verdacht geschöpft haben, denn ihrem Anwalt gegenüber bemerkt sie: „Ich bin überzeugt, dass sie mein Telefon abhören. Die können mich alle ...!“

Auf Grund der Telefongespräche, die von den Beamten wochenlang abgehört werden, wird Elfriede Blauensteiner schließlich verhaftet. Im Jänner 1996 gesteht die Frau einen Mord nach dem anderen. Wann immer ihr ein Mensch lästig wurde, fällte sie das Todesurteil über ihn – ohne Gefühl und Skrupel. Die Giftmischerin verfügte über eine reichhaltige Palette von Medikamenten, die sie je nach Situation einsetzte. Sie bevorzugte das blutzuckersenkende Euglucon, dass sie dann und wann mit Schlafmitteln, wie etwa Rohypnol kombinierte. Auch das Antidepressivum Anafranil sowie Schmerzmittel und noch andere Psychopharmaka hat sie in ihrer Hausapotheke. Auf die Frage, wie sie zu so vielen Medikamenten gekommen sei, erzählt sie den Ermittlern, dass sie sich diese bei den verschiedensten Ärzten besorgt hätte; meistens mit der Ausrede, dass ihr eigener Arzt krank oder auf Urlaub sei und sie dringend das Mittel brauche. Während Blauensteiner fleißig plaudert, schweigt ihr mitinhaftierter Anwalt Harald Sch. eisern. So erzählt sie weitere Details ihrer Vorhaben. Da ihr angeblich die „Pflege“ älterer Menschen in ihrer Wohnung nach einiger Zeit zuwider geworden sei, hätte sie – gemeinsam mit ihrem Anwalt – überlegt, dessen leer stehende Wohnung im 1. Stock eines Hauses in Wien-Döbling als eine Art „Pflegestation“ für zwei bis drei Senioren zu adaptieren. Elfriede Blauensteiner hätte dabei die Betreuung übernehmen, der Jurist die Verlassenschaften abwickeln sollen. Auch eine Aufteilung der Gewinne hatten die beiden schon vereinbart. Insgesamt sechs Morde gesteht Blauensteiner, die sie aber anschließend alle widerruft.
Am 10. Februar 1997 beginnt in Krems der Prozess

Auf der Anklagebank

Blauensteiners wegen Mordverdachts. Auch ihr ehemaliger Anwalt sitzt auf der Anklagebank. Die Verhandlung ist für den Zeitraum von zwei Wochen anberaumt, die Geschworenen werden aber nur über einen Fall urteilen müssen, nämlich über den Tod von Alois Pichler.

Im Blitzlichtgewitter scheint sich die Mordverdächtige besonders wohl zu fühlen. Im braunen Kostüm tritt die gepflegte Blondine zur improvisierten Pressekonferenz vor Prozessbeginn an. Den Journalisten erzählt sie, dass sie herrlich geschlafen hätte: „Acht Stunden durchgehend – mit zwei Pulverln.“ Pulver spielen auch in der Mordanklage eine tragende Rolle. Schließlich wirft ihr der Staatsanwalt in seiner Anklageschrift vor, „am 21.11.1995 Alois Pichler durch Vergiftung mit Euglucon und Anafranil sowie durch Verursachung einer Unterkühlung vorsätzlich getötet zu haben“.

Nicht nur auf ihr eigenes Äußeres legt die vife Witwe größten Wert. Auch die Anwesenden der schreibenden Zunft nimmt sie genau unter die Lupe und rügt sofort, wenn ihr jemand nicht gepflegt genug erscheint. „Gepflegt“ scheint im Übrigen eines ihrer Lieblingsstichworte zu sein. Gepflegt hat sie nämlich auch

Mit dem blutzuckersenkenden Mittel „Euglucon“ „behandelte“ die „schwarze Witwe“ Blauensteiner ihre Opfer. Erwünschte Nebenwirkung: der Tod ihrer „Patienten“.

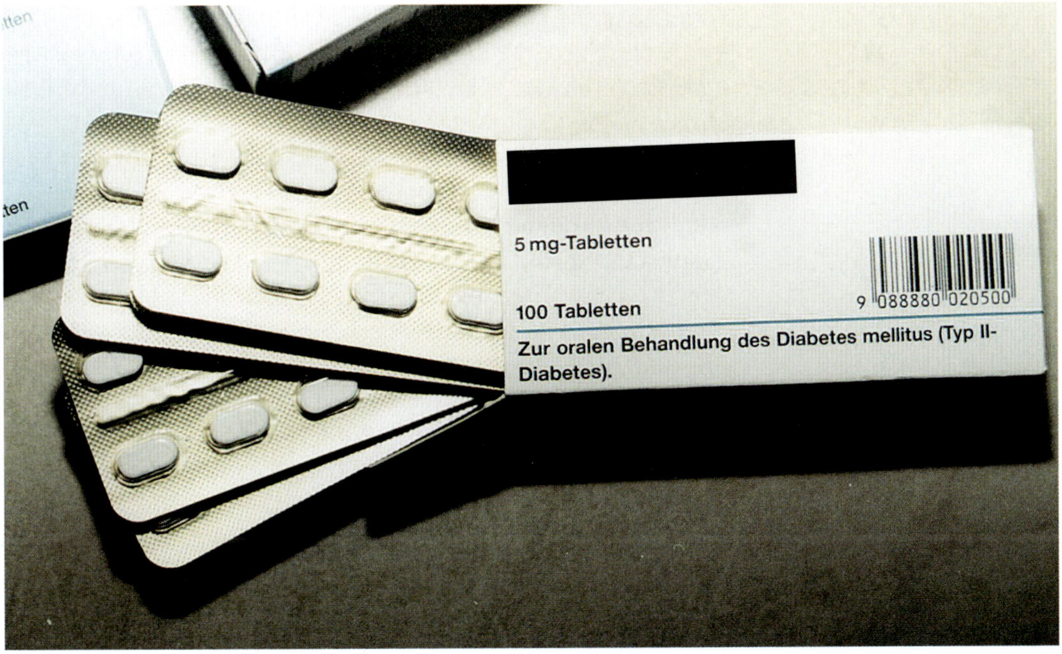

ihre sorgfältig nach Vermögen, Alter, Anhanglosigkeit und Krankheit ausgesuchten Opfer, wie eben auch den Millionär Alois Pichler. Blauensteiner und Anwalt Sch. bekennen sich nur des versuchten Betruges schuldig, weil sie ein falsches Protokoll über ein angebliches mündliches Testament Pichlers vorgelegt hatten. Danach hätte „sein Mädi" alles erben sollen, in Wahrheit aber hatte Pichler seinen Wahlneffen Wolfgang K. als Erben eingesetzt.

Die Frau gibt sich sehr resolut und schlagfertig vor Gericht. Als der Richter wissen will, ob sie sich denn niemals gesunde Männer ausgesucht hätte, erwiderte Blauensteiner: „Nein, gesunde Männer wollen doch nur meinen Körper, und der gehört seit dem Tod des Blauensteiner mir ganz allein. Ein kranker Mann gibt nur Handibussi ...!" Helfen sagt sie, sei ihre Natur. Immer hat sie den Arzt gerufen, wenn Alois Pichler bewusstlos wurde. So auch nach jener Nacht, in der Pichler laut Anklage, bewusstlos durch Überdosen von Euglucon und Anafranil, durch Abbrausen in der Badewanne, an dem auch Anwalt Sch. mitgewirkt hatte, absichtlich unterkühlt worden sei.

Am zweiten Prozesstag tritt sie weniger glamourös auf. Im dunkelblauen Kleid mit weißem Kragen, vornehm und zurückhaltend, fehlt bei ihr von der Aufgekratztheit des Vortages jede Spur. Die Fragen des Richters beantwortet sie wie aus der Pistole geschossen:

„Die Symptome bei Unterzuckerung durch Überdosen Euglucon?"

„Zittrigkeit, allgemeine Schwäche bis zum Koma. So steht es in den Medizinbüchern geschrieben."

„Was tun bei einem Zuckerkoma?"

„Einen Zuckerstoß geben, die Rettung holen, Glucose spritzen."

Immer wieder versucht der Richter Fangfragen zu stellen, doch die 66-Jährige weicht geschickt aus, bis sie plötzlich meint: „Ich bin hier nur wegen Alois Pichler angeklagt, und mir geht's heute ganz schlecht mit dem Herz." Schließlich habe sie seit etwa 20 Jahren einen Herzschrittmacher. Vorsichtshalber wechselt der Vorsitzende zum Mitangeklagten Harald Sch. Der 40-Jährige schildert sein Verhältnis zu der skrupellosen Frau: Er war auf eine betuchte Klientel aus, sie auf ebensolche Pfleglinge.

Am dritten Tag kommt das Gericht zum Kern des Prozesses, den Mordverdacht im Fall Pichler. Schon kurz nach dem Auftauchen

Blauensteiners in seinem Haus fiel er ins Koma. „Stimmt, das war ein Fehler", räumt die Angeklagte ein: „Ich habe ihm nur fünf Stück Euglucon gegeben, damit er Appetit bekommt. Auf Euglucon stellt sich normalerweise Hungergefühl ein – bei ihm hat es halt anders gewirkt."

Bei der Verhandlung nähert man sich nun dem eigentlichen Tatzeitpunkt, und da lässt Blauensteiner plötzlich eine „Bombe" platzen. Sie behauptet, dass Wolfgang K., der eigentliche Nutznießer des Pichler-Testaments, dem kranken Mann am Tag vor dessen Tod Almdudler „mit Zusatz" verabreicht habe. Rapide sei es von da an mit Pichler bergab gegangen. Gesehen hätte sie freilich nichts Konkretes, aber am nächsten Tag hätte sie Pichler in dessen Zimmer auf dem Boden liegend gefunden – das Fenster sei mysteriöserweise sperrangelweit offen gewesen. Als die Sprache auf die Telefonabhöraktion kommt, zeigt sich Blauensteiner kampflustig: „Das waren ganz große Stümper. Man hat es rascheln und knistern gehört. Und dann habe ich eben losgeschlagen." So habe sie in regelrechten Schimpftiraden über Pichlers Wahlneffen hergezogen und auch in Hinblick auf die Behörden kein Blatt vor den Mund genommen. Gevift verbreitet sie übers Telefon gezielt Informationen, die sie genau so bei den Kriminalisten anbringen will. So unter anderem die Behauptung, sie hätte vergeblich nach Sparbüchern gesucht, dabei hatte sie den Millionenbetrag schon zu Pichlers Lebzeiten behoben. Dann kommt der Prozesstag, an dem der Wahlneffe als Zeuge auftritt. Der 49-jährige Kaufmann erzählt von seinem „Onkel Loisl", und dass der Mann nach dem Tod der Tante eine neue Gefährtin gesucht habe. Die Sparbücher in Millionenwert wären schon weg, habe der Onkel ihm gesagt, nachdem er ins Spital gekommen sei. Deshalb wollte Pichler das Haus retten und beauftragte seinen Neffen, drei Testamentszeugen zu bringen. „Die (Elfriede Blauensteiner, d. Verf.) will mein Häusl verdrahn ..." Bei der Gegenüberstellung im Gerichtssaal beginnt Blauensteiner, ihre vor Tagen aufgestellte Beschuldigung gegen Wolfgang K. wieder vorzubringen. Der Neffe hätte Pichler kurz vor seinem Tod „Almdudler mit Zusatz" verabreicht, aber, so Blauensteiner, „gesehen habe ich nichts", worauf Wolfgang K. erklärt, dem Getränk nichts hinzugefügt zu haben.

Auch die Spitalsärzte kommen im „Blauensteiner-Prozess" zu Wort. Für sie waren die wiederholten Unterzucker-Anfälle des 77-jährigen Pichler ein Rätsel. Blauensteiner hätte sich immer sehr besorgt gezeigt, wenn Pichler ins Spital eingeliefert wurde. Dass sie ihrem Gefährten, der gar nicht zuckerkrank gewesen war, das zuckersenkende Mittel Euglucon verabreicht hatte, verschwieg sie damals natürlich.

Als die Sachverständigen ihre Aussagen machen, kommt es zu überraschenden Angaben der Chemiker. Man fand im Blut des Opfers ein anderes starkes Medikament, nämlich Anafranil, und zwar in erheblicher Konzentration, die weit über den therapeutischen Rahmen hinausging. Blauensteiner hatte bis zu diesem Zeitpunkt kategorisch bestritten, ihrem Pflegling dieses Medikament verabreicht zu haben. Damit konnte der Nachweis erbracht werden, dass Pichler an einer massiven Überdosis Anafranil starb. Euglucon, das Pichler zweimal ins Koma fallen ließ, konnte „nur“ eine allgemeine Schwächung und möglicher-

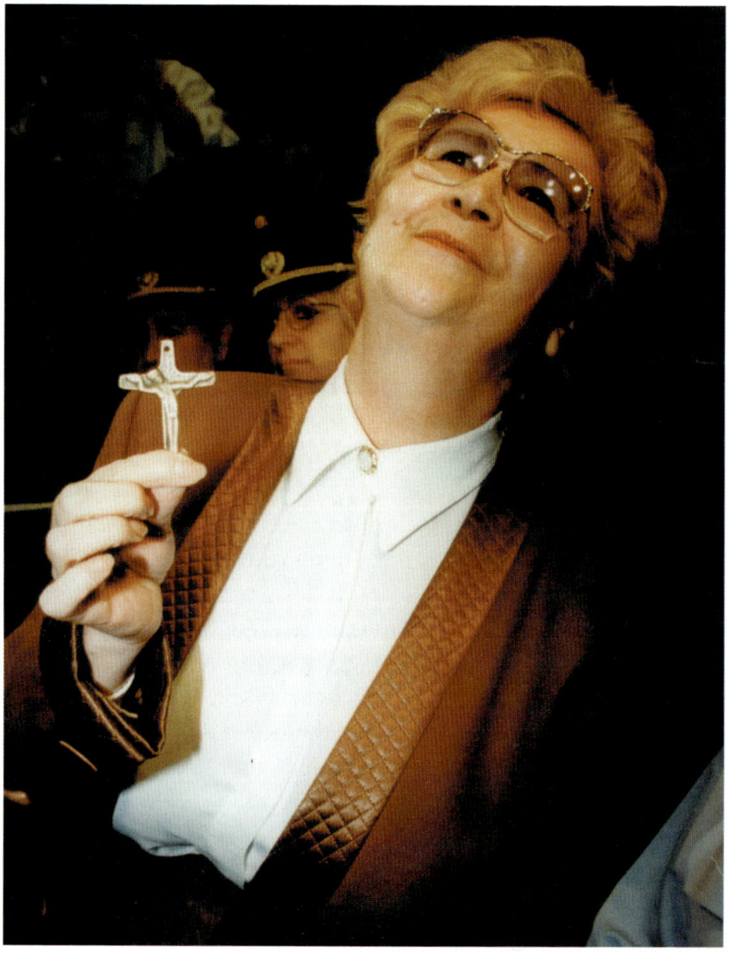

Die schwarze Witwe Elfriede Blauensteiner bei ihrer Selbstinszenierung vor Gericht

weise einen Gehirnschaden hervorgerufen haben. Die von Blauensteiner eingestandenen, medizinisch nicht begründeten Euglucon-Dosen stuft der Ankläger als „erfolglose Tötungsversuche“ ein.

Auch eine 39-jährige praktische Ärztin wird befragt. Die hatte Blauensteiner „ungeschaut“ Rezepte über 1.100 Stück Euglucon und 200 Anafranil-Dragees ausgestellt. Da sie deshalb selbst ein Gerichtsverfahren erwartet, braucht sie nicht auszusagen. Mittlerweile steht fest, dass das Duschen und die unterstützenden Handgriffe durch Anwalt Sch. nicht maßgeblich für den Tod des Pensionisten waren. Anwalt Sch. kann daher keine direkte Beteiligung mehr vorgeworfen werden. Die Anklage wird im Fall Sch. auf „Beihilfe zum Mord“ abgeändert.

Am 7. März 1997 ist es soweit – die Geschworenen müssen nun eine Entscheidung treffen. War der Tod von Alois Pichler Mord durch eine Überdosis Anafranil oder Körperverletzung mit Todesfolge oder unterlassene Hilfeleistung? Blauensteiner ist in einem schwarzen Kostüm erschienen, schüttelt ab und zu den Kopf und kneift ihre Augen zusammen. Der Ankläger beginnt zu sprechen: „Elfriede Blauensteiner hat Alois Pichler vorsätzlich getötet.“ Er holt weit aus, zieht zur Veranschaulichung des komplexen Falles auch die übrigen Todesfälle im Dunstkreis Blauensteiners heran, die noch untersucht werden müssen. Angespannt hört sich Elfriede Blauensteiner um drei Uhr in der Frühe das Urteil an: Lebenslang wegen Mordes an Alois Pichler, erschwerend kommen das Motiv Geldgier und die besondere Heimtücke und Grausamkeit hinzu.

Einzig von dem Vorwurf, sie hätte sich Pichlers Sparbücher „betrügerisch“ angeeignet, wird sie freigesprochen. Die hatte ihr der alte Mann möglicherweise wirklich überlassen. In sämtlichen Punkten haben die Geschworenen einstimmig geurteilt. Der Mitangeklagte Ex-Anwalt Harald Sch. wird von der Beteiligung am Mord freigesprochen, aber wegen Beihilfe zur vorsätzlichen Körperverletzung mit Todesfolge zu sieben Jahren Gefängnis verurteilt. Auf die Frage, ob sie das Urteil verstanden hätte, antwortet Blauensteiner: „Ich habe sehr wohl verstanden.“ Beim Weg zum Gefangenenhaus ruft sie in die Menge: „Es ist alles nicht wahr!“ Die Verteidiger melden für beide Angeklagten Berufung an.
Im Gefangenenhaus des Landesgerichts Krems wartet Elfriede

Blauensteiner auf die Entscheidung des Obersten Gerichtshofs über ihre Berufung gegen das Urteil „Lebenslang“. Mittlerweile hat sie sogar damit begonnen, ihre „Memoiren“ zu schreiben. Sie gilt als Musterhäftling, macht sich auch im Gefängnis unentbehrlich. Sie übernimmt mit Vorliebe die Mutterrolle bei jüngeren Mithäftlingen, verliest vor versammelter Runde ihre „Fanpost“ – Dankschreiben von inzwischen entlassenen Haftgenossinnen und Briefe von Anhängern außerhalb der Gefängnismauern.

In ihren „Memoiren“ kann man zwischen den Zeilen Anhaltspunkte für ihre Motive finden. Geldgier allein kann das Phänomen Blauensteiner nämlich nicht erklären. Es war auch das euphorische Gefühl der Macht und Unentbehrlichkeit, die das Pflegen verschaffen kann. Es ist aber auch Genugtuung darüber zu spüren, die von ihr verabscheuten Männer als hilflose und auf sie angewiesene Patienten zu sehen. Insgesamt soll die passionierte Casinospielerin (230 Casinobesuche pro Jahr) im Laufe der Jahre 18 Millionen Schilling geerbt oder geschenkt bekommen haben. Am 30. September 1997 wird das lebenslange Urteil gegen Elfriede Blauensteiner bestätigt und damit rechtskräftig.

Neuer Prozess im Jahr 2001

Die mittlerweile 70-jährige Frau wird im April 2001 neuerlich vor Gericht gestellt. Obwohl ein weiterer Schuldspruch keine zusätzliche Strafe bedeuten würde – in Österreich kann die Höchststrafe „Lebenslang“ nur einmal verhängt werden – könnte eine neuerliche Verurteilung aber eine bedingte vorzeitige Entlassung verhindern. Diesmal wird in Wien verhandelt – es geht um die beiden Fälle Friedrich Döcker und Franziska Köberl. Im Jahr 1992 soll Blauensteiner ihre alte Nachbarin Franziska Köberl getötet haben, im Juni 1995 den wohlhabenden Friedrich Döcker. Während des Prozesses kommt heraus, wie raffiniert sie ihre Ziele verfolgte. Ein Kriminalist spricht von der „Blauensteiner-Methode“: Je reicher die Opfer, desto schneller der Tod.

Und tatsächlich scheint die skrupellose Frau nach diesem Prinzip gearbeitet zu haben. Waren Liegenschaften oder Sparbücher zu holen, gab es einen schnellen Tod. Wenn sie hingegen auf die Pension aus war, ging sie langsamer vor. So war ihrem Ziehvater

IHR WAHLVATER OTTO REINL WAR DAS ERSTE MORDOPFER DER „SCHWARZEN WITWE“. AUCH IHN „ERLÖSTE“ SIE MIT DEM MEDIKAMENT EUGLUCON.

Otto Reinl und ihrem Ehemann Rudolf Blauensteiner ein längeres Siechtum beschieden. Die Millionäre Pichler, Köberl und Döcker wurden dagegen recht schnell aus dem Weg geräumt. Manche Verdachtsfälle wurden eingestellt, weil die Leichen nicht mehr untersucht werden konnten; so im Falle ihres Ehemannes, dessen Leiche sie einäschern ließ. In der exhumierten Leiche Köberls können die Sachverständigen Spuren von Euglucon und Rohypnol nachweisen – Hinweise genug für einen Mord.

Gefasst hört sich Elfriede Blauensteiner die Schuldsprüche in den zwei Mordfällen an. „Nichtigkeit!“, verkündet sie dann – das Urteil ist damit noch nicht rechtskräftig. Im Fall der 84-jährigen Franziska Köberl wird einstimmig auf Mord erkannt, beim 64-jährigen Friedrich Döcker stimmen die Laienrichter mit 6:2 für Mord.

Der Vorsitzende will von der Angeklagten nur noch eines wissen: „Sie haben Friedrich Döcker doch angeblich so geliebt, nicht wahr?“

„Ja.“

„Wie erklären Sie es dann, dass Sie fünf Mal im Casino waren,

während er gerade im Sterben lag?"
In ihrer gewohnten Ablenkungstaktik fragt Blauensteiner scheinheilig: „War das wirklich in diesem Zeitraum?"
„Da können Sie ..."
„... Gift darauf nehmen, ich weiß", spöttelt Elfriede Blauensteiner.

Am 17. Dezember 2001 wird die Berufung abgelehnt, der Berufungssenat des Obersten Gerichtshofs bestätigt die Schuldsprüche in den Fällen Franziska Köberl und Friedrich Döcker. Blauensteiner zeigt sich bei ihrem letzten öffentlichen Auftritt noch einmal von ihrer theatralischen Seite: Sie habe weder Franziska Köberl noch den „Döcker Fritzl" umgebracht. Ihre Schlussworte vor dem OGH lauten: „Sperren Sie mich ein! Lassen sie mich bis zu meinem Sterben im Gefängnis!"

Das Ende der schwarzen Witwe

Das Sterben kommt schneller, als sie denkt. Knapp zwei Jahre danach geht es der Dreifach-Mörderin nämlich gar nicht gut. Nach einem Sturz von einer Leiter – sie sollte in der Gefängnis-Bibliothek Bücher ordnen – kommt Blauensteiner in den gesperrten Trakt des Krankenhauses der Barmherzigen Brüder. Vier Zimmer hier sind speziell für Gefangene eingerichtet. Dort gibt sie, etwa einen Monat vor ihrem Tod, am 14. Oktober 2003 ihr letztes Interview. All das, wovor sie sich immer am meisten gefürchtet hat, ist eingetreten. Ungeschminkt, unfrisiert und kaum mehr fähig, sich alleine zu bewegen, liegt sie in dem Spitalsbett.

Elfriede Blauensteiner im Gespräch mit den beiden News-Journalisten Andreas Zeppelzauer und Atha Athanasiadis:

News: **Frau Blauensteiner, wir haben gehört, Sie sind schwer krank?**
Blauensteiner: *Schön, dass ihr mich besucht. Es tut mir furchtbar leid, dass ich so ausschaue, aber ich kann mich kaum mehr alleine bewegen.*

News: **Eigentlich schauen Sie blendend aus. Es heißt, Sie hätten einen Gehirntumor ...**
Blauensteiner: *Meint Ihr? Also ich bin vor einem Monat von der*

Leiter gefallen. Vermutlich hatte ich einen leichten Schlaganfall. Jetzt kann ich meine linke Hand (sie ist gebrochen) nicht mehr bewegen. Mein linker Fuß ist gebrochen. Es ist furchtbar erniedrigend, nicht mehr allein auf die Toilette gehen zu können.

News: **Entschuldigen Sie, dass wir so direkt fragen – angeblich sollen Sie Krebs haben?**
Blauensteiner (tippt auf Ihre Schädeldecke): *Ich habe da was im Kopf. Schaut her. Es sitzt da und wird immer größer. Aber ich brauche keinen Arzt, sondern einen Elektriker, der mir meine Leitungen im Kopf repariert.* (Sie macht kurz Pause und sinniert, dass sie bald sterben wird.) *Es sagt mir eigentlich keiner, was ich genau hab. Aber vielleicht ist das auch gut so. Ich weiß bestimmt, wenn ich abtrete, dann werde ich ein Engel ...*

News: **Sie sollen am Mittwoch dieser Woche operiert werden.**
Blauensteiner: *Ja? Oh. Das ist aber nett. Keine Ahnung. Aber ich vergesse auch so viel. Vielleicht habe ich ja einmal gewusst.*

News: **Geht es Ihnen gut hier im Spital?**
Blauensteiner: *Es sind alle wunderbar hier. Trotzdem wäre ich lieber draußen. Wenigstens habe ich eine nette Zimmergenossin. Sie hat nur eine furchtbare Frisur, aber sonst ist sie sehr lieb.*

News: **Frau Blauensteiner, Sie sind eine verurteilte Dreifachmörderin, wurden zu lebenslanger Haft verdonnert ...**
Blauensteiner: *Ich bin ein lebensfroher Mensch. Das bin ich immer gewesen, und das werde ich auch immer bleiben. Egal, was andere Menschen von mir halten. Nie in meinem Leben habe ich jemandem etwas Böses getan.*

News: **Sie sollen zumindest Friedrich Döcker, Alois Pichler und Franziska Köberl mit blutzuckersenkenden Medikamenten vergiftet haben.**
Blauensteiner: *Ach. Das war alles ganz anders. Ich habe den Friedrich Döcker und den Alois Pichler wirklich gerne gehabt. Ich war sehr, sehr traurig, wie die beiden dann plötzlich so schnell gestorben sind ...*

News: **Da sollen Sie ja ordentlich nachgeholfen haben. Fakt ist etwa: Als Alois Pichler Sie kennen gelernt hat, erfreute er sich bester Gesundheit. Ein Monat später war er tot.**
Blauensteiner: *Ja, ja. Das ist sehr rapide gegangen. Aber das mit*

der Gesundheit ist so eine Sache in einem gewissen Alter. Da kann alles sehr schnell gehen. So ist das nun mal im Leben. So ist das ja schon mit so vielen Menschen passiert – und das musste auch der Alois erleben. Obwohl ich wirklich alles getan habe. So habe ich mich bemüht – aber leider war alles umsonst.

News: **Fest steht aber auch, dass Sie alle Sparbücher Köberls geplündert haben sollen.**
Blauensteiner: *Moment, meine Lieben! Geplündert ist wohl der falsche Ausdruck. Die Franzi hat mir selber ihr Geld überlassen. Wisst ihr eigentlich, wie viel Ausgaben so ein kranker, alter und gebrechlicher Mensch verursacht? Dauernd muss was Neues gekauft werden. Fragt einmal die Schwestern hier im Spital ...*

News: **Über Ihren Fall wurde in der ganzen Welt berichtet, ihr Leben sogar mit Christiane Hörbiger in der Hauptrolle fürs Kino verfilmt. (Titel des Filmes: „Die Gottesanbeterin".)**
Blauensteiner: *Die Drehbuchautoren des Films haben sich nie mit mir auseinandergesetzt. Hätte das einer von denen getan, wäre es ein anderer Film geworden. Nichts gegen die Frau Hörbiger – sie ist eine tolle Person. Aber nur ich könnt mich selber spielen – oder vielleicht noch die Liz Taylor. Die Hörbiger ist mir in dem Film auch zu aufgetakelt. Solche Kostüme hätte ich niemals getragen.*

News: **Sie haben zuletzt in News gesagt, Sie würden gerne selber ein Buch schreiben.**
Blauensteiner: *Also alles kann ich nicht verraten. Aber spätestens über meinen Nachlass werden sich viele wundern. Ich habe noch so viele Ideen. Ihr wisst ja: Totgesagte leben länger. Ich kann den Menschen Mut machen. Das war immer schon so. Ich kann sagen, wie man richtig und positiv lebt. Ich kann auch gut Love-Storys entwerfen. Aber im Moment kann ich ja überhaupt nichts tun. Nur warten und vertrauen, dass die Ärzte hier das Richtige mit mir anstellen. Ich hasse es, so hilflos zu sein. Ich war immer auf mich selber gestellt. Habe immer versucht, mein Leben zu meistern. Ich hatte es auch nie leicht, aber ich habe nie aufgegeben. Ich habe noch ein Ziel: Ich will, dass mich die Menschen draußen später nicht nur als Mörderin sehen.*

News: **Wovon träumen Sie noch?**
Blauensteiner: *Von einem Leben in Freiheit. In Ruhe leben.* Irgendwo mit einem netten Mann – mit einer Familie. Ich liebe es,

im Mittelpunkt zu stehen, aber auch ich werde älter. Mal sehen: Que sera, sera ...

News: **Frau Blauensteiner, wir danken für das Interview.**
Blauensteiner: *Schön, dass ihr da wart. Ciao, ihr Hübschen und alles Gute – und ein Busserl krieg ich auch noch ... (lacht)*

Einige Wochen danach, am 15. November 2003, bewahrheitet sich Elfriede Blauensteiners Vorhersage. Die Witwe ist tot – gestorben an den Folgen eines Gehirntumors mit 72 Jahren in einem Spital in Neunkirchen.

„Das Einzige, was ich in meinem Leben immer nur tun wollte, war, anderen zu helfen ...", behauptete Elfriede Blauensteiner von sich. Es ist wohl eine Ironie des Schicksals, dass ihr am Ende keiner mehr helfen konnte.

Tod auf der Höhenstrasse

Die Geschichte beginnt mit einem anonymen Anruf und Informationen über illegale, riesige Waffenlagern. Sie endet in einem spektakulären Mordfall.

Das Opfer: die 39-jährige Sekretärin des Betreibers einer Schuldnerberatungsfirma. Der Täter: Werner N., der sich demnächst wegen Mordes vor Gericht verantworten muss.

DER MUTMASSLICHE MÖRDER WERNER N. BEI DER RETTUNG EINES FERKELS AUS DEM HOCHWASSER

Der Anruf und das geheime Waffenlager

Es ist Dienstag, der 7. September 2004, als in der Chronik-Redaktion des österreichischen Magazins News gegen 13 Uhr das Telefon klingelt. Ich (Andreas Zeppelzauer) spreche mit einem Mann, der seinen Namen nicht nennen will. Aufgeregt sagt der Unbekannte: „Ich habe eine Super-Story, aber beantworten Sie mir vorher eine Frage: Was waren die größten Waffenfunde in der zweiten Republik?“ Er hinterlässt seine Mobiltelefonnummer und meint – ich solle ihn zurückrufen, wenn ich darauf eine Antwort habe. Zehn Minuten später rufe ich zurück und will wissen, worum es eigentlich geht. Der Mann erzählt mir, dass er viele Waffen hätte und diese gerne der Polizei übergeben würde. Obwohl ich ihn nicht sonderlich ernst nehme, vereinbare ich ein Treffen mit dem Anrufer. Der Mann gibt mir seine Geschäftsadresse, und wir wollen uns in 45 Minuten treffen.

Ich warte in einem Kaffeehaus, als ein kleiner, untersetzter Mann zur Tür hereinkommt. Er hat zwei längliche Gegenstände unter seinem Arm, die in Handtücher gewickelt sind. Der bis dahin anonyme Mann stellt sich als Werner N. vor. Er ist der Firmeninhaber der Schuldnerberatungsfirma „Zum Kuckuck“ in Purkersdorf, westlich von Wien. Gemeinsam gehen wir die Treppen im Lokal hinauf, in das Büro des Mannes. Dort nimmt er die Handtücher von den Paketen. Zum Vorschein kommen zwei Waffen, genauer: zwei „AK 47“ (sowjetisch-russische Sturmgewehre der Marke Kalaschnikow). N. meint beruhigend: „Keine Angst, das sind nur zwei entmilitarisierte Waffen, die ich besitzen darf.“ Dann zählt er auf, welche Waffen er der Polizei übergeben wolle: 600 scharfe MGs, 150 Panzerminen und 200 kg C4 Plastiksprengstoff. Auch Handgranaten, Pistolen und einige tausend Schuss Munition könne er „liefern“. Daraufhin frage ich, woher denn die Waffen wären und wie er sich das „Liefern“ vorstellen würde. Bereitwillig erzählt N.: „Ich habe eine Schuldnerberatung und mache für bosnische Serben die Konkursabwicklungen. Die Waffen stammen aus dem Bosnien-Krieg. Bosnische Serben, die oft schon seit Jahrzehnten als anständige Gastarbeiter in Österreich leben, haben geheime Waffen-Depots angelegt.“ Auf meine Frage, wo denn die Waffen versteckt wären, antwortet N.: „Sie liegen im Wienerwald. Die Sache ist die, wir wollen die Waffen nicht verkaufen, können sie auch nicht selbst vernichten. Wir wollen das Kriegsgerät, das jahrelang an sicheren Verstecken gehortet wurde, einfach loswerden und der österreichischen Polizei übergeben. Das geht aber nicht auf dem direkten Weg, schließlich wurde hier Kriegsgerät gehortet, und damit haben wir uns strafbar gemacht. Keiner will es riskieren, deswegen aus Österreich ausgewiesen zu werden."

Ich verlasse das Büro von Werner N. und telefoniere daraufhin mit einem Beamten des BKA (Bundeskriminalamt). Die stellen einen Kontakt mit dem BVT (Bundesamt für Verfassungsschutz und Terrorismusbekämpfung) her. Bereits am nächsten Tag (8. September 2004) findet ein Treffen zwischen zwei Beamten des BVT und mir in einem Kaffeehaus in der Taborstraße in Wien 2 statt. Ich erzähle ihnen die Geschichte und schlage ein Treffen mit meinem Informanten vor. Gegen 14 Uhr des folgenden Tages kommen Werner N. und Beamte des BVT in die Redaktion des Nachrichtenmagazins.
Werner N. erzählt den Kriminalbeamten die ganze Geschichte noch einmal und schlägt die Übergabe von mehreren Waffen gleich am nächsten Tag vor. Die ganze Sache sollte zeitig in der Frühe im Raum Purkersdorf stattfinden.

Freitags um 7.30 Uhr morgens treffen sich fünf Männer von der Stapo (Staatspolizei), der News-Fotograf Marcus Deák und ich bei „McDonalds" in der Hadikgasse in Wien 14. Um Punkt 8 Uhr läutet das Telefon, und Werner N. meldet sich: „Die Fundstelle der Waffen befindet sich auf der Westautobahn Höhe Purkersdorf, bei Kilometer 16,5. Dort zweigt eine Behelfsausfahrt von der Autobahn ab. Da sind die Waffen unter Erdreich und Fichtenästen versteckt." Mit der dringenden Aufforderung, rasch zu handeln, verabschiedet sich der Informant: „Viel Glück, die Dinger sind scharf!"

Der Konvoi setzt sich in Bewegung und tatsächlich befindet sich die Ausfahrt genau an dem von Werner N. angekündigten Punkt. Auf einem kleinen, asphaltierten Wendeplatz dann der Fund: Fein säuberlich verpackt in 50-Liter-Müllsäcke, behelfsmäßig mit Reisig bedeckt, lagert die gefährliche „Beute". Die Fahnder öffnen vorsichtig den ersten Sack. Inhalt: zwei AK 47-Kalaschnikows, die verbreitetste automatische Waffe der Welt. Sie gehörte zur Standardausrüstung der früheren Jugoslawischen Volksarmee. Nach 20 Minuten steht fest: Hier liegt die Kriegsausrüstung für eine ganze Kampfgruppe.

Der Fund umfasste im Detail: 22 AK47-Kalaschnikows mit 83 Magazinen, frisch geölt, ohne jeden Rost, jederzeit einsatzbereit, eine tschechische Maschinenpistole Marke „Tokarev“, ein Modell, das ebenfalls im Balkankrieg zum Einsatz kam, 35 scharfe Handgranaten mit kyrillischer Aufschrift, wahrscheinlich aus den Beständen der ehemaligen Jugoslawischen Volksarmee, eine russische Panzerfaust M 80, scharf geladen, jederzeit einsatzbereit, eine ebenfalls scharfe Gewehrgranate, eine Rolle „C4“-Plastiksprengstoff, 15 Zentimeter lang, wie ihn auch Terroristen verwenden.

Mit größter Vorsicht gehen die Fahnder ans Werk. Die Waffen werden ausgepackt und auf den Asphalt aufgelegt. Dann spricht einer der Staatspolizisten aus, was alle denken: „Das ist ein Bild wie aus dem Krieg. Wahrscheinlich der größte ‚Kriegswaffenfund' der Zweiten Republik.“ Aus Wien wird ein Entschärfungstrupp an den Fundort geholt, schließlich werden die Abzugshebel mancher Handgranaten nur mit braunen Klebestreifen zusammengehalten. Nach der Sicherung werden die Gewehre in ein Speziallager des Innenministeriums gebracht, die Granaten auf den Sprengplatz des Bundesheeres bei Großmittel. Sie sollen dort kontrolliert zur Explosion gebracht werden. Punkt 10.30 Uhr ist die heikle Aktion beendet, an der Fundstelle bleibt nur mehr Reisig zurück ...

Das seltsame Leben des Werner N.

Welche Rolle spielt nun der 38-Jährige in diesem Waffen-Thriller? Ist er nur Vermittler oder handelt es sich bei ihm um einen Kriminellen? Fest steht, dass N. in seinem Leben viele „Dummheiten“ begangen hat. Begonnen hat es mit Schuleschwänzen und Ausreißen von zu Hause. Aufgewachsen in bescheidenen Verhältnissen, träumt er schon als Kind von Reichtum und gesellschaftlichem Ansehen. So trifft es ihn besonders hart, dass er sich – ohne Schulabschluss – mit Hilfsjobs über Wasser halten muss. Ohne Aussicht auf Erfolg, begeht er knapp vor seinem 20. Geburtstag seine erste kriminelle Handlung. Er überfällt – als Frau verkleidet – ein Postamt in Rekawinkel. Noch am Tatort wird er verhaftet. Er beschließt, noch einmal ganz von vorne zu beginnen und absolviert Ausbildungen als Installateur, Brunnenbauer und Solartechniker. Er heiratet und bekommt mit seiner ersten Ehefrau zwei Kinder. Mehrere

Jahre verdient er den Unterhalt für seine Familie als Fernfahrer. Sozial benimmt er sich bis dahin völlig unauffällig. Mit Ausnahme seiner Angewohnheit, sich wegen des Raubüberfalles bei jeder Gelegenheit als „hartgesottener Typ" zu brüsten. Mitte der 1990er Jahre ist seine Ehe zerrüttet, und Werner N. lässt sich scheiden. Wieder einmal versucht er, ein neues Leben zu beginnen. Er heiratet ein zweites Mal und wird nochmals Vater. Dann eröffnet er seine eigene Firma, die er „Ideenwerkstatt" nennt. Dort will er Arbeitslosen Arbeitsplätze vermitteln; er scheitert aber mit seinem Projekt. Angeblich, so seine zweite Frau, haben ihn einige „böse" Menschen betrogen. 1999 kommt es zur Schließung des Unternehmens, aber N. hat schon wieder einen neuen Geldbeschaffungsplan parat. Er baut einen Lieferwagen um, versieht das Auto mit Luken, in denen er Kameras versteckt. Mit dem Fahrzeug fährt er zu Mistplätzen, wo er das unerlaubte Abladen von Müll fotografiert. Dann kassiert er von den Umweltsündern illegalerweise – je nach „Härte" des Vergehens – Strafen zwischen 15 bis 50 Euro. Er schreckt auch nicht davor zurück, Prominenten nachzustellen. So „überwacht" er eine Zeit lang sogar Wiens Vizebürgermeisterin Grete Laska und hält sich für einen großartigen Detektiv. Der Müll-Schwindel fliegt 2002 auf, und Werner N. wird zu mehreren Monaten Haft verurteilt.

Anfang 2003 eröffnet der Mann eine Schuldnerberatungsstelle. Seine Klientel: hauptsächlich Gastarbeiter aus dem ehemaligen Jugoslawien. Und wieder sind die Einnahmen aus seinem Geschäft mehr als dürftig. Trotzdem fährt er einen teuren Wagen, schmeißt großzügig Lokalrunden und baut für seine Familie ein Haus. Für seine Umgebung ist es ein Rätsel, woher N. das viele Geld hat.

Unfall oder Mord?

Am Dienstag, den 14. September 2004, trifft sich Werner N. wieder mit mir, diesmal in seinem Wohnhaus in Wolfsgraben. Er erzählt von seinen Erfolgen als „Müll-Detektiv" und wie er die Leute beim illegalen nächtlichen Ablagern gefilmt hat. Am nächsten Tag ruft Werner N. abermals in der Redaktion an und ist ganz begeistert von der soeben erschienenen News-Story. Er schlägt ein neuerliches Treffen und eine zweite Waffenübergabe am 20. September vor. „Ich könnte noch Scorpions, Pistolen, Munition und ein paar Handgranaten von den Bosniern bekommen." Dann erzählt er, dass er das ganze Arsenal vom letzten Fund in Neulengbach bei einem Freund vergraben hätte. Für die nächste Waffenübergabe stellt er eine Bedingung: „Ich möchte mich vorher noch mit den Beamten des BVT besprechen. Ich habe Angst, vielleicht können die mir eine Pistole genehmigen, weil ich ja ein Waffenverbot habe."

Am 17. September findet daher ein Treffen in einem Café in der Nähe des News-Gebäudes zwischen N., einem Beamten der Staatspolizei und mir statt. Die Übergabe wird genau besprochen. Werner N.: „Ich möchte das Ganze diesmal auf der Höhenstraße machen, das ist nicht so weit von mir. Aber eine wichtige Frage habe ich noch: was ist, wenn mich die Polizei bei einer Verkehrskontrolle aufhält, was mache ich dann?" Der Beamte darauf: „Kein Problem, ich gebe Ihnen meine Handynummer. Bei Problemen rufen Sie mich sofort an." Dann noch eine Frage von N.: „Was ist, wenn mir etwas passiert, wenn etwa eine Granate explodiert?" Der BVT-Beamte antwortet amüsiert: „Dann sind Sie ein Held." „Was ist, wenn jemand anderer durch eine Explosion stirbt?", will N. noch wissen. „Keine Angst, es wird schon nichts passieren", sagt der Beamte.

Am Samstag, nach diesem Treffen, erhalte ich ein SMS von N. mit folgendem Inhalt: „Lieferung für Montag klappt". Am Sonntag, den 19. September, ruft Werner N. mich gegen 19.45 Uhr an und sagt: „Am Wiener Stadtplan, Seite 17, zweites Quadrat von links, ist ein Parkplatz eingezeichnet. Die Ecken des Platzes teile ich in A, B, C und D ein. Ich werde morgen um 9 Uhr anrufen und sagen, bei welchem Buchstaben die ‚Ware' liegt." Gleich nach diesem Gespräch rufe ich die Leute vom BVT an und teile Ihnen einen Treffpunkt mit: „Morgen um 8.45 Uhr bei einer Tankstelle auf der Hüttelbergstraße am Stadtrand von Wien." Ich sage ihnen auch, dass der Fundort auf einem Parkplatz am Beginn der Höhenstraße sein wird. Am 20. September in der Früh, um 6.45 Uhr, erhalte ich noch ein E-Mail von Werner N., mit der genauen Aufstellung der Waffen inklusive Foto, das anscheinend in seinem Büro entstanden ist. Ich drucke das Mail aus und übergebe es beim Treffen den BVT-Beamten.

Die Männer kommen zur Tankstelle und warten. Fünf Männer des Verfassungschutzes in einem weißen VW-Passat und einem VW-Bus. In einem weiteren Auto sitzen Fotograf Marcus Deák und ich. Der Morgenverkehr rauscht Richtung Stadt vorbei, als um

Die Leiche von Petra M. hinter dem Auto, aus dem sie die gefährlichen Waffen ausgeladen hat.

9.00 Uhr ein Handy läutet. Ein Anruf von N.: „Es wird eine halbe Stunde länger dauern, ich stehe im Stau." Um 9.20 Uhr klingelt das Telefon eines Beamten: „Hilfe, Hilfe, es ist etwas passiert! Helft mir bitte schnell." Wir fahren los, dann läutet mein Handy. N.: „Wo seid ihr, ich finde meine Sekretärin nicht mehr, es hat gekracht, eine Granate ist explodiert."

Als wir beim Parkplatz eintreffen, steht ein weißes Auto dort. Von Werner N. keine Spur. Den BVT-Männern und dem News-Team wird schnell klar, dass aus der geordneten Waffenübergabe ein Blutbad geworden ist. Die Heckklappe des weißen Toyota Corolla ist geöffnet, die Fondscheibe ist zersplittert. Das Blech des Autos von Hunderten kleinen Granatsplittern perforiert. Dahinter der anscheinend leblose Körper einer Frau, etwa Mitte dreißig, bäuchlings am Boden liegend, das Gesicht nach unten gewandt. Überall ist Blut – zerfetzte schwarze Müllsäcke, Handgranaten, ein riesiges Durcheinander. Im Kofferraum des Toyotas sind weitere Waffen zu sehen, der Innenraum des Wagens ist komplett zerstört. Ein Beamter ruft die Rettung, dann sperren sie das Gelände ab. Zu groß ist die Angst, dass noch eine Granate explodieren könnte. Dann die große Frage: Wo ist der Informant? Werner N. ist nirgendwo zu sehen. Plötzlich ein Anruf von N. Er

Ein lebensgefährlicher Job: Entschärfer bei der Arbeit. Rund um das Auto mussten die restlichen Handgranaten beseitigt werden, bevor die Kriminalisten ihre Arbeit aufnehmen konnten.

fragt mich, was los sei. Ich versuche ihn zu beruhigen und sage nur: „Sie lebt noch, und die Rettung ist schon unterwegs." Zwei Minuten später fährt N. mit quietschenden Reifen auf dem Parkplatz ein. Ein Polizeibeamter läuft zu ihm und redet kurz mit ihm. Dann springt N. in sein Auto und fährt, wie ein Wilder, die Höhenstraße hinunter.

Mittlerweile sind sich die Ermittler einig, hier ist etwas gründlich schief gelaufen, aber was? Die Personalien der Toten sind jetzt auch klar. Es handelt sich um Petra M., 39 Jahre alt, wohnhaft in Purkersdorf bei Wien. Die Mutter einer 10-jährigen Tochter arbeitete als Sekretärin für Werner N. Der Verdacht wird laut, dass es sich vielleicht gar nicht um einen Unfall handeln könnte, sondern möglicherweise um eine raffinierte Sprengfalle. Die Beamten fragen sich: Warum hat die Sekretärin die Waffen ausgeladen und nicht der Informant?
War es ein Unfall oder ein gezielter Mordanschlag? Und wenn es Mord war, wer hätte wirklich getötet werden sollen? Warum ist Werner N. nicht am Parkplatz geblieben, um erste Hilfe zu leisten?

Während die Spurensicherung zu arbeiten beginnt, fährt ein Kriminalisten-Team nach Purkersdorf. Im Büro und im Wohnhaus des Verdächtigen werden Hausdurchsuchungen vorgenommen. Auch die Wohnung von Petra M. wird genau durchkämmt. Und dabei stoßen die Ermittler auf ein wichtiges Indiz. Sie finden einen Zettel, eine Art Testament. Der brisante Inhalt: Werner N. und seine Ehefrau sind die Begünstigten einer Lebensversicherung über 300.000,– Euro, die Petra M. abgeschlossen hat. In der Zwischenzeit sind sich auch die Entschärfer am Tatort zu der Überzeugung gelangt, dass das ganze kein Unfall war. Sie vermuten eine ausgeklügelte Sprengfalle.

Die Befragung von Werner N. am Posten Purkersdorf wird damit zum Verhör. Was die Beamten besonders interessiert: Warum hat Werner N. seine Sekretärin zur Übergabe mitgenommen? Und warum hat die Frau die Waffen ausgeladen und nicht er? N. rechtfertigt sich, dass das so ausgemacht gewesen sei. Schließlich lagen die Waffen und Sprengkörper im Toyota von Petra M. Er folgte mit seinem Kombi und wollte die Einfahrt zum Parkplatz sichern, damit niemand die Übergabe stören konnte. Für die Beamten ist das alles sehr mysteriös und unglaubwürdig. Immer wahrscheinlicher wird, dass die ganze Waffengeschichte nur eine Inszenierung war. Eine Inszenierung für einen perfekt getarnten Mord. Das mögliche Motiv: Werner N. ist hoch verschuldet, rund 200.000,– Euro aus Krediten sind offen. Seit er vor vier Jahren mit seiner Firma „Ideenwerkstatt" in den Konkurs geschlittert ist, verfügt er über kein geregeltes Einkommen mehr.

In den Verhören behauptet er, Petra M. immer wieder mit Geld ausgeholfen zu haben. So will er ihr zum Beispiel für einen Hausbau eine größere Summe gegeben haben, im Gegenzug habe sie ihre Wohnung verkauft. Seine Ehefrau behauptet, das Werner N. und seine Sekretärin ein sehr enges Verhältnis hatten, sie seien wie Bruder und Schwester gewesen. Er habe sich nach ihrer Scheidung rührend um sie und ihre Tochter gekümmert. Das wäre der Grund gewesen, warum Petra M. die Lebensversiche-rung auf sie und ihren Mann abgeschlossen habe. Von den geheimnisvollen Waffengeschäften ihres Mannes will sie aber nichts gewusst haben.

Für die Ermittler ergeben sich unterdessen immer neue Gesichtspunkte. Der Umstand, dass Werner N. seinerzeit beim Bundesheer zum Sprengmeister ausgebildet wurde, spricht nicht

Petra M. mit ihrem Ex-Mann,
dem Vater ihrer Tochter

gerade für den Verdächtigen. Für ihn wäre es ein Leichtes gewesen, eine Handgranate zur tödlichen Sprengfalle umzufunktionieren.

Welche Rolle spielte Petra M.?

Petra M. und Werner N. lernten einander Anfang 2000 im Zuge eines Hilfsprojekts für bosnische Waisenkinder kennen. Die Frau aus wohlhabendem Hause besuchte in ihrer Jugend die besten Schulen. Sie studierte Dolmetsch, hatte einen gut bezahlten Job und einen Ehemann. Im Gegensatz dazu Werner N.: ein Bursche aus bescheidenen Verhältnissen, ohne Lehrabschluss, der mit 19 Jahren seine kriminelle „Karriere“ startete und gerne mit seiner

Vergangenheit als Räuber prahlte. Waren es diese Gegensätze, die Petra M. faszinierten, fühlte sie sich möglicherweise davon angezogen?

Fest steht, dass sie sich in den Fängen von N. zusehends veränderte. Sie lässt sich 2002 scheiden, kündigt Anfang 2004 ihre Stelle und bricht völlig mit ihrer Familie. Werner N. nimmt eine große Rolle in ihrem Leben ein. Er ist ihr „Idol", das bekommt auch ihr späterer Lebensgefährte Christian H. zu spüren. „Ich habe versucht, Petra zu warnen, wollte ihr begreiflich machen, dass ihr „Denkmal" ziemliche Risse und Schrammen hat."

Trotzdem nimmt Petra M. einen Hilfsjob in Werner N.s Schuldnerberatungsfirma an. Nichts ist ihr mehr wichtig, für sie zählt nur mehr Werner N. Sie sammelt alles, was über ihren „Chef" jemals in Zeitungen zu lesen war. 20 Jahre alte Reportagen über seinen Postamtsüberfall, Storys über seine Wandlung vom Kriminellen zum „Helfer", über seinen Einsatz beim Hochwasser im Jahr 2002.

Stutzig werden die Ermittler, als sie in Petra M.s Archiv auf die folgenden zwei Geschichten stoßen. Die erste handelt von dem mysteriösen Tod einer 84-jährigen Frau, die Werner N. kurz vor ihrem Ableben im Jahre 1996 testamentarisch ihr gesamtes Vermögen vermacht hat. Die Geschichte im Detail: Am 12. Juli 1997 starb Elisabeth Batka, eine reiche, einsame Witwe aus Pressbaum. Ihr Vermögen, das sie ursprünglich der Kirche vermachen wollte, gehört plötzlich Werner N. Der Mann nimmt bei ihr, ein Jahr vor dem Ableben der alten Dame, einen Job als Hausmeister an. Seine Frau Gerlinde wird als Haushälterin angestellt. Der Zustand von Elisabeth Batka verschlechtert sich rapide. Kurz bevor sie für längere Zeit ins Spital kommt, überschreibt sie Werner N. ihre Villa. Sofort veräußert der Mann die Liegenschaft, was ihm immerhin um die 450.000,– Euro einbringt. Ende Juni 1997 wird Batka aus dem Krankenhaus entlassen. Werner und Gerlinde N. übernehmen die „häusliche Pflege" der Frau in einem zugigen Gassenlokal in Purkersdorf. Knapp zwei Wochen später stirbt die Frau – offiziell an „Herzversagen".

Auch der Bruder von Werner N. kommt auf mysteriöse Weise ums Leben. Der 30-Jährige stirbt im Frühjahr 2000 bei einem Verkehrsunfall. Bei der Heimfahrt von der Arbeit prallt der

Feuerwehrmann mit seinem Auto – aus ungeklärter Ursache – in Großweikersdorf gegen ein Brückengeländer. Er wird aus dem Wagen in einen Bach geschleudert und ertrinkt. Auch in diesem Fall ist Werner N. der Begünstigte im Testament, obwohl sein Bruder zwei Kinder hatte. Mediengeil wie er ist, hebt Werner N. vor Fotoreportern sogar persönlich das Grab für seinen verunglückten Bruder Andreas aus. Die „Verherrlichung" ihres Arbeitsgebers ging bei Petra M. weit über das Berufliche hinaus. Anhand von Sex-Videos kann Werner N. ein sexuelles Verhältnis mit seiner Sekretärin nachgewiesen werden. Die Frau war ihm anscheinend hörig, hätte alles für ihn getan. Hätte Petra M. aber auch gefährliche Waffen für diesen Mann transportiert?

Ein zäher „Bursche"

In den Verhören erweist sich Werner N. als „besonderer Täter". Er ist, so sagen die Fahnder, gut, sehr gut. „Hochintelligent, narzisstisch, äußerst manipulativ" – so stellt sich der 38-Jährige bei den Vernehmungen dar. Stundenlang spricht er mit Begeisterung über seine eigene „Genialität", über seine „Helden-Aktionen" und seine abstrusen Geschäftsideen.

Auch über den Vorfall auf der Höhenstraße plaudert er gerne. Dutzende Versionen präsentiert N. den Beamten, ändert etwa alle 20 Minuten seine Aussage. Beginnt immer wieder von neuem, wenn er sich in Widersprüche verstrickt, um dann – diesmal ganz sicher – die „Wahrheit" zu erzählen. Eine Serie von Indizien spricht gegen die Unfallversion. Zum einen ergibt die Spurenauswertung der Entschärfer, dass die Granaten nicht zufällig explodiert sind. Vielmehr wurden sie präpariert – die Originalsplinte an den Handgranaten sind vorher ausgetauscht worden. Doch das bestreitet der Verdächtige ja gar nicht. Schließlich hat er selbst in seinem Mail an mich davor gewarnt. Zitat aus dem Schreiben: „Bei den zwei Granaten in der grünen Box fehlen die Splinte. Sie sind aber sicher, da der Bügel nicht abspringen kann."

Wollte sich Werner N. damit ein Alibi für den „Unfall" verschaffen? Dafür würden auch seine Fragen bei dem Treffen mit dem BVT-Beamten drei Tage vor der Explosions-Katastrophe sprechen. Schließlich ist das Verhalten Werner N.s nach der erfolgten Explosion äußerst merkwürdig. Laut Zeugen auf der

Andreas Zeppelzauer bei der ersten Waffenübergabe

Höhenstraße wurde N. dabei beobachtet, wie er Petra M. zuerst davon abgehalten hat, den Kofferraum zu öffnen. Ein Passant hat gesehen, dass der Mann sich von dem Fahrzeug entfernte. Als es 20 Sekunden später einen lauten Knall gab, drehte er sich aber nicht einmal um, sondern ging einfach weiter. Würde so ein besorgter Liebhaber reagieren?

Fest steht jedenfalls: Petra M. hat die Handgranaten gar nicht berührt. Auf Grund der Sprengverletzungen an den beiden inneren Unterarmen sowie Brustkorb und Gesicht lässt sich die letzte Körperhaltung der Frau rekonstruieren: Petra M. hat sich mit der linken Hand am Auto abgestützt und mit der rechten den Kofferraumdeckel geöffnet. Warum ließ ihn die Explosion vollkommen kalt, wo er doch Minuten später die Polizei und auch mich anrief und verzweifelt ins Handy schrie? Vollkommen abgebrüht telefoniert er sogar noch gegen Mittag mit dem Lebensgefährten des Opfers und erwähnt mit keinem Wort, dass Petra M. tot ist. Gefasst erscheint er in der Schule der Tochter der Toten. Er zeigt der Direktorin das Testament der Verstorbenen, in dem Petra M. ihm, im Falle ihres Todes, das Sorgerecht für die Tochter überschreibt. Von der Schuldirektorin fordert er die „sofortige Herausgabe des Kindes".

Das Testament M.s belastet Werner N. sehr. Schließlich wäre er dadurch gut versorgt gewesen. Zum einen hätte er 300.000,– Euro aus einer Lebensversicherung kassiert, zum anderen beträgt der Wert des Hauses und Grundstückes von Petra M. auch noch einmal zirka 350.000,– Euro. Und es gibt noch ein Indiz, das die Fahnder stutzig macht: Vor zwei Monaten erlitt Petra M. im Keller ihres Hauses einen beinahe tödlichen Unfall, und zwar im Beisein von Werner M. (!). Aus ungeklärten Gründen hatte ihr „Chef" zwei Flaschen mit hochgiftigen Substanzen, nämlich Natriumchlorid und Salzsäure, bei ihr gelagert. Die Behälter zerbrachen genau in dem Moment, als Petra M. sich im Keller befand. Die Inhalte vermischten sich zu hochgiftigem Chlorgas. Beinnahe eine halbe Stunde lang hat die – seit ihrer Jugend lungenkranke Frau – die Dämpfe eingeatmet. Werner N. schaffte es angeblich nicht schneller, Tische, die den Ausgang versperrten, zur Seite zu schieben. Nach diesem Zwischenfall lag die Frau drei Tage auf der Intensivstation. Nach ihrer Entlassung aus dem Spital hatte Petra M. laut einer Freundin große Angst vor Werner N. Trotzdem gelingt es ihr nicht, sich aus seinen Fängen zu befreien.

Die Justizgroteske

Am Montag, den 4. Oktober kommt es zur überraschenden Freilassung des Verdächtigen durch den Untersuchungsrichter; gerade in dem Moment, als die Ermittler davon überzeugt sind, genügend Indizien gesammelt zu haben, um eine weitere Inhaftierung des 38-jährigen Mannes erwirken zu können. Und zwar nicht nur wegen unerlaubten Waffenbesitzes, sondern wegen des „dringenden Verdachtes der vorsätzlichen Tötung". Beim Lokalaugenschein hatte sich N. nämlich in einige Widersprüche verwickelt. Außerdem werden die Erkenntnisse der Sprengstoffexperten analysiert. Fazit: Justiz und Polizei kommen zu dem Schluss, dass sich der Mordverdacht gegen Werner N. massiv erhärtet hat. All das wird dem Gericht mitgeteilt, woraufhin die Staatsanwaltschaft beschließt, bei der nächsten Haftverhandlung (sie ist für den 6. Oktober 2004 geplant) die weitere „Anhaltung" von Werner N. auch wegen des „dringenden Verdachtes des Mordes" zu beantragen. Doch der junge Untersuchungsrichter kommt zu einem anderen Ergebnis. Er ist von Beginn der Erhebungen an von der Schuld des Niederösterreichers wenig überzeugt. Auch die neuen Indizien

UNZÄHLIGE HANDGRANATEN WURDEN VON WERNER N. NUR NOTDÜRFTIG IN EINEM PLASTIK-MÜLLSACK VERPACKT DURCH HALB WIEN TRANSPORTIERT.

ändern seine Meinung nicht. Als der Staatsanwalt einen Auswärtstermin wahrnimmt, veranlasst der Untersuchungsrichter – nur in Beisein einer Richteramtsanwärterin – Werner N. sofort freizulassen. Die Ermittler können es nicht glauben.
Um 12.30 Uhr verlässt der mutmaßliche Mörder seine Zelle im Wiener Landesgericht. Wenige Minuten später erhalte ich – ich hatte den Ermittlern ja belastendes Material gegen Werner N. geliefert – den Anruf eines Fahnders. Der fragt nur: „Wollen Sie Personenschutz?“ Schnell wird klar, was diese Frage bedeuten soll, denn gegen 13 Uhr wird öffentlich bekannt, dass N. wieder ein freier Mann ist. Sofort erklärt die Staatsanwaltschaft, gegen diese Entscheidung Beschwerde einlegen zu wollen. Die ermittelnden Beamten sind empört, schließlich ist noch immer nicht geklärt, ob der Niederösterreicher nicht noch mehr Waffen gelagert hat.

Auch seine Angaben bei den Verhören sind noch gründlich zu hinterfragen. So behauptete Werner N. etwa, dass beim Ausgraben der Waffen bei zwei Handgranaten die Splinte demoliert worden seien. Er habe sie daraufhin in Transportbehältern verstaut, damit sie nicht explodieren können. Bei den Tatortuntersuchungen konnten die Sprengstoffexperten jedoch nur die Reste einer Dose sicherstellen. Wo aber ist die zweite geblieben? Die Ermittler gehen nun davon aus, dass Werner N. sie vor der Übergabe entfernt hat, um bewusst den Tod seiner Sekretärin herbeizuführen. Folgenden Tatablauf haben die Kriminalisten anhand von Zeit-Wegdiagrammen ermittelt:

Werner N. hat Petra M. am 20. September 2004 um 8 Uhr früh bei seinem Büro in Purkersdorf getroffen. Die Waffen hatte er da schon in seinem Opel-Kombi verstaut. Dann fuhr er los, gefolgt vom weißen Toyota seiner Sekretärin. Beim Parkplatz am Beginn der Höhenstraße ist dann das Kriegsmaterial von seinem in ihren Wagen verladen worden.
Die beiden fahren im Konvoi bis zum Parkplatz an der Waldandacht. Dann musste Petra M. ihren Wagen an einer schlecht einzusehenden Ecke des Parkplatzes abstellen. Werner N. hat seinen Wagen etwa 40 Meter weit entfernt abgestellt. Danach befiehlt er Petra M., „Schmiere" zu stehen.
Bis hierhin decken sich die Aussagen des Verdächtigen mit den Erkenntnissen der Ermittler. Dann beginnen sich die Beschreibungen der Geschehnisse durch Werner N. von der Version der Kripo und der Staatsanwaltschaft deutlich zu unterscheiden. Laut den Beamten ist es folgendermaßen weitergegangen: Als Petra M. weit genug entfernt war, habe Werner N. den Kofferraum des Toyota geöffnet, eine der beiden defekten Handgranaten aus dem Müllsack geholt, das Sprenggeschoss aus dem Behälter genommen und danach wieder im Sack verstaut. Dann habe er vorsichtig den Kofferraum geschlossen und Petra M. zu sich gerufen. Er erklärte ihr, dass er selbst geeigneter wäre, „Schmiere" zu stehen und beauftragt sie, mit dem Ausladen der Waffen zu beginnen. Zuvor bringt er sich noch rasch in Sicherheit.
Die Frau öffnet die Heckklappe, greift nach dem ersten Müllsack und hebt ihn hoch. Damit hat Petra M. die tödliche Sprengfalle aktiviert. Drei Sekunden würden ihr noch bleiben, um in Deckung zu gehen – doch sie ahnt nichts von der mörderischen Absicht ihres Geliebten. Die Granate detoniert und Petra M. ist sofort tot.

Nach wie vor suchen die Ermittler nach der zweiten Hartplastikbox, denn Werner N. bleibt bei seiner Behauptung, dass beide defekte Granaten in solchen Behältern gesichert waren. Wenn das stimmt, wäre Petra M.s Tod tatsächlich ein tragischer Unfall gewesen.

Noch am Abend seiner Freilassung ruft Werner N. mich gegen 19.00 Uhr an. N. bedroht mich am Telefon, sagt Sätze wie, „Gottes Mühlen mahlen langsam" oder „Du wirst das bereuen". N. gibt mir die Schuld an seiner Misere, obwohl er selbst die Aufmerksamkeit der Medien gesucht hat. Meine Familie und ich erhalten auf Grund der Drohungen Personenschutz.

Auf der Flucht?

Staatsanwaltschaft und Kripo ermitteln auf Hochtouren. Seit der unverständlichen Entlassung von Werner N. aus der Untersuchungs-haft suchen die Beamten nach belastendem Material, um Werner N. wieder hinter Gitter zu bringen. Inzwischen, es ist der 6. Oktober 2004, bereitet sich Werner N. seelenruhig auf eine Reise mit unbekanntem Ziel vor. Gegen 17.00 Uhr verstaut er in seinem Klein-Lkw zwei Sporttaschen und fährt in Begleitung seiner Ehefrau und seiner Tochter los. Wenige Minuten nach seiner Abfahrt vom Wohnhaus in Purkersdorf wird sein Wagen von mehreren Fahrzeugen der Wega eingekreist. Die Beamten zwingen ihn zum Anhalten und legen ihm sofort Handschellen an. N. versteht die Welt nicht mehr. Für ihn war klar, dass sich der Verdacht gegen ihn nicht erhärtet hatte. Außerdem teilten ihm die Juristen bei seiner Freilassung mit, dass von Seiten der Behörden keinerlei Bedenken mehr bezüglich Verdunkelungs- oder Fluchtgefahr bestünden. Deshalb rechnete der 38-Jährige ja auch nicht damit, beobachtet zu werden.

Um die neuerliche Verhaftung N.s voranzutreiben, wurden auf mehreren Ebenen Großerhebungen gestartet. Sprengstoffexperten, Mordfahnder und Wirtschaftspolizei beginnen gleichzeitig und noch intensiver zu recherchieren. Mit dem Resultat, dass bereits 48 Stunden nach seiner Haftentlassung ein neuerlicher Haftbefehl erwirkt werden kann – vorerst wegen Verdacht des Betruges. Es liegen belastende Firmenunterlagen vor, aus denen eindeutig hervorgeht, dass der Mann mit seinem Schuldnerberatungsunternehmen zweifelhafte Geschäfte betrieben, Steuerhinterziehung begangen und zahlreiche Kunden finanziell geschädigt hat. Das ist allerdings nur die Spitze des Eisberges, denn bis zur nächsten Haftprüfung wollen die Beamten noch mehr belastendes Material zusammentragen. Immer dichter wird die Indizienkette, die Ermittler sind sich sicher, dass der Anhaltungsgrund jetzt auch wegen „dringenden Mordverdachts" ausgesprochen werden würde.

Die Suche nach Indizien

Mittlerweile steht für die Beamten auch das Motiv fest: Werner N. hat immense Schulden. Durch den Konkurs mit seiner früheren Firma „Ideen-Werkstatt“ hat er Verbindlichkeiten von 215.000,– Euro offen, privat ist er mit 180.000,– Euro verschuldet. Er sieht nur einen Ausweg, nämlich seine Sekretärin und Geliebte Petra M. Werner N. überredet die Frau im Mai 2003 eine Lebensversicherung zu seinen Gunsten abzuschließen sowie ihr Haus auf ihn zu überschreiben. Damit hat sie vermutlich – ohne es zu wissen – ihr Todesurteil unterschrieben. Denn nicht lange danach beginnt N., ein „perfektes Verbrechen“ zu planen – mit Hilfe des Internets, wie Untersuchungen an seinem Computer ergeben. Ab Juni 2003 surft er regelmäßig im Internet und gibt Stichworte wie „seltsame Unfälle“, „tödliche Missgeschicke“ oder „getarnte Morde“ ein. Ab Jänner 2004 interessiert er sich auffällig für die „Anwendung chemischer Substanzen“, ab April will er alles über „Gefahren bezüglich Chlorgas“ wissen. War es ein Zufall, dass Petra M. im August 2004 – im Beisein von Werner N. – beinahe einem Chlorgasunfall zum Opfer fällt?

Werner N. beginnt danach seine Interessen auf das Gebiet „Sprengstoffunfälle“, „Umbauten von Handgranaten“ und die Herstellung von „Sprengstoff-Fallen“ zu verlegen. Außerdem gibt Werner N. an, irgendwann im Sommer 2003 in Bosnien Kriegsmaterial im Wert von 8.000,– Euro gekauft zu haben. Im Verhör sagt er, dass er vorgehabt habe, die Waffen in der Wiener Rotlichtszene zu verkaufen. Da diese „Geschäftsidee“ aber nicht wirklich fruchtet, kommt ihm die Idee, die Waffen der Polizei auszuhändigen. Gesagt, getan. Die erste „Waffenübergabe“ am 10. September 2004 verläuft reibungslos. N. behauptet danach, noch mehr Waffen zu haben, die er loswerden will. Bei der zweiten Übergabe kommt es zu der verhängnisvollen Explosion. Die Ermittler fragen sich heute, warum N. unbedingt auf einer zweiten Übergabe bestanden hat, wo doch die Menge der Waffen so „gering“ war? Und sie geben sich gleich selbst die Antwort: Werner N. wollte dabei vor den Augen der Polizei den perfekten Mord an Petra M. begehen. Dafür würde auch sprechen, dass Petra M. bei der ersten Übergabe nicht dabei war. Auch seine Vorgehensweise am 20. September 2004 ist für die Beamten nicht logisch nachvollziehbar und macht den Mann sehr verdächtig.

So gibt ein Zeuge an, der die beiden um etwa 9.00 Uhr vor ihren Autos stehen sah, „dass der Mann die Frau wild gestikulierend am Öffnen der Heckklappe ihres Autos gehindert habe“. Zwei Spaziergänger, die ca. zehn Minuten später den Parkplatz passieren, geben an, dass zu diesem Zeitpunkt der Kombi von Werner N. etwa 30 Meter entfernt, am anderen Ende des Parkplatzes abgestellt war. „Warum?“, wollen die Fahnder von N. wissen. „Das ist zur besseren Tarnung gewesen. Danach bin ich wieder zu Petra gegangen und wollte mit dem Ausladen beginnen.“ Dazu habe er die Frau zum „Schmiere stehen“ an den Straßenrand geschickt. Diese Aufgabe hätte sie aber nicht gut genug erfüllt – N. hörte angeblich Holzfäller-Geräusche aus dem Wald, die M. nicht wahrgenommen hatte –, deshalb fasste er den Entschluss, die Rollen zu tauschen. „Kurzerhand“, wie er behauptet. „Geplanterweise“, wie die Fahnder sagen. Denn dann hatte er genug Zeit, unbeobachtet von Petra M. die Sprengfalle zu installieren. Um exakt 9.23 Uhr ruft Werner N. seine Sekretärin auf dem Mobiltelefon an – von der 40 Meter entfernten Ausfahrt des Parkplatzes – und bittet sie mit dem Ausladen der Waffen zu beginnen. Damit war der Tod von Petra M. besiegelt.

Werner N. sitzt nach wie vor in U-Haft und wartet auf den Beginn seines Mordprozesses. Ausschlaggebend für die Mordanklage ist ein 138 Seiten starkes Gutachten eines Sprengsachverständigen. Die Staatsanwaltschaft ist überzeugt, dass man Werner N. mit diesem Gutachten die Tötungsabsicht nachweisen kann.

AUS UNSEREM PROGRAMM

ISBN 3-85365-189-5
Michael Newton
DIE GROSSE ENZYKLOPÄDIE DER SERIENMÖRDER
Aktualisiert und ergänzt von Jaques Buval
480 Seiten, 120 Abbildungen, geb.
€ 29,90 / sfr 52,20

Serienmörder üben eine dunkle Faszination auf uns aus. Unzählige Filme und Kriminalromane sind ihnen gewidmet, die oft in realen Fällen ihre Vorbilder haben. Das umfassendste Lexikon in deutscher Sprache mit über 120 Abbildungen!

ISBN 3-85365-205-0
Marc-Roberts-Team
LEXIKON DES SATANISMUS UND DES HEXENWESENS
312 Seiten, 200 S/W-Abbildungen, Hardcover
€ 29,90 / sfr 52,20

Woher stammen eigentlich unsere Vorstellungen über das Böse, das sich für viele in der Person des Teufels bzw. in Hexen und Dämonen manifestiert? Auf diese und viele andere Fragen gibt das Lexikon in rund 900 Einträgen umfassend Antwort. Ideen, Begriffe, Personen und wichtige Ereignisse werden systematisch zusammengeführt. Die inhaltliche Gestaltung der Einträge und ihre vielen Querverweise eignen sich auch als eine erste Einführung für Unkundige.

Bestellen Sie unverbindlich und kostenlos unser Gesamtverzeichnis:
A-8011 Graz | Hofgasse 5 | Postfach 438 | Telefon (0316) 82 16 36 | Fax (0316) 83 56 12
www.stocker-verlag.com | E-Mail: stocker-verlag@stocker-verlag.com

Aus unserem Programm

ISBN 3-7020-0985-X
Gerhard Zauner
VERSCHOLLENE SCHÄTZE IM SALZKAMMERGUT
Die Suche nach dem geheimnisumwitterten NAZI-GOLD
120 Seiten, 152 Farb- und S/W-Abbildungen, Hardcover
€ 14,95 / sfr 26,90

Nicht nur der Toplitzsee birgt seine Geheimnisse: Im Salzkammergut versammelten sich während und zu Ende des Zweiten Krieges wichtige Führer des Dritten Reiches und seiner Verbündeten. Wo sie wohnten und was sie hier vergruben oder in den Seen versenkten, wird in dem reich bebilderten Buch geschildert.

ISBN 3-85365-206-9
Andreas und Regina Zeppelzauer
DIE WILDERER
Berichte und Bilder von einst und jetzt
164 Seiten, zahlr. Farb- und S/W-Abbildungen, Hardcover
€ 14,95 / sfr 26,90

Dem Phänomen von Wilderei und Wilddiebstahl in Vergangenheit und Gegenwart sind die Autoren, zwei bekannte Journalisten, in dem reichhaltig illustrierten Buch auf der Spur. Neben den berühmtesten Wildschützen von einst wird insbesondere die Wilderei unserer Tage im österreichisch-süddeutschen Raum beschrieben.

Bestellen Sie unverbindlich und kostenlos unser Gesamtverzeichnis:
A-8011 Graz | Hofgasse 5 | Postfach 438 | Telefon (0316) 82 16 36 | Fax (0316) 83 56 12
www.stocker-verlag.com | E-Mail: stocker-verlag@stocker-verlag.com